OS PRINCÍPIOS DAS ORGANIZAÇÕES VIVAS

OS PRINCÍPIOS DAS ORGANIZAÇÕES VIVAS

Um caminho para empresas humanizadas que geram resultado

HÉLCIO C. PADRÃO
Consultor de planejamento e governança

ALTA BOOKS
GRUPO EDITORIAL
Rio de Janeiro, 2024

Os Princípios das Organizações Vivas

Alta Books é uma empresa do Grupo Editorial Alta Books (Starlin Alta Editora e Consultoria LTDA).

ISBN: 978-85-508-2463-5

Impresso no Brasil — 1ª Edição, 2024 — Edição revisada conforme o Acordo Ortográfico da Língua Portuguesa de 2009.

Dados Internacionais de Catalogação na Publicação (CIP)
(Câmara Brasileira do Livro, SP, Brasil)

Padrão, Hélcio C.
Os princípios das organizações vivas : um caminho para empresas humanizadas que geram resultado / Hélcio C. Padrão. -- Rio de Janeiro : Alta Books, 2024.

ISBN 978-85-508-2463-5

1. Economia 2. Empreendedorismo 3. Liderança 4. Organizações - Administração I. Título.

24-196681 CDD-658

Índices para catálogo sistemático:

1. Organizações : Administração 658

Eliane de Freitas Leite - Bibliotecária - CRB 8/8415

Grupo Editorial Alta Books

Produção Editorial: Grupo Editorial Alta Books
Diretor Editorial: Anderson Vieira
Editor da Obra: Rosana Arruda
Vendas Governamentais: Cristiane Mutüs
Gerência Comercial: Claudio Lima

Produtora Editorial: Ana Clara Tambasco
Revisão: Bruna Oliveira e Carolina Oliveira
Diagramação: Rita Motta
Capa: Beatriz Frohe

ALTA BOOKS
GRUPO EDITORIAL

Rua Viúva Cláudio, 291 — Bairro Industrial do Jacaré
CEP: 20.970-031 — Rio de Janeiro (RJ)
Tels.: (21) 3278-8069 / 3278-8419
www.altabooks.com.br — altabooks@altabooks.com.br
Ouvidoria: ouvidoria@altabooks.com.br

Editora **afiliada à:**

Esse livro é dedicado a todo Ser Humano
que busca atuar em liberdade para
construir um mundo melhor!

Agradecimentos

Agradeço aos meus filhos, Gustavo e Sofia, fontes de inspiração e aprendizagem.

Aos meus pais, que sempre foram pessoas fortes e referência para minha vida.

À minha amada esposa Luciana, companheira de jornada, pelo incondicional apoio nos meus projetos.

Aos meus grandes amigos e sócios, José Luiz Ferreira, grande parceiro na construção do Phi, e ao Alexandre Alves, pelo tempo e dedicação para ouvir, provocar reflexões e trazer contribuições.

Ao Samir Trad, Bruno Solferini e Alberto Moraes Barros pelo apoio em vários aspectos do livro, assim como todos os consultores e coaches que passaram pela nossa formação, com quem muito tenho aprendido.

À minha querida amiga Alexandra Mettrau, que trouxe muita luz para as nossas conversas.

Ao Rodrigo Ventre e Elmo Modeneis, pelos diversos momentos de diálogo e trocas.

A Berenice von Rückert, minha querida amiga que me introduziu aos conhecimentos da Antroposofia.

Ana Paula Curi, pelos diálogos e preciosas indicações de leitura.

À minha querida amiga, Alice Pena, que muito me apoiou e incentivou a ir adiante.

À Carolina Messias pela luz na arte de escrever e todo apoio na elaboração desta obra.

Não posso deixar de agradecer especialmente a Rudolf Steiner e Goethe, fontes de luz para o conhecimento, que figuram entre as principais referências do conhecimento da humanidade.

E a todos aqueles que, de alguma forma ou de outra, contribuíram para a conclusão desta obra.

SUMÁRIO

PARTE 2

Apresentação

Este livro nasceu após longas reflexões sobre alguns incômodos que surgiram na minha carreira, primeiro como executivo e posteriormente como consultor de organizações. O primeiro era ver as pessoas na empresa celebrarem a chegada da sexta-feira e, de outro lado, ficarem deprimidas no domingo à noite. Esse incômodo me levou a outras questões, como por exemplo: por que as pessoas são pouco criativas e participativas nos negócios dando indicações de que elas não se realizam ao cumprir suas atividades no ambiente organizacional? E por que todo o talento que as pessoas têm, que poderiam proporcionar melhores resultados, é negligenciado pelas organizações?

Um outro tema que tem me ocupado todo esse tempo está associado a outra pergunta: por que as organizações poucas vezes levam em conta sua identidade e seu posicionamento estratégico em seus processos decisórios? Por que esses aspectos têm sido tão ignorados?

Ainda existem tantos outros aspectos, alguns muito relevantes. Por exemplo, o tema da crença dominante que ainda prevalece no mundo dos negócios, de que a promoção do bem-estar social e a obtenção de bons resultados econômico-financeiros não pode coexistir, o que é uma grande falácia, pois uma coisa está intimamente atrelada a outra quando pensamos em resultados não só de curto, mas também de longo prazo.

O que consegui perceber em todos esses anos é que temos uma tendência para enxergar as coisas de maneira fragmentada, o que tem gerado muitos desentendimentos e sofrimentos. Tenho dedicado minha vida a encontrar respostas a respeito de como as diversas polaridades — como por exemplo espírito e matéria, individualidade e social, forma e movimento e propósito e resultado — interagem entre si, para que possamos construir obras cada vez mais incríveis, aproveitando o que cada uma delas oferece de melhor, sem excluir uma ou outra qualidade.

O resultado de toda essa pesquisa está expresso nesta obra, que revela a essência dessas buscas que ocuparam uma parte significativa da minha história de vida e que agora tenho o prazer de compartilhar com todos que têm interesse pelo tema. O objetivo deste livro é proporcionar aos profissionais, consultores, coaches e mentores, o desenvolvimento dos ecossistemas que envolvem as organizações a partir de uma visão completamente nova, percebendo-as não como algo plano e limitado, mas como um organismo vivo que se integra com o todo. E também é um convite para que todo ser humano possa ser o protagonista e, portanto, o empreendedor de sua própria biografia.

Como utilizar este livro

A primeira parte é orientada para aqueles que querem compreender e desenvolver seus empreendimentos. Aqui cada aspecto do empreender é descrito a partir da compreensão de como eles se relacionam entre si, proporcionando uma visão completamente diferenciada de como cada um afeta os demais. Essa compreensão trará muitos subsídios para o leitor estruturar melhor seus projetos. Entre eles, há ao final de cada capítulo perguntas que tem o intuito de provocar reflexões e fortalecer iniciativas e empreendimentos.

A segunda é para aqueles que querem ir mais além para se aprofundarem nos pilares desse conhecimento, numa visão multidisciplinar, demonstrando como essas mesmas leis que regem as organizações também podem ser encontradas na vida. O domínio desses princípios, que podem ser observados em outros âmbitos da vida, proporcionará uma maior compreensão e capacidade para apoiar o desenvolvimento dos indivíduos e seus empreendimentos.

Definitivamente, esta é uma obra que está apenas no início, mas nunca acabada. Essas leis são parte de um conhecimento profundo, do qual eu apenas retirei mais um véu. Espero que muitas outras pesquisas possam trazer cada vez mais luz para esse precioso tema, uma vez que todo ser humano é um empreendedor de sua própria carreira. Aqueles que avançarem nos estudos e quiserem compartilhar perguntas e/ou descobertas, podem fazê-lo através do e-mail contato@phiassessment.com.br. Toda contribuição será muito bem-vinda.

Desejo a todos uma excelente e prazerosa leitura.

Prefácio 1

Dedico a minha trajetória profissional ao conhecimento e à vida em abundância dentro das organizações. Descobri que a vida em abundância depende tanto das pessoas que atuam na organização, quanto do modelo que elas se propõem a seguir. Existe sempre um caminho árduo e um caminho leve a serem seguidos para que as pessoas e as organizações expandam sua consciência e compreendam este conjunto "pessoas", "organizações" e "desenho organizacional" de forma plena.

Por isso, o interesse em expandir a mente deve sempre ser muito maior que a nossa zona de conforto mental. É a curiosidade que nos guia fortemente a caminhos antes nunca pensados. Grandes pensadores são aqueles que têm a ousadia e conhecimento em propor um óculos diferente para a realidade que vivemos, então chamo o Hélcio de um grande pensador dos tempos modernos. Àquele que tem o inconformismo dos modelos atuais e que pensa com a cabeça sistêmica para a solução dos desafios atuais das organizações e também da humanidade.

Com ousadia, o Hélcio conseguiu desenhar um caminho claro de pensamentos e práticas para a materialização do empreender, seja empreender nossos negócios ou empreender nós mesmos. O conteúdo nos leva a uma viagem sem volta ao mais profundo conhecimento sobre como as coisas realmente são.

Humanização, prosperidade e propósito são palavras usadas por Hélcio e se lidas rapidamente parecem simples e até leves demais para um mundo em plena aceleração, mas está exatamente aí a quebra que o Hélcio nos traz, ele acelera com tremenda profundidade o caminho a ser percorrido para que as empresas encontrem o seu sentido, viabilizem a operação de seus negócios e implementem uma estratégia robusta de sobrevivência no sentido mais amplo da palavra.

Sobreviver deriva do latim, *SUPRAVIVERE*, que nada mais é do que viver além da expectativa. Assim, a empresa que sobrevive é aquela que entende o porquê de existir, que entende que tudo que se realiza é um espelho de como as pessoas trabalham. A empresa que sobrevive tem plena consciência dos seus porquês e dos seus caminhos e faz isso com afinco, conhecimento, disciplina e perseverança.

Os obstáculos sempre aparecerão, a vida organizacional é feita deles, por isso entender as leis que regem os empreendimentos humanos é tão necessário pois o conhecimento é luz e facilita o nosso caminho. Está aqui como eu defino este livro, um acelerador de vida para as organizações e para as pessoas que nelas trabalham, um entendimento sem limites sobre o desenho organizacional e como devemos atuar através do conhecimento.

Muito mais que um livro, o Hélcio escreveu um marco divisório para o nosso entendimento, servindo tanto para os apaixonados por organizações, como aqueles que são apaixonados por como as coisas funcionam e o impacto de nossas decisões na vida dos nossos negócios.

O conteúdo desta obra é para você que quer expandir o seu conhecimento na luz, com muita profundidade. Também é para você que não julga o novo, mas que desfruta cada gota de sabedoria que escorre em sua face.

Finalizando, quero deixar aqui registrado a minha profunda satisfação e diria que até um polimento na minha vaidade feminina ao prefaciar uma obra de tamanha profundida e assertividade.

Obra brilhantemente profunda!

Hélcio, um pensador da modernidade!

Livia Mandelli

PhD. Psicologia Organizacional, Mestre em Liderança,
Consultora, Autora e Apaixonada por conhecimento

Prefácio 2

Encontrar uma finalidade para tudo que existe é um impulso natural e até mesmo o primeiro da nossa alma. Diante de uma experiência, a mente racional logo busca evidências que confirmem algum conceito que já tenha apreendido e se dá por satisfeita. No momento seguinte parte para uma nova experiência e assim prossegue consumindo informações e buscando uma finalidade prática que coadune ao que se mostra como tendência daquele momento, nutrindo uma visão utilitária, consumindo informações.

Admitindo que essa atitude é realmente comum em nossas vidas, seria absolutamente válido inferir que muito do que conhecemos como métodos e práticas de gestão e governança nas empresas seguem a tendência homogeneizada, majoritariamente. Para quem viveu as últimas décadas testemunhando o surgimento de modelos, ferramentas e técnicas que trouxeram contribuições valiosas no sentido de aprimorar o planejamento, implementação de programas e controles de processos nas empresas, fica difícil deixar reconhecer o valor de muitos desses recursos. Embora na maioria dos casos o elemento que impulsiona a utilização de tais recursos é aquela mesma atitude utilitária mencionada acima.

Ao deixarmo-nos encantar com a praticidade de tais ferramentas ou modelos, na maior parte das vezes abstraímo-nos e não indagamos a respeito dos conceitos que fundamentam tais técnicas, deixando-nos levar apenas pela finalidade. Eu poderia listar aqui uma centena de modelos eficientes, mas para não ser totalmente injusto, quero reconhecer ao menos o valor das recentes **metodologias ágeis**, que reúnem qualidades que respondem às necessidades dessa nossa época de grande volatilidade. E, olhando do lado dos processos sociais de construção, planejamento e mesmo de tomada de decisão, devo mencionar a **Teoria "U"**, que para mim tem um destaque absolutamente inquestionável por ser algo muito vivo e por especialmente atribuir um significado mais humano em cada passo do processo.

Todos nós, pessoas razoavelmente inteligentes e instruídas, fomos intensamente impactados por uma forma de pensar dualista à qual raramente foi superada e elevada para além da percepção das formas acabadas. Portanto, foi dessa maneira que aprendemos a lidar com o conhecimento dos objetos e fatos — os quais podemos também denominar "fenômenos" — submetidos aos nossos órgãos perceptivos. Diante da experiência, recorremos aos conceitos aprendidos e estes tornam-se os únicos recursos para solução dos enigmas e nos damos por satisfeitos. Indagar aos sistemas e plataformas oferecidas pela tecnologia só ampliam a nossa incapacidade de compreender. Juntamos apenas fragmentos e as partes permanecem desconexas. Dessa forma, jamais compreenderemos o todo. Sem compreender ou ter a visão do todo ficamos limitados em nossas pesquisas, sem jamais perguntar sobre quais foram as forças que atuaram dinamicamente para criarmos formas ou produzirmos os dados que nos são apresentados. Muito menos poderemos conhecer quais as leis atuam por trás dessas forças.

Se Newton, diante da queda da maçã também tivesse indagado sobre as forças de vida que levaram a maçã a aparecer na ponta do galho — em vez de apenas ater-se às forças da morte que levaram a maça a submeter-se à gravidade — talvez a ciência tivesse caminhado em outra direção.

Jamais ousaria questionar ou diminuir o feito de Newton, inclusive quero colocá-lo ao lado de outras personalidades, às quais, para mim, foram grandes observadores e deram contribuições monumentais, porém, em muitos casos não foram totalmente compreendidos ou considerados. Por essas pessoas terem sido mais notórias no campo das artes e da filosofia do que da ciência. Dentro da minha alma ingênua tenho a esperança de que essas diferenças entre ciência e arte desaparecerão no futuro e reintegradas como um todo, surgindo assim algo que poderíamos chamar de uma ciência do vivo.

Tenho tentado entender as relações entre diferentes épocas da história, àquelas que para mim foram momentos marcantes da humanidade. Embora não seja este o espaço adequado para aprofundarmos o tema, quero chamar a atenção para alguns períodos que são verdadeiros *milestones* da história da evolução da consciência: séculos III/IV (a.C.) auge do helenismo, II/III (d.C.) período dos santos Pais da igreja, VIII/IX período do arabismo e da escolástica, XIV/XV período do renascimento e IXX/XX período das grandes invenções. Lembrem-se do que aconteceu no renascimento, em Florença. Quero aqui destacar Luca Pacioli, um frade amigo de Leonardo que deu contribuições para a geometria na mesma época em que Bunelleschi mostrou como se poderia empregar a ideia da perspectiva geométrica na arquitetura. Todas essas e inúmeras outras personalidades estão na origem do que recebemos como legado cultural e que foram incorporados às nossas vidas e que hoje sequer nos damos conta.

Por exemplo: a contabilidade com o seu método das partidas dobradas foi criada por Pacioli quando este observava os banqueiros e mercadores de sua época. Ainda hoje esse método é empregado universalmente. No início do século XX, o mundo foi sacudido pelas grandes descobertas e invenções científicas de Einstein, Tesla e tantos outros. Esses cientistas foram grandes observadores, assim como foram Spinoza e Goethe que os antecederam. Todas essas grandes personalidades jamais tiveram diante do fenômeno, numa atitude meramente utilitária e dicotômica entre "sujeito e objeto". Eles foram muito além e se entregaram ao ato de observar o fenômeno colocando-se numa relação viva com o objeto da observação dos fatos e processos de um modo vivo: permaneciam na observação até alcançarem a compreensão da atuação das forças e contra forças que produziram um fenômeno determinado. Iam além da forma que se mostra, a priori, como objeto pronto e formado. É nessa dinâmica que o essencial se revela como Leis universais, as quais estão presente em tudo que é vivo.

As organizações, empresas, empreendimentos em todas as suas diferentes manifestações, âmbitos, estruturas e tipos são em si organismos vivos. O ser humano é o fundamento e matriz de todas as coisas que ele próprio cria no mundo. Uma organização é viva e não um mecanismo ou um sistema, por mais complexo que possa parecer. Enquanto estivermos na atitude perceptiva sujeito-objeto, jamais compreenderemos as Leis Gerais que estão por detrás dos empreendimentos humanos. Como dissemos anteriormente, a observação atenta do fenômeno vivo leva a compreensão das leis que, como forças e contra forças, atuam numa organização.

Ao contemplarmos o mundo, admitimos que forças de natureza supra-humanas atuaram e o compuseram por meio dos quatro elementos; tudo que conhecemos (terra, água, ar e fogo). Dessas substâncias elementais extraímos os materiais que empregamos em tudo que construímos como civilização humana.

Como mencionado acima, o caráter utilitário tende a dar uma finalidade a tudo que fazemos. Quando pessoas se reúnem e juntas empreendem algo que não existia antes, ocorrem diversas dinâmicas que escapam de nossa percepção inicial. Para conhecer em profundidade o que ali ocorre, não basta recorrer aos conhecimentos dos elementos da natureza ou organizar processos ligando fatos numa sequência causal. Para alcançarmos a compreensão das forças e contra forças que atuam numa organização deveríamos ser mais observadores. Só assim nos aproximamos da compreensão das Leis que podem estar presentes permanentemente em toda a vida das empresas, desde o seu início até o seu eventual termo.

Quando estamos diante de um objeto e enxergamos somente as suas relações intrínsecas, ficamos presos ao objeto circunscrito ao espaço que ele ocupa. Uma organização, porém, transcende o espaço vivo no tempo, cria e recria formas numa dinâmica sem cessar. As organizações expandem e se contraem. Elas entram em relação e impactam o mundo.

Enquanto os empresários, executivos, gestores, conselheiros acionistas estiverem apartados da compreensão dessas dimensões que dinamicamente dialogam interpenetrando continuamente, eles não estarão em condições de compreender o fenômeno organizacional. A única chave que abre essa porta e permite, ou melhor, incita outra qualidade de reflexões para tornar saudáveis os empreendimentos é o universo conceitual estruturado e coerente que recebeu o nome de o **Phi das Organizações**. E para possibilitar que todos nós, que estamos envolvidos no mundo das organizações, possamos compreender as Leis Gerais que subjazem a todo o ato de empreender, é que foi criado um modelo que funciona como um diagnóstico que aproxima a compreensão dessas Leis ao ponto de tornar-se claro onde a energia empreendedora precisa ser direcionada.

A Matriz Phi e os Diagnósticos que foram concebidos a partir da compreensão das Leis Gerais do Empreender Humano revelam de uma forma totalmente orgânica (ou organísmica — no sentido do que o pesquisador Ludwig Von Bertalanffy concebeu em seu livro *Problems of Life)*, o sentido e o significado dos empreendimentos, permitindo que empresários e gestores atuem com eficácia. Enxergar o todo da organização é a chave que permite intervenções mais seguras nas partes. Os modelos conhecidos em geral apontam para uma visão fragmentada da organização, tratam sintomas e potencializam crises que demandam outras ferramentas sucessivamente, pois não possuem a visão do todo.

José Luiz Ferreira
Consultor e Conselheiro

PARTE 1

01

Há algo além...

A inconstante busca do empreendedor

> O ser humano não pode intervir bem no futuro se não prepara essa intervenção desde o conhecimento das forças operativas. O ser humano é uma criatura autoconsciente e há de tomar em suas mãos sua própria sorte.
>
> (Rudolf Steiner)
>
> « »

Embora a economia como conhecemos hoje tenha sido fortemente influenciada pelo advento da Revolução Industrial no século XVIII, uma compreensão mais profunda nos leva a retroceder um pouco mais no tempo para verificar quais foram as bases que serviram de impulso para esse desenvolvimento.

Na observação do filósofo austríaco Rudolf Steiner, durante a época cultural greco-romana — período que vai de 700 a.C. até início do século XV d.C. — "a evolução humana seguiu seu curso preeminentemente na esfera da alma intelectual ou mental", que ficou marcada pelo desenvolvimento do conhecimento e da filosofia. Avançando mais na linha do tempo é possível perceber como no "século XV teve início o que Steiner chamou de a 'era da Alma da Consciência'", onde a humanidade deveria "encontrar seu lugar conscientemente no mundo, [...] e lutar para alcançar, por meio da autodisciplina, o que pode ser chamado de personalidade humana livre, um verdadeiro domínio da vontade fundado na autoeducação".

O desenvolvimento da "alma da consciência" pode ser evidenciado a partir de vários eventos históricos que marcaram o início do Renascimento, como o surgimento da **perspectiva** na arte, atribuída a Giotto di Bondone (1267-1337), pintor fiorentino considerado um dos precursores da pintura renascentista. E qual foi a simbologia por detrás dessa mudança? As pinturas anteriores ao Renascimento não tinham a mesma noção de profundidade dos diferentes planos da imagem, o fundo aparecia meio que "chapado" sem permitir ao observador reconhecer com clareza o que o pano de fundo revelava. O desenvolvimento da **perspectiva**, onde se pode observar com clareza o que está em evidência e a paisagem de fundo, somente foi possível porque a humanidade estava mudando sua forma de ver o mundo. Uma percepção em perspectiva exige que o artista dê um passo atrás e observe o mundo de fora, o que significa a ampliação de sua capacidade de pensar sobre o próprio pensar, ou seja, de observar a si próprio como estando do lado de fora da paisagem, permitindo que pudesse observar a si mesmo em perspectiva.

Outros fatos marcantes dessa época foram os "descobrimentos"[1] e a conquista das Américas pelos europeus. Eles abriram as portas para o domínio do oceano e do mundo, o que também permitiu comprovar que a Terra é redonda. Todos esses eventos externos também serviram de prenúncio de que um grande movimento de expansão das fronteiras do conhecimento e do empreendedorismo estava por iniciar.

O descobrimento do "Novo Mundo" foi um empreendimento icônico, transformador e que exigiu muita audácia e coragem de seus protagonistas. Vale lembrar que, embora naquela época muitos mares e oceanos já eram navegados — como a rota das Índias, utilizada pelo império romano a partir do mar Vermelho que criou uma ligação do "Mediterrâneo ao oceano Índico e a terras mais distantes." —, navegar às Américas era uma empreitada muito obscura, pois envolvia atravessar um imenso e desconhecido oceano. Sabia-se muito pouco sobre as distâncias a serem percorridas até encontrarem outras terras. Também existiam lendas de que nos oceanos viviam enormes serpentes capazes de naufragar barcos inteiros, como se pode observar nas ilustrações das cartas náuticas daquela época. Eram viagens muito arriscadas onde seus aventureiros tinham apenas a

1 A palavra descobrimento se refere à conquista dos europeus, sem deixar de reconhecer que as Américas já haviam sido descobertas e habitadas por outros povos. (N. do A.)

certeza de ir, mas não de retornar, como fora tão bem retratado no poema "Mar Português" de Fernando Pessoa:

Ó mar salgado, quanto do teu sal
São lágrimas de Portugal!
Por te cruzarmos, quantas mães choraram,
Quantos filhos em vão rezaram!
Quantas noivas ficaram por casar
Para que fosses nosso, ó mar!
Valeu a pena? Tudo vale a pena
Se a alma não é pequena.
Quem quer passar além do Bojador
Tem que passar além da dor.
Deus ao mar o perigo e o abismo deu,
Mas nele é que espelhou o céu.

Uma outra imagem que povoava a mente dos povos daquela época era que o Estreito de Gibraltar representava um limite do mundo. No lado oriental do estreito se encontra o mar Mediterrâneo (limitado) e o oceano Atlântico (infinito) no lado ocidental. Na época também existia um lema que dizia: *Non Terrae Plus Ultra,* que significa "não há terras mais além". As duas colunas do estreito[2], também conhecidas como as colunas de Hércules[3], eram como um imenso portal entre o 'mar limitado' e o 'oceano infinito' e sem terras. Conquistar o infinito desconhecido significava transpor a barreira dos preconceitos existentes.

---

2 As duas colunas de Gibraltar, como são conhecidas, são formadas pelo rochedo de Gibraltar ao norte do estreito (sul da Espanha), e ao sul, no continente africano, o monte Hacho, na cidade de Ceuta, ou Jebel Musa no Marrocos.

3 Referência ao décimo trabalho de Hércules da mitologia grega: reza a lenda que o herói abriu uma passagem entre o mar Mediterrâneo e o oceano Atlântico, criando as duas colunas (montanhas), uma no lado europeu e outra no continente africano, que demarcam o estreito.

Figura 1 — Ceuta, cidade espanhola autônoma no norte da África
Estátua de Hércules conhecida como os Pilares de Hércules. Mitologia grega
Fonte: DepositPhotos
https://br.depositphotos.com/314713112/stock-photo-ceuta-spain-autonomous-spanish-city.html (20/10/2019)

Esta crença funcionava como um 'véu' que separava o mundo conhecido do desconhecido, ou podemos também relacionar com a divisão entre *uma parte*, simbolizada pelo mar, e o *Todo*, representado pela imagem do imenso oceano. No nível psicológico, é possível também relacionar a *parte* com o nível de consciência que cada um alcança com seus conhecimentos, e o *Todo* com o inconsciente infinito, que pode ser conquistado por meio da infinita capacidade do ser humano de aprender. A aprendizagem, por sua vez, ocorre à medida que algo inconsciente se torna consciente ao ser iluminado pelo conhecimento.

Um evento significativo serviu como símbolo do rompimento das barreiras dos preconceitos que serviam como obstáculos para o desenvolvimento humano: o descobrimento das Américas motivou o rei Carlos I da Espanha, também imperador do Sacro Império Romano-Germânico Carlos V, a substituir o antigo lema *Non Terrea Plus Ultra*, por um novo lema: *Plus Ultra*, que significa "mais além", simbolizando que havia terras além das duas colunas de Hércules. Mais tarde este lema foi incorporado a bandeira da Espanha, como podemos ver na imagem abaixo:

Figura 2 — Bandeira da Espanha (Pixabay)
https://pixabay.com/pt/illustrations/bandeira-espanha-bandeira-da-espanha-6339160/ (15/06/2021)

Ainda no nível psicológico, essas conquistas podem ser traduzidas como a incessante busca do ser humano para descobrir, conhecer o mundo e a si mesmo, que somente se torna possível para quem se aventura ir além de si ou de seus próprios conceitos. Quando um apreende algo do mundo externo, essa parte apreendida passa fazer parte dele. Cada fração do que tornou conhecido corresponde ao pedaço do mundo externo que ele conseguiu se integrar, e à medida que avança no conhecimento, mais ele se integra ao Universal.

O *Plus Ultra* é um convite para que as pessoas possam sair do conforto do seu próprio mundo conhecido rumo ao desconhecido, do qual ele é parte integrante. E qual é o caminho que possibilita transpor esse portal rumo ao "conheça-te e a ti mesmo"? Enquanto um age por obediência cega a alguém, ou apenas repetindo palavras de outras pessoas, nunca saberá quem realmente é, pois a sua própria vontade não se manifesta. Só pode se conhecer aquele ser livre que se aventura a empreender de forma criativa no mundo e experimenta ir além de si mesmo rumo ao infinito de sua própria alma, como eternizado nas palavras do grande poeta Rabindranath Tagore:

> A nossa alma, para se libertar da névoa da indistinção e sair para o aberto, continuamente cria para si novos campos de ação e se ocupa em inventar novas formas de atividade, mesmo que estas não sejam necessárias para os propósitos de sua vida terrena. E por quê? Porque ela quer liberdade, ela quer ver a si mesma, perceber a si mesma. (1994, p.100)

A escritora Bettina Brentano também traduziu de forma bela esse caminho rumo a liberdade:

> Quem ousar pensar por si próprio também irá agir por si, e quem não pensar por si, não rumar o leme para o alto-mar com seu espírito, não irá alcançar por si mesmo a Divindade, não irá agir por conta própria, pois orientar-se pelos outros não é agir. Agir é ser espontaneamente, ou seja: viver em Deus. (2005, p.23)

Tudo isso traz uma imagem sobre como as almas dos povos europeus foram impactadas com os descobrimentos do século XV. Para que esses empreendimentos fossem realizados, teve que haver um rompimento de muitos preconceitos arraigados pela cultura da época. Essa conquista só foi possível pelo esforço de muitos que se dispuseram a enfrentar esses desafios e arriscaram suas próprias vidas. Enquanto externamente um mundo novo estava sendo desbravado, internamente se abriam as portas para a conquista da liberdade pela consciência. Vale lembrar que as Américas estavam — e ainda estão — associadas aos princípios da liberdade.

Assim temos uma imagem que pode ser comparada ao significado do impulso empreendedor: ao decidir tomar as rédeas de seu próprio destino, e empreender a sua própria história de vida, o ser humano abandona a segurança do que é conhecido, e assume um caminho rumo ao descobrimento de um mundo totalmente novo. Empreender significa se lançar na busca de realizar sua obra, seu propósito, aquilo que ele acredita ser necessário para desenvolver a sociedade do qual faz parte. Ao realizar sua obra ele amplia seus próprios horizontes, seus conhecimentos e sua consciência. A potencialidade de aprender é infinita e ninguém ousa estabelecer um limite para o conhecimento, pois além do que já se sabe sempre haverá *Plus Ultra,* ou "algo mais além".

As sementes do empreendedorismo

Os seres humanos têm buscado constantemente novas formas de conviver em sociedade. Podemos relembrar que na Grécia antiga surgiu o conceito de *polis* (cidades) e com a materialização desse novo conceito veio a necessidade de criar novas formas de instituições sociais capazes de promover a ordem e a prosperidade. Embora as instituições tenham sido criadas para servir às pessoas, com o tempo elas ganharam poder e começaram sobrepor e oprimir a liberdade dos indivíduos, como aconteceu com a monarquia e o sistema papal na idade média. O filósofo austríaco Rudolf Steiner descreveu os diferentes estágios inerentes a esse fenômeno. Segundo ele:

> No início do seu status cultural a humanidade se empenha pelo surgimento de instituições sociais: o interesse do indivíduo é primordialmente sacrificado ao interesse das instituições; a continuidade do desenvolvimento, no entanto, leva a que o indivíduo se liberte do interesse das instituições para chegar a livre realização de suas necessidades e capacidades. (Brüll, 2005, p.5)

Séculos mais tarde, com o advento do Renascimento, houve toda uma efervescência da atividade artística que fez despertar a necessidade de expressão das liberdades individuais através da criatividade e do empreendedorismo[4], o que seria viabilizado a partir da disponibilização do capital (ou dos meios de produção)[5] pela classe mais abastada para os artífices e mercadores da época, e que marcou o início do rompimento do poder dominante das instituições. Luca Pacioli (1445-1557)[6], frei considerado pai da contabilidade moderna, havia previsto, na introdução de seu *Tractus*, a necessidade da disponibilização do capital como forma de romper com

4 O conceito de empreender aqui é utilizado de forma mais ampla e não significa constituir uma organização. Toda jornada criativa se configura como um empreendimento.

5 Os meios de produção são tudo aquilo que viabiliza a produção, local de trabalho, matéria-prima, ferramentas, meios para transporte de mercadorias etc.

6 Luca Pacioli foi um monge franciscano e matemático, considerado o pai da contabilidade, que junto com Leonardo da Vinci escreveu o famoso livro *Divina Proportione*.

essas estruturas: segundo Antônio de Lopes de Sá, Pacioli "busca dar uma ideia do que, na concepção da época, parecia fundamental. O momento era o do 'auge da formação da riqueza'. O capital aparecia como 'o quase tudo', como solução definitiva para a quebra da estrutura medieval". (2004, p.144)

Para compreender as bases que permitiram o florescimento do Renascimento e todo seu legado, é preciso voltar um pouco mais no tempo. No século XII, na França, foi criada uma instituição com a missão de cultivar o solo e plantar as sementes para o desenvolvimento das livres iniciativas, que permitiriam abrir caminho para a conquista da liberdade individual. Esta enigmática ordem ficou conhecida como a ordem dos Cavaleiros Templários, ou Cavaleiros do Templo de Salomão, fundada por Hugues de Payns, com outros companheiros, e que teve como patrono o líder religioso Bernard de Clairvaux (também conhecido como São Bernardo). (ADRIÃO, 2011, p.15)

Embora mais conhecidos como uma ordem militar, encarregados de protegerem as Cruzadas à Terra Santa, alguns historiadores contestam que essa tenha sido sua principal missão. O motivo é que, analisando os fatos, os Cavaleiros Templários, além de promover o reflorescimento cultural na Europa, fundaram inúmeras comunidades regionais, com economias prósperas, visando a melhoria das condições sociais daqueles povos. Para sustentar as bases da nova economia, eles definiram que seria necessário criar um estado independente, livre do poder dominante e autoritário exercido pela monarquia e pela igreja, que sufocavam as iniciativas individuais. Foi então que, no ano de 1179[7], D. Afonso Henriques, membro da Ordem dos Templários, fundou o estado de Portugal (também chamado "Porto-Graal") como o primeiro estado independente da Europa.[8] O historiador Vitor Manuel Adrião comenta que "Portugal deve, pois, os alicerces da sua Independência como Reino a Ordem do Templo, em primeira mão, com a influência discreta e depois aberta de São Bernardo de Claraval,

7 Data que D. Afonso Henriques recebe do papa Alexandre III a bula *Manifestis Probatum*, garantia de independência de Portugal (ADRIÃO, 2011, p.31).

8 Em 1179, D. Afonso recebe do papa Alexandre III a bula *Manifestis Probatum*, que lhe dá formalmente o título de rei e a garantia de Independência para ele e os seus sucessores no novo país: Portugal (ADRIÃO, 2011, p.27 e 31).

ajudando Afonso Henriques — aquele o Fundador Espiritual do Reino, e este o Fundador Temporal do mesmo". (2011, p.36)

Segundo Lex Bos, autor de diversos livros e consultor pelo instituto para desenvolvimento organizacional NPI (Netherlands Pedagogical Institute), a principal tarefa dessa ordem se baseia numa "reordenação fundamental da vida social", promovendo a transição do estado feudal para uma troca entre as diversas culturas, desenvolvendo o fortalecimento da economia monetária e creditícia em substituição ao modelo baseado na troca de mercadorias.

Segundo Bos:

> Se observarmos com que rapidez esta ordem (dos Templários) começa a florescer logo após sua fundação, em curto espaço de tempo em todos os lugares surgem dependências da ordem, e como se começa com a construção de catedrais, se adquirem propriedades, são construídas estradas e se desenrolam atividades de cunho bancário, então obtemos a impressão de que o solo para tudo isto já estava preparado, que aqui um longo período de preparo em pouco tempo apresentou seus frutos. (1980, [s.n.])

Mas por que era importante para os Templários, uma ordem militar religiosa, ter dado início a uma atividade que está na gênesis do que seria um sistema bancário? O desenvolvimento econômico somente poderia ser impulsionado se o capital, ou o acesso aos meios de produção, estivesse acessível para aqueles que queria empreender. Os bancos que eles criaram também tinham como objetivo disponibilizar o dinheiro de empréstimo e investimento para financiar essas iniciativas.

Neste ponto quero abrir um parêntese para demonstrar como a história e a mitologia se sobrepõem e ganham contorno surpreendentes, como se quisessem revelar algo por trás das simples aparências:

> A origem do cifrão data do ano 711, da era cristã, quando o general Táriq-ibn-Ziyád comandou a conquista da Península Ibérica, ocupada até então pelos visigodos." [...] Após a viagem, Táriq teria mandado gravar, em moedas comemorativas, uma linha sinuosa, em forma de "S", representando o longo e tortuoso caminho percorrido para alcançar o continente europeu. Cortando essa linha sinuosa

> mandou colocar, no sentido vertical, duas colunas paralelas, representando as Colunas de Hércules, que significavam a força, poder e a perseverança da empreitada.[9]

Ao nos aprofundarmos nos significados por trás das imagens, Hércules ergue as duas colunas e consequentemente abre uma passagem entre o mar Mediterrâneo e o oceano Atlântico quando buscava capturar os bois de Gerião, que tinham os "pelos de ouro". Na interpretação do professor Viktor Salis, essa aventura que fora descrita como a décima etapa dos doze trabalhos de Hércules, tinha como significado demonstrar o desafio dos seres humanos para alcançar os "meios para vencer o apego às coisas materiais e educar a cobiça". (2022, p.141)

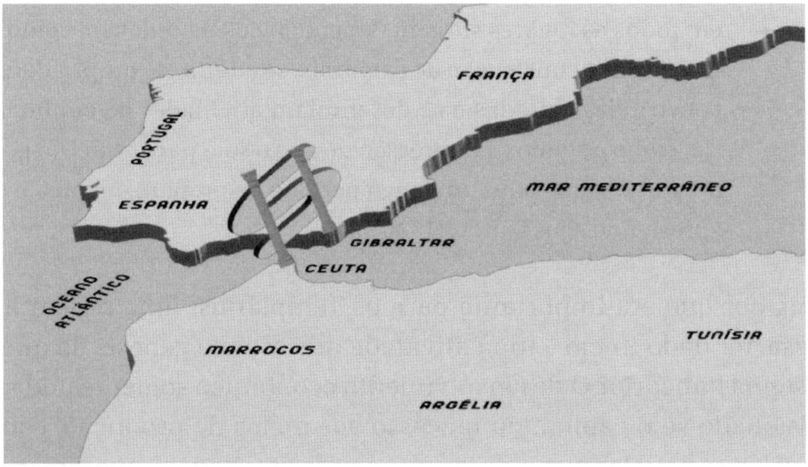

Figura 3 — As Colunas de Hércules e o Cifrão
Fonte: Hélcio Padrão e Estúdio Zoombeedo (2023)

Encaixando as peças desse complexo quebra-cabeças, entre a *parte*, simbolizada pelo Mar Mediterrâneo, o *infinito*, simbolizado pelo oceano Atlântico, estão as duas colunas do estreito de Gibraltar que serve de inspiração para a criação do símbolo do dinheiro e como o ser humano se relaciona com ele. Podemos então comparar o caminho do empreender do ser humano com essa imagem: para empreender é necessário apartar do Todo

[9] Site da Casa da Moeda do Brasil. Disponível em: <https://www.casadamoeda.gov.br/portal/socioambiental/cultural/origem-do-cifrao.html>. (Acesso em 17 de abr. de 2023.)

e se individualizar, tornar-se parte. Mas o sucesso e a longevidade de qualquer empreendimento dependem de sua capacidade de aprender, se relacionar e se integrar com o mundo externo. O sucesso dessa integração não pode ser alcançado por aquele que não educou sua cobiça, mas apenas àqueles que desenvolveram uma relação saudável com o dinheiro.[10]

As leis universais que regem os empreendimentos

> A natureza desdobra-se em uma infinidade de formas que surpreendem por sua beleza, perfeição, equilíbrio e harmonia. Não há dúvida de que, em todos os reinos naturais, vibra uma sabedoria oculta que rege e ordena cada uma de suas partes.
>
> (Jesús Zatón)
>
> « »

Na busca por compreender o universo, Pitágoras, Platão e tantos outros pensadores encontraram padrões na natureza que nos revelam uma noção de "unidade" e "ordem". O matemático italiano Leonardo de Pisa, mais conhecido como Fibonacci[11], desvendou padrões de crescimento em diversas plantas, animais e no próprio ser humano. Esta descoberta tem relação com o que é chamado número de ouro, "uma proporção que pode ser considerada a "constante da vida", pois talvez reflita, como nenhuma outra, as constantes do crescimento progressivo e evolutivo. Essa proporção, também chamado de razão (ou proporção) áurea, é expressa no número áureo Phi = 1,6180339... Euclides definiu que tal proporção é a divisão de uma longitude em meia e extrema razão. O arquiteto romano Vitrúvio mostra-se mais explícito ao dizer: "Para que um espaço dividido em partes desiguais seja agradável e estético, deverá haver

[10] É preciso separar o conceito de cobiça com ambição; enquanto o primeiro se refere aos apegos às coisas materiais, o segundo é uma mola propulsora do desenvolvimento humano: toda realização e desenvolvimento são frutos de sua própria ambição.

[11] Existem registros que o matemático Pingala já havia observado essa sequência matemática em torno de 300 a.C.

entre a parte menor e a maior a mesma relação que existe entre o maior e o todo".[12]

Para Jesús Zatón, "a razão áurea é a proporção entre duas partes desiguais, de modo que estabelece uma relação entre essas partes e o todo. Daí resulta uma proporção considerada, desde a antiguidade, a mais bela e harmoniosa. A razão áurea aparece nos seres vivos sob estruturas dinâmicas baseadas no Pentágono. Muitas proporções entre as dimensões de diferentes partes do corpo humano estão na razão áurea ou próximas dela". (2017, p.40-1)

Tudo isso aponta para a compreensão que o mundo é regido por determinadas leis universais que podem ser reconhecidas nos mais diversos âmbitos. Segundo o biólogo vienense Ludwig von Bertalanffy, "existem modelos, princípios e leis que se aplicam a sistemas generalizados ou suas subclasses, qualquer que seja seu tipo particular, a natureza dos elementos que os compõem e as relações ou 'forças' que atuam entre eles. Parece legítimo exigir-se uma teoria não dos sistemas de um tipo mais ou menos especial, mas de princípios universais aplicáveis aos sistemas em geral". (2013, p.57)

Considerando que existem princípios e leis que regem todo o universo, se faz necessário perguntar então: **existem também princípios e leis que regem os empreendimentos e as organizações, que sirvam como um farol que oriente os empreendedores para torná-los mais saudáveis, harmônicos e longevos?**

Em geral, os gestores se acostumaram a gerenciar os empreendimentos de maneira totalmente fragmentada. Por exemplo: é comum ver organizações que tenham se empenhado em desenvolver sua identidade (propósito, visão de futuro e princípios de gestão) e seu posicionamento estratégico, mas ainda são poucas as que realmente levam em consideração esses elementos em seus processos de tomadas de decisões e governança. Ainda não está claro para a maioria dos empreendedores e líderes a verdadeira função, o significado e principalmente, como cada aspecto das organizações se relacionam com os demais.

Essa fragmentação na forma de planejar e gerir os negócios me causou incômodo, gerando questionamentos como: qual a importância de cada aspecto das organizações e qual é a relação entre eles? Qual seria o sentido

---

12 *Marcos Vitrúvio* Polião (em latim Marcus Vitruvius Pollio; c. 80-70 a.C.-15 a.C.) foi um arquiteto, escritor, engenheiro e tratadista romano do século I a.C.

das empresas no mundo hoje? Como as organizações podem ser um espaço de desenvolvimento humano?

Alguns brilhantes autores da administração identificaram a relação de alguns desses aspectos, dando sinais de que as empresas funcionam como organismos vivos. Para dar alguns exemplos, Dr. William E. Deming foi um dos primeiros a abordar sobre a relação intrínseca entre os "princípios de gestão" e os "processos organizacionais", além de abordar a relação entre resultados e o nível de satisfação dos colaboradores. Na década de 1990, Arie de Geus, que atuou como executivo do grupo Royal Dutch Shell, escreveu o livro *A Empresa Viva*, trazendo uma imagem das organizações como um organismo vivo. Peter Senge abordou sobre o tema das organizações que constantemente aprendem.

Embora o estudo desses e outros autores tenham dado algumas pistas sobre minhas questões, eu ainda não estava satisfeito, e foram surgindo outras perguntas do tipo: se as organizações são vivas, quais são as leis que as regem?

A partir de uma pesquisa que enveredou por outras áreas como a medicina e a mitologia, foram surgindo algumas respostas e fui montando esse misterioso quebra-cabeça. Aos poucos foi possível perceber quais eram as "forças operativas" que, como afirmou o filósofo Rudolf Steiner, permite o ser humano "intervir bem no futuro", e de "tomar em suas mãos a sua própria sorte".

Segundo Lex Bos, os Cavaleiros Templários tinham conhecimento que as organizações sociais eram regidas por leis e que essas eram afins ao próprio corpo humano, ou seja, que as organizações eram um reflexo de seus próprios criadores.[13]

---

13 "Os templários conheciam as leis espirituais nas quais se fundamentava a construção do corpo humano. Eram os portadores de uma corrente esotérica, na qual eram guardadas sabedorias ocultas. Foi o conhecimento desses segredos ocultos que possibilitou a construção do templo salomônico.
[...] (Os templários) sabiam também, que as mesmas leis deveriam inspirar a edificação de uma nova ordem social. Sabiam que esses segredos deveriam formar a chave para a construção de um templo da humanidade — a chave para a estruturação de uma nova realidade social. Porém, eles mesmos não podiam ir mais adiante do que era possível nos séculos XII e XIII. Naquela ocasião não puderam executar a tarefa de formar os fundamentos para uma convivência humana renovada que seria a base do novo templo." Lex Bos foi consultor e escritor, cofundador do NPI (Netherlands Pedagogical Institute) e do Banco Triodos.

Se tais leis realmente existem, qualquer pessoa que se interessar estudá-las poderá identificá-las nas práticas das organizações de forma bem concreta. Também é real que o conhecimento e domínio dessas leis podem contribuir não somente para o desenvolvimento dos empreendimentos, mas para do próprio ser humano. É a partir da observação dessa realidade que convido o leitor conhecer as *leis gerais que regem as organizações*.

O Uno é a verdade em vez da multiplicidade desconectada.

(RABINDRANATH TAGORE)

« »

As leis da vida presentes na contabilidade

Entre as linguagens adotadas de maneira universal por todos os países estão a música e a contabilidade. Esses princípios contábeis começaram a ser mais difundidos principalmente quando foram publicados, há mais de 500 anos, pelo monge e matemático Luca Pacioli. Interessante notar que não se tratava de um livro específico sobre escritura contábil, mas a parte que trata do tema é um capítulo de um livro chamado *Summa Aritmética, Geometria, Proporctioni et Proportionalita* (Súmula de Aritmética, Geometria, Proporções e Proporcionalidade, em tradução livre). Um dos motivos de ter sido adotada como linguagem universal é que o sistema das partidas dobradas, difundido por Pacioli, parte da compreensão das leis que regem a própria vida: ao reconhecer que todo crédito (causa) gera um débito (efeito) (2002, p.25), ou seja, que o crédito de um corresponde ao débito do outro, ele traz a consciência de que qualquer empreendimento só existe a partir da relação com seus *stakeholders* e que tudo que um faz impacta os demais. A adoção desse método transformou a maneira de perceber os empreendimentos, impactando toda a vida econômica. Segundo Luca Pacioli, o princípio das partidas dobradas parte da ideia de interdependência entre todos os seres e talvez por esse motivo o poeta e cientista alemão Goethe classificou o método das partidas dobradas como "uma das mais geniais expressões da inteligência humana" (2004, p.41).

Muito da importância da contabilidade está ligada à sua própria finalidade de possibilitar a "explicação intelectual dos fenômenos e acontecimentos das células sociais e [...] aferir a eficácia da gestão patrimonial" (HOOG, 2014, p.125). Devido ao caráter social de qualquer empreendimento, o sistema contábil é composto por uma *base científica*, que descreve as formas de se registrar os eventos do que ocorre em cada organização, e uma *política* que prescreve suas normas. (HOOG, 2014, p.48-51)

Além das partidas dobradas, um outro princípio contábil também se fundamenta nessas leis que regem a vida: um dos princípios da criação é que, para que algo novo possa surgir no mundo, são necessárias o encontro de duas forças polares, uma passiva (que pode ser fecundada) e a outra ativa (que fecunda)[14]. Vamos exemplificar como isso ocorre na vida prática: para que uma cadeira de madeira seja criada, se faz necessário a "substância", o princípio passivo que nesse caso é a madeira, e uma "ideia da cadeira" que é o princípio ativo; a cadeira surge quando essa ideia (que é a imagem da cadeira) fecunda a substância. A ideia é o princípio ativo que traz a forma, enquanto a matéria (força passiva) contém a substância que irá tomar a forma idealizada. É possível também chamar a "ideia" de princípio masculino e a "matéria" de princípio feminino, e aqui vale ressaltar que a própria palavra matéria vem do latim "*mater*", que significa mãe[15]. Não é à toa que o balanço contábil, ou podemos também chamar de "equilíbrio" contábil está ancorado em uma lei que diz Ativo (A) = Passivo (P) + Patrimônio Líquido (PL), mas como o PL é também um tipo de passivo[16] é

---

14 Na natureza também existe um processo de reprodução assexuado, como o da multiplicação celular, mas esse somente é capaz de gerar algo novo, mas apenas clones celulares.

15 Não devemos confundir aqui os conceitos de feminino e masculino com os de homem e mulher, pois ambas as forças, masculinas e femininas, estão contidas em ambos.

16 O patrimônio líquido representa o passivo da empresa em relação aos acionistas, colaboradores e todos aqueles que participam de seus resultados.

possível dizer que A=P. Em outras palavras, o balanço demonstra como se dá a relação das forças ativas e passivas do organismo.

Nos empreendimentos existem um princípio ativo inicial que é denominado *propósito* e, na sua polaridade oposta, algo se manifesta na matéria, substância passiva, que chamamos de resultados. Os resultados apurados tomam uma determinada forma espelhando o *propósito* do empreendimento. Entre uma e outra polaridade se encontram os demais aspectos da organização, demonstrando o caminho entre a ideia (imaterial/espiritual) e sua materialização no mundo sensível (material). O filósofo Rudolf Steiner dizia que "a matéria organizada no plano físico, é sabedoria realizada". (2006, p.195)

Quando um indivíduo define um propósito, mas nada faz para realizá-lo no mundo, então nada acontece. Mas à medida que este que caminha para realizar seu propósito, começa gerar impacto no mundo, iniciando um processo de causa e efeito, ou crédito e débito. Assim temos uma primeira imagem dessas leis que também se expressam na metodologia das ciências contábeis.

Indivíduo ou Organização

Na Figura 4 é possível verificar uma outra polaridade: existe um eixo vertical que se revela no caminho entre uma ideia até sua materialização, e que por essa razão denominamos como o caminho do empreender. Do outro lado surge um eixo horizontal que se expressa a partir dos fenômenos de causa e efeito que ocorrem nas relações entre o empreendimento e seus *stakeholders*, que na contabilidade foram denominadas como crédito e débito. Denominamos esse eixo como a "dinâmica de relacionar e aprender", pois a aprendizagem se dá a partir das relações com o mundo externo. Enquanto o eixo vertical garante a materialização de um negócio, o segundo é que pode garantir sua longevidade, pois um empreendimento que não aprende nem se transforma está fadado a morrer num prazo menor.

Resumindo, o eixo composto pelo propósito e seus resultados expressa a polaridade entre espírito (ideia) e matéria, enquanto no eixo horizontal demonstra a qualidade das relações entre uma individualidade e o social:

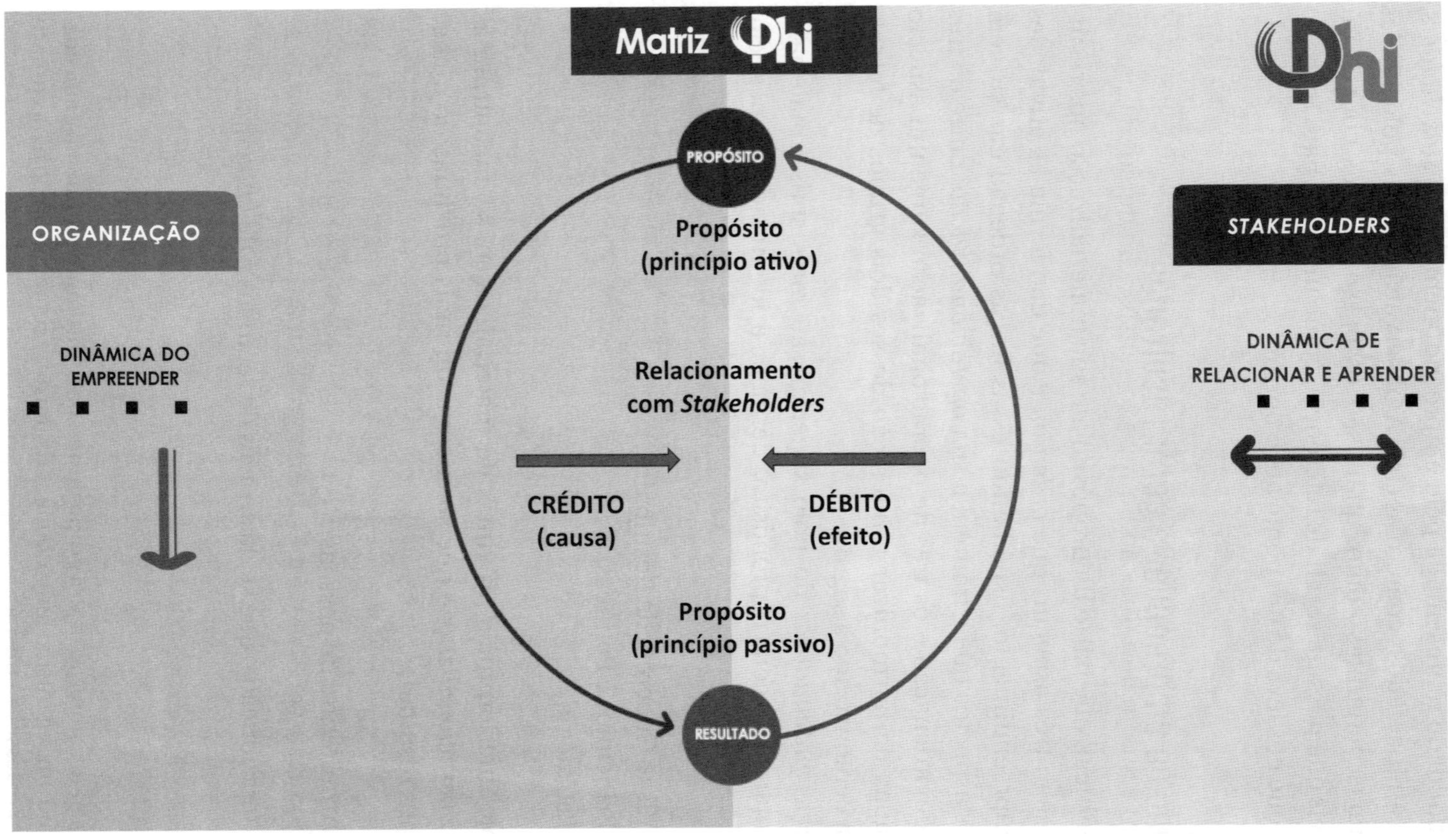

Figura 4

Fonte: Hélcio Padrão e Estúdio Zoombeedo (2022)

a individualidade representada pelo empreendimento[17] e os *stakeholders*, que são os impactados, como o social. A observação destas polaridades traz algumas perguntas como: quais são os passos que os conectam? Existem leis que possam servir de referência, como um guia, para trilhar o caminho que nos leve de um ponto até o outro?

O caminho do empreender e gerar resultados

No eixo vertical, que parte do propósito até sua materialização nos resultados, existem três aspectos que *ordenam e* que dão forma às atividades de um empreendimento. Espelhando essas forças ordenadoras surgem outros três aspectos que garantem a sua *operacionalização*. Entre os três aspectos de ordenação e os três de operacionalização surge um aspecto central capaz de harmonizar a interação desses dois grupos de forças, como será demonstrado a seguir.

As forças *ordenadoras* do polo superior são mais sutis (imateriais) e que, juntamente com o propósito, definem a identidade do negócio. São elas:

1. Visão Concreta de Resultados;
2. Princípios e Políticas;
3. Estratégia.

No polo inferior, mais próximas da materialização, se encontram as forças de *operacionalização* que se encontram mais próximas do que se expressa nos resultados.

1. Arquitetura de pessoas;
2. Processos;
3. Reprodução – que se dá através de recursos e de *know-how*.

---

17 Mesmo sendo composto de um grupo de pessoas, um empreendimento é considerado como um organismo único, onde cada um atua como um órgão para cumprir o propósito desse organismo.

O elemento central, capaz de compensar os desequilíbrios e harmonizar esses dois polos é o que denominamos como *governança*. Esse processo de governança se baseia em indicadores estratégicos que permitem evidenciar os diversos fenômenos que ocorrem na operação da empresa. Através deles os gestores devem ser capazes de observar e compreender os fatores geradores de insucesso e sucesso do negócio. A consciência da gestão de um empreendimento está intimamente relacionada com sua capacidade de medir e gerenciar.

A Figura 5 ilustra todos esses aspectos que compõem o eixo vertical da jornada que os empreendedores, com maior ou menor grau de consciência, precisam percorrer para que seus propósitos se materializem em resultados concretos.

Relacionar e aprender para garantir a longevidade

> O aprendizado e a inovação caminham de mãos dadas, mas o aprendizado vem na frente.
>
> (Matthew E. May)

Enquanto a força empreendedora de uma organização atua no sentido que parte de uma ideia até a materialização de um empreendimento, são as relações com o mundo externo (sejam outras pessoas ou a própria natureza) que garantem a sua aprendizagem, pois, como já foi dito anteriormente, não há aprendizagem no isolamento. Sozinho o ser humano se limita ao seu próprio conhecimento sobre o mundo.

Embora seja comum o pensamento de que a morte seja o contraponto da vida, uma observação mais minuciosa da realidade contribui para reconhecer que o oposto da morte não é a vida, mas o nascimento. Na realidade, nascimento e morte são processos da vida, pois não há vida no que é estático e inanimado. Os empreendimentos, como organismos vivos, seguem essa mesma lei. Organizações que se enrijecem e não aprendem nem

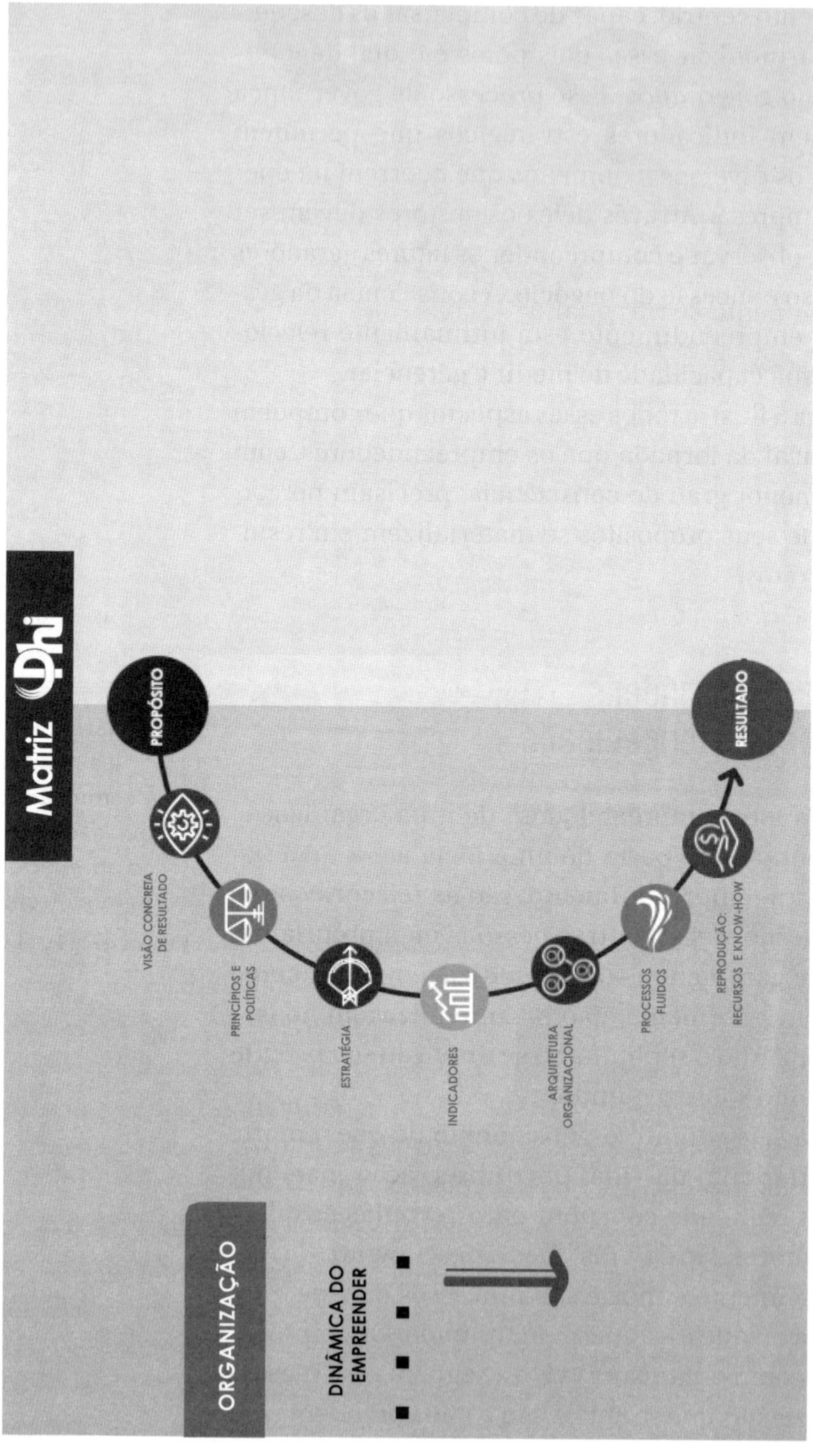

Figura 5
Fonte: Hélcio Padrão e Estúdio Zoombeedo (2022)

se transformam estão fadadas a uma morte prematura. A longevidade de um organismo está intimamente conectada com sua capacidade de aprender e se transformar.

Como o processo de aprendizagem se dá através das relações, a longevidade das organizações depende da qualidade das relações que esses estabelecem com seus *stakeholders*. Nesse sentido, a aprendizagem exige o aperfeiçoamento de três qualidades básicas:

- Desenvolver um interesse genuíno pelos outros, principalmente os atores mais relevantes para o negócio: o interesse amplia a capacidade de perceber e reconhecer os fenômenos;
- A capacidade de ser empático e despertar a empatia dos demais atores: a empatia desperta o sentimento de se colocar no lugar do outro e compreender suas necessidades, promovendo a integração das partes;
- Disposição para aprender e desenvolver novos produtos, serviços e caminhos para alcançar resultados que atendam as necessidades das partes envolvidas: aplicar o que foi aprendido é que permite a renovação.

A aprendizagem que altera os modelos mentais é altamente desafiadora, desorientadora. Pode ser assustadora ao confrontarmos crenças e pressupostos consagrados. Não pode ser feita solitariamente. Só ocorre dentro de uma comunidade de aprendizes.

(PETER SENGE)

« »

Para aprofundar mais um pouco nesse tema se faz necessário compreender como se dá o processo de crédito e débito, ou de causa e efeito entre os empreendimentos e seus *stakeholders*. Enquanto anteriormente foram descritas as ações que geram impacto no mundo externo, se faz necessário agora reconhecer quais são seus efeitos, ou como cada um desses aspectos reverberam nos *stakeholders* externos ou internos, conforme ilustrado na Figura 6 a seguir:

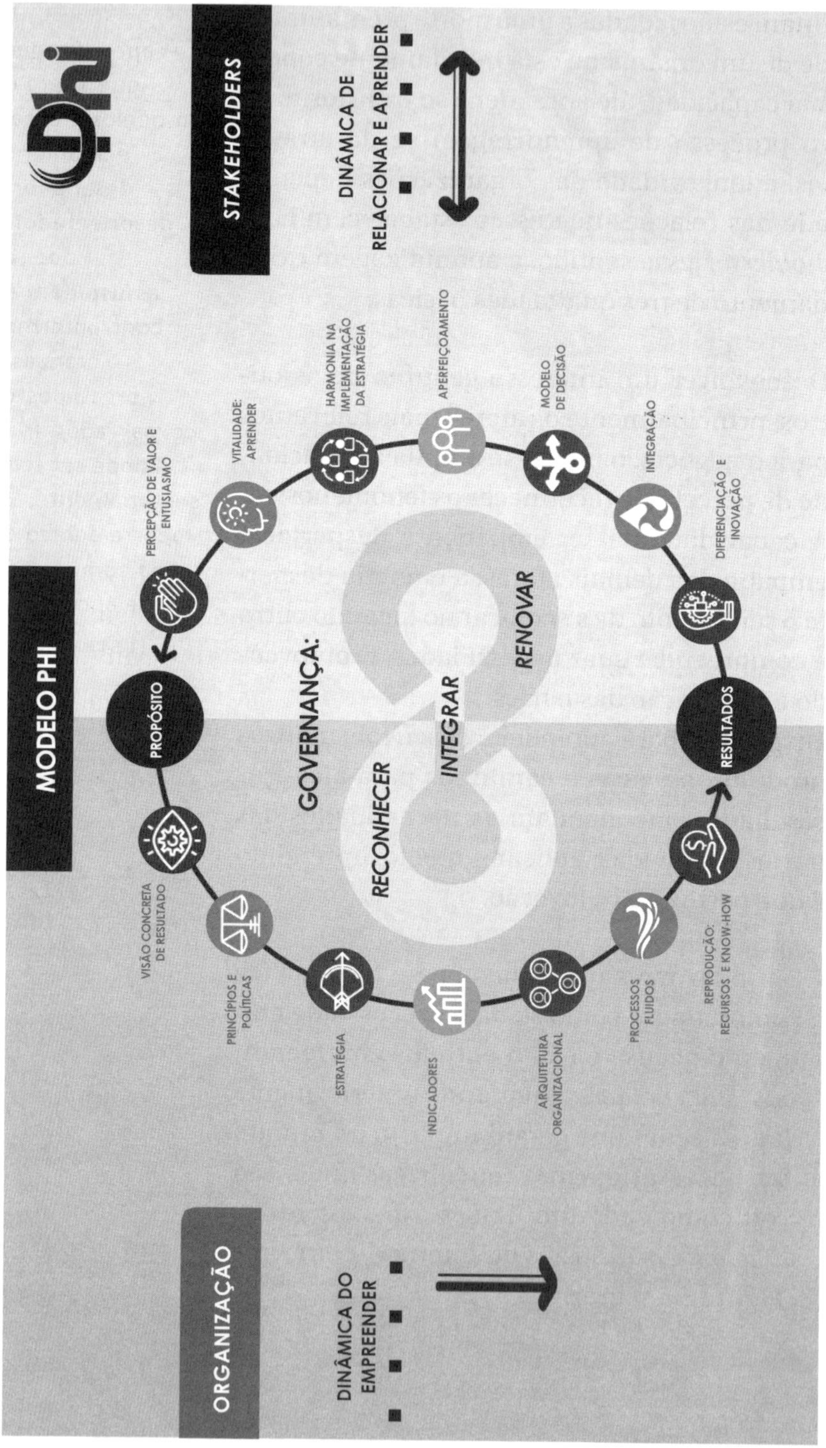

Figura 6
Fonte: Hélcio Padrão e Estúdio Zoombeedo (2022)

A **visão concreta de resultados** deve ser capaz de **gerar valor e entusiasmo** para seus *stakeholders*. É a geração de valor que pode garantir o engajamento de investidores e colaboradores, além do pagamento de um preço justo pelos clientes.

Os princípios *e* políticas espelham a inteligência aplicada na gestão para que a visão de resultados seja alcançada. Essa inteligência se amplia na relação com os *stakeholders*, principalmente os colaboradores, conselheiros, clientes e fornecedores estratégicos. Eles são a fonte que alimenta o processo de aprendizagem do empreendimento. Essa aprendizagem se efetiva quando eles se transformam em novas políticas e/ou princípios.

A estratégia organizacional terá mais chances de ser implementada e bem-sucedida se ela entrar em harmonia com os impactados. A ausência dessa harmonia gera uma tendência de resistência para sua implementação.

Os indicadores trazem consciência sobre os fenômenos que ocorreram nas ações do empreendimento, mas tudo que os indicadores revelam diz respeito ao passado. A cura do organismo se dá a partir das transformações que podem ocorrer a partir desse processo de observação. Não é possível transformar uma realidade com o mesmo estado de consciência que gerou os aspectos indesejados. Todos os desafios que surgem revelam uma questão, uma pergunta de aprendizagem, não só para o grupo, mas para cada membro do grupo de gestores. Os indicadores deverão servir de alimento para o aperfeiçoamento das pessoas que deve ocorrer dentro do processo de governança.

A estratégia precisa ser devidamente assimilada e compreendida pela *arquitetura organizacional* (incluindo os parceiros estratégicos) para que as pessoas possam agir como um organismo único, viabilizando um modelo de tomada de decisão sadio orientado pela estratégia organizacional.

Os processos precisam ser fluídos e simplificar ao máximo a operação e a vida das pessoas, garantindo a segurança das informações. Para garantir a fluidez desses processos nos encontros entre as diversas áreas, fornecedores e clientes, são necessários contratos e/ou acordos que garantam uma integração saudável.

Por último, à medida que a reprodução, recursos e *know-how* garantem os ganhos de produtividade e resultados, é preciso também estarmos atento às necessidades dos clientes para promover constantes diferenciações e inovações.

Dessa forma está demonstrada, ainda que resumidamente, a Matriz Phi com todos os aspectos que configuram as leis que regem os organismos empreendedores. Vale justificar que o nome Phi, que é a 21ª letra do alfabeto grego, foi inspirado por ser esse também o nome do chamado 'número de ouro', ou 'proporção áurea', que revela um padrão encontrado em várias formas da natureza, incluindo a estrutura do corpo humano, descritas no livro *Divina Proportione* (Divina Proporção) de Luca Pacioli e Leonardo da Vinci.

Enxergar as partes a partir da visão do Todo

Um dos grandes desafios em relação as organizações é que a maioria dos gestores ainda tratam esses diversos aspectos de maneira fragmentada. Mais importante do que reconhecer cada um desses aspectos e suas funções é reconhecer como elas se relacionam entre si, tema que será devidamente aprofundado nos próximos capítulos. A Figura 7 traz uma visão primária e sintetizada do significado de cada aspecto que compõe o planejamento e como ele se espelha na operação:

- A **Visão de Futuro** define "o que" queremos, enquanto a (Re)produção define "o que" fazemos.
- Os **Princípios e Políticas** definem as balizas de "como" nos organizamos para fazer, enquanto os **Processos** definem o "como" fazemos.
- A **Estratégia** define o posicionamento, ou o "quem" somos, enquanto a **Estrutura de Pessoas** define "quem" necessitamos para realizar.
- Já a **Governança**, no centro, se dá a partir das pessoas, buscando alcançar a saúde do organismo, através do equilíbrio entre os diversos aspectos. Ela lida com três perguntas básicas:
  - Passado: que resultados alcançamos?
  - Presente: o que está causando desequilíbrio e desarmonia?
  - Futuro: o que precisamos mudar em nós e no empreendimento para alcançarmos melhores resultados?

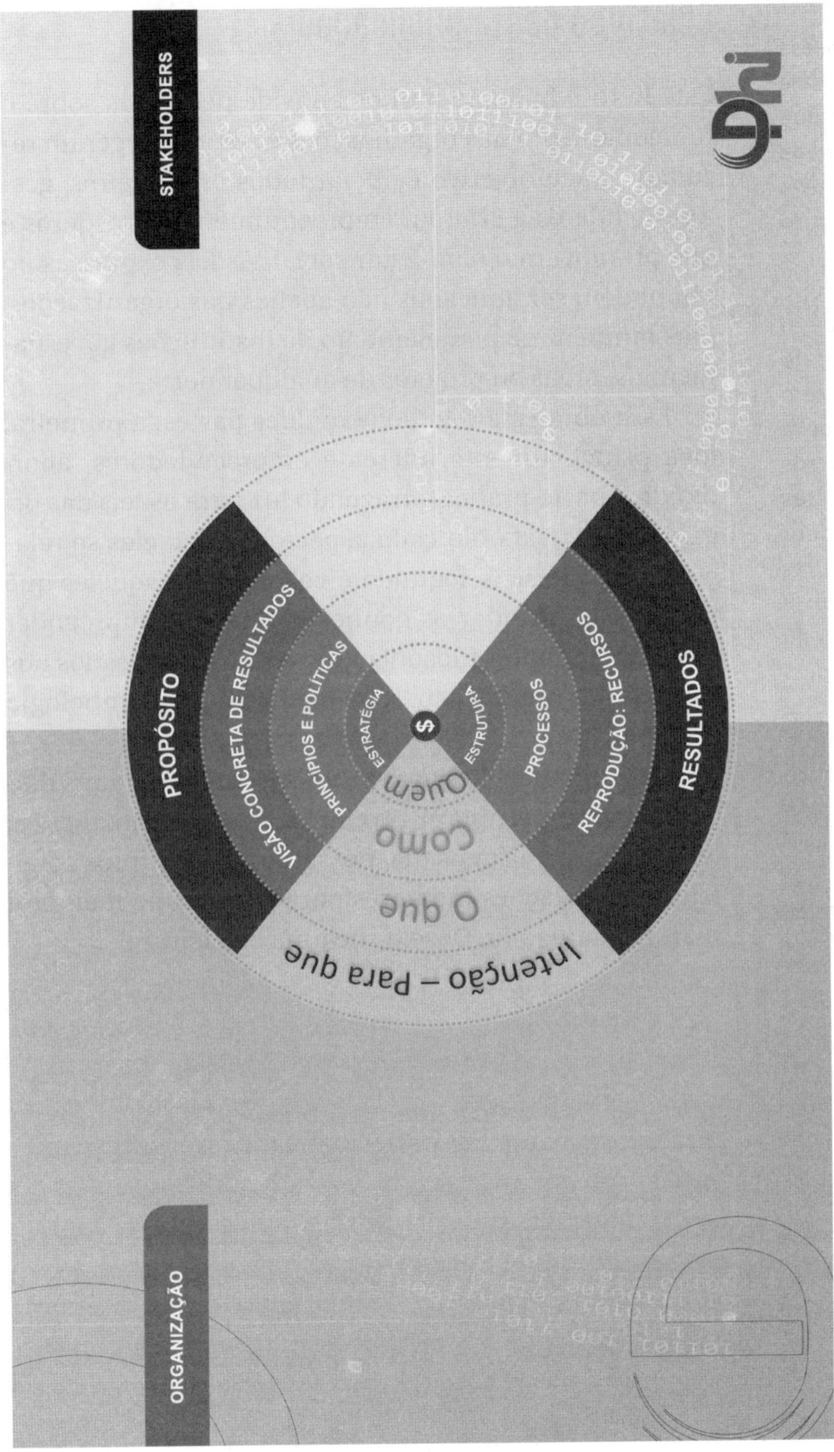

Figura 7 — Phi: Contração e Expansão
Fonte: Hélcio Padrão e Estúdio Zoombeedo (2022)

> Empresa Humanizada é uma empresa que se torna amada pelos *stakeholders* para alinhamento estratégico. Nenhum grupo se beneficia em detrimento de qualquer outro e cada um prospera como os outros prosperam. Estas empresas atendem às necessidades funcionais e psicológicas de seus *stakeholders* de maneira que os encantam e produzem afeto e lealdade à empresa."
>
> (Raj Sisodia, David B. Wolfe e Jag Sheth)
>
> « »

Objetivos desta publicação

Este livro é fruto de muitos anos de pesquisas sobre o funcionamento das organizações e como elas geram resultados. Seu objetivo é apoiar todos os pioneiros, gestores e líderes a criarem empreendimentos prósperos e que promovam o bem-estar social. As leis expressas no Phi podem ser aplicadas não apenas nas organizações, mas também no planejamento de instituições governamentais, áreas ou projetos de qualquer porte.

Essa obra está dividida em duas partes: a primeira, foca principalmente líderes e empreendedores, abordando a parte prática e trazendo luz para as leis das organizações, tratando cada aspecto e como eles se relacionam entre si. A segunda é voltada para aqueles que buscam aprofundar os conhecimentos e compreender seus fundamentos filosóficos e científicos, baseados nos estudos das organizações, na medicina e na simbologia mitológica.

O intuito não é esgotar o tema e sim ampliar as discussões que permitam revelar outros aspectos dessas leis para que, dia após dia, possamos todos juntos construir organizações melhores para um mundo melhor e mais humanizado. Desejo-lhe uma boa leitura!

02

O propósito

Admiro o homem que sabe claramente o que quer, avança sem cessar, conhece os meios rumo o seu objetivo e sabe assenhorear e utilizá-los; em que medida seu objetivo é grande ou pequeno, digno de elogio ou censura, isso só levo em consideração depois. Creia-me, minha querida, a maior parte de nosso infortúnio e de tudo o que chamam mal no mundo tem sua origem exclusivamente no fato de serem os homens negligentes demais para conhecerem com absoluta certeza seus objetivos e, quando os conhecem, trabalhar seriamente para alcançá-los. São, para mim, como homens que, tendo uma ideia de que poderiam e deveriam construir uma torre, só empregam em suas fundações pedras e trabalho necessários para a construção de uma cabana.

(Goethe)

« »

Propósito para quê?

Os empreendimentos nascem, estando ou não declarados, a partir de um propósito. Nos próprios atos de constituição das organizações devem constar o seu "objeto social", ou, em outras palavras, de que forma elas pretendem servir à sociedade. No Brasil, entre os anos 1980 e 1990, as corporações começaram valorizar o tema, e houve um esforço de muitas para descrever e publicar seus propósitos, que naquela época tinha o nome de "missão". De alguns anos para cá esse tema voltou com muito mais força, enfatizando a importância do que passou a ser chamado "empresas com propósito". Para compreender melhor o significado dessa necessidade emergente em nossa sociedade, se faz necessário lidar com perguntas como: Afinal, o que é propósito? Qual sua utilidade? Como ele impacta os diversos aspectos de uma organização? Por que é relevante para o ser humano estabelecer um propósito para sua vida?

De acordo com a psicóloga humanista e escritora Charlotte Bühler, os princípios da psicanálise freudiana apontam que o ser humano teria como objetivo último "obter aquela gratificação plena que restauraria o equilíbrio do indivíduo [...] e desse ponto de vista todas as criações culturais da humanidade acabam por ser vistas como subprodutos de um instinto que visa, meramente, à satisfação individual" (apud FRANKL, 2011, p.47-8). Contrapondo-se a esta linha de pensamento, a autora defende que na verdade o ser humano é "portador de intencionalidade, o que significa viver com propósitos". E seu propósito é dotar a vida de sentido [...]. O indivíduo tem uma orientação primeira para criar e realizar valores" (Ibidem, p.47).

Viktor Frankl continua afirmando que "desse modo, o princípio da homeostase (que é a busca da estabilidade) não constitui fundamento suficiente para explicar o comportamento do homem, obscurecendo, também, a compreensão de fenômenos humanos, como criatividade, que se orienta para os valores e para o sentido." Para ele, o princípio do prazer é "auto anulativo", ou seja, "quanto mais se faz do prazer um alvo, mais se erra a mira", ou em outras palavras, é a "busca da Felicidade" que frustra sua obtenção. O prazer não é a finalidade última do ser humano, mas é na verdade a consequência de realização de um propósito, ou seja, "realizar um objetivo constitui a razão para ser feliz" (Ibidem, p.47-8).

Todas essas pesquisas e estudos revelam o *propósito* daquilo *que dá sentido à vida dos seres humanos*, e que a falta de um propósito e um sentido para sua existência compromete sua própria saúde. Também demonstra que o propósito último de um indivíduo não é ter prazer e/ou ser feliz, mas que esses últimos possam ser alcançados como *consequência* da realização de um propósito. Essas constatações não são difíceis de ser comprovadas. Nos meus muitos anos atuando com organizações tive a oportunidade de perguntar para várias pessoas "o que as deixavam mais realizadas?" e a resposta quase em 100% dos casos estava relacionada com algo em que elas tinham feito de bom para outras pessoas. O leitor também pode fazer uma verificação ao responder a mesma pergunta a partir de sua própria biografia.

O mesmo conceito acima também se aplica nas organizações, uma vez que o verdadeiro propósito de um empreendimento não é obter lucro, pois o lucro é consequência e não o fim de suas atividades. Quanto mais uma organização se dedicar a atender as reais necessidades de seus clientes, mais chances ela terá de ser lucrativa. É o propósito que traz sentido para a existência dos empreendimentos.

O propósito de uma organização está intimamente ligado à biografia de seus fundadores, ou daquilo que elas sentem vontade de realizar no mundo. Mas essa constatação levanta uma pergunta que merece reflexão: se o propósito de uma empresa está conectado a história de vida de seus fundadores, como os demais colaboradores podem encontrar sentido em suas vidas?

Cada pessoa tem o seu próprio propósito e, para realizá-lo, ela pode optar por atuar da forma que lhe melhor convier, seja como profissional liberal, como servidor público, como colaborador de uma empresa privada, como artista etc. Empreender seu propósito significa atuar onde faça sentido e onde você sente que pode contribuir da melhor maneira para a sociedade. Quando uma pessoa opta por atuar em uma instituição, cabe a ela primeiro reconhecer se há alguma sinergia entre o seu próprio propósito e o da organização, pois é muito difícil uma pessoa se realizar num empreendimento que tem um propósito que aponta para um sentido diferente do seu. Uma vez identificada essa sinergia, cabe à própria pessoa estabelecer para si um propósito que foque realizar o propósito da organização como um todo. Por exemplo, um colaborador do setor de finanças pode estabelecer seu propósito de desenvolver sua área para prestar um serviço de melhor qualidade, dando sentido ao seu próprio trabalho.

Quando um se conecta com seu próprio propósito de vida ele desperta para a alegria de servir, como descreveu com muita propriedade o poeta indiano Rabindranath Tagore: “Adormeci e sonhei que a vida era alegria; despertei e vi que a vida era serviço; servi e vi que o serviço era uma alegria.”

O sentido do Trabalho

Quando o ser humano atua com alegria e disposição ele tende a gerar melhores resultados para todos. No sentido oposto, não há como uma pessoa se sentir feliz quando não encontra sentido em seu trabalho. Por isso é possível afirmar que uma organização que tem um propósito claro e inspirador e consegue atrair colaboradores alinhados com seu propósito tem melhores condições para aprimorar continuamente sua capacidade produtiva e de obter melhores resultados.

Segundo pesquisa realizada pela empresa The Energy Project, em parceria com a Harvard Business e publicada no jornal *New York Times*, existem quatro necessidades básicas que motivam as pessoas em seu trabalho, sendo uma física, emocional, mental e outra espiritual:

1. físicas, por meio de oportunidades para renovar e recarregar regularmente no trabalho;
2. emocionais, por se sentirem valorizados e apreciados por suas contribuições;
3. mentais, quando têm a oportunidade de focar de forma absorta suas tarefas mais importantes e definir quando e onde realizar seu trabalho;
4. espirituais, fazendo mais do que eles fazem melhor e mais apreciam, e sentindo-se conectados a um propósito mais elevado no trabalho.[1]

Segundo a mesma matéria, o engajamento, lealdade, satisfação e energia positiva do trabalho estão intimamente ligados ao apoio dos líderes a atender as necessidades essenciais dos colaboradores, tendo como consequências a diminuição do estresse e melhora do seu desempenho: "quanto mais efetivamente os líderes e as organizações apoiarem os funcionários no atendimento dessas necessidades essenciais, maior será a probabilidade dos funcionários experimentarem engajamento, lealdade, satisfação e energia positiva no trabalho, e menor será a percepção dos níveis de estresse." A reportagem ainda traz uma pesquisa realizada pelo instituto Gallup apontando que as empresas que possuem colaboradores engajados, "tinham lucratividade de 22% maior, classificações de clientes 10 por

1 Fonte: SCHWARTZ, Tony e PORATH, Christin. Why You Hate Work. **The New York Times, 2014**. Opinião. <https://www.nytimes.com/2014/06/01/opinion/sunday/why-you-hate-work.html?_r=1> Acesso em: 17/04/2023.

cento mais altas, 28% menos roubo e 48% menos incidentes de segurança".[2]

A perenidade do Propósito

> Uma empresa que visa o lucro é não apenas falsa, mas também irrelevante. O lucro não é a causa da empresa, mas sua validação. Se quisermos saber o que é uma empresa, devemos partir de sua finalidade, que será encontrada fora da própria empresa. E essa finalidade é criar um cliente.
>
> (Peter Drucker)
>
> « »

O propósito é algo perene numa instituição e por isso dura enquanto ela existir. Mas por que é assim? De onde partem tais premissas? A observação dos propósitos de algumas corporações pode ser muito valiosa como um caminho para compreender melhor esse fenômeno e aprofundar nesse conceito. Abaixo seguem alguns exemplos:

A Outer Shoes, uma indústria criativa do setor de calçados, descreve seu propósito da seguinte maneira: "Nosso propósito é inspirar as pessoas a serem autênticas e viverem seu dia a dia com mais equilíbrio".

Para os fundadores do banco Nubank, o que motivou sua criação foi "construir este mundo com você, simplificando a sua vida financeira com transparência e segurança."

A Be Green, empresa que atua no setor de agricultura urbana, define a finalidade de sua fundação para "transformar a cadeia de produção de alimentos."

Uma das coisas que é possível perceber em comum nesses casos é que todas estão descritas a partir de um verbo no *infinitivo* como "educar", "construir", "transformar" etc. O verbo utilizado nesse formato já aponta para essa qualidade de perenidade do propósito, demonstrando que é algo que nunca se esgota. Isso ocorre porque o propósito é algo etérico, com pouca forma ou

---

2 Fonte: SCHWARTZ, Tony e PORATH, Christine. Why You Hate Work. **The New York Times, 2014**. Opinião. <https://www.nytimes.com/2014/06/01/opinion/sunday/why-you-hate-work.html?_r=1> Acesso em: 17/04/2023.

substância, pois ele ainda não penetrou de vez na dimensão do espaço e tempo, característica da ideia que se torna substância. O propósito por si só demonstra apenas uma intencionalidade, mas enquanto o empreendedor não se coloca no caminho de sua realização, ele permanece como algo imaterial e sem efeito no mundo exterior. E uma das características da matéria é que ela está sempre em transformação, suscetível à ação do espaço tempo. O propósito, apenas como ideia e uma intenção, não está sujeita às forças de corrosão e deterioração, e por isso pode se manter perene.

Isso não quer dizer que uma organização não possa rever ou alterar completamente seu propósito, mas quando um propósito muda de forma significativa, podemos dizer que está nascendo um novo empreendimento. No desenvolvimento da identidade de uma organização é a *visão concreta de resultado*, que será o tema do próximo capítulo, sendo o primeiro aspecto que penetra na dimensão do espaço e tempo, e é exatamente por isso que ela tem um prazo de validade no tempo.

Essa imaterialidade de um propósito também pode ser observada nos exemplos citados acima. Tomemos novamente o exemplo do Nubank: Seria possível alguém, que não conhecesse essa instituição, definisse a sua área de atuação a partir da frase "simplificar a vida financeira"? Essa frase não poderia muito bem servir como o propósito de uma escola de finanças, por exemplo, ou mesmo um aplicativo de finanças pessoais? E o que dizer sobre o propósito da Outer Shoes, seu propósito torna evidente que se trata de uma empresa de calçados? E o propósito da Be Green, alguém arriscaria dizer que se trata de uma empresa de horta urbana? O propósito é algo etérico (sem substância) e que revela a intenção do seu idealizador.

Os desafios da constância de Propósito

Um dos maiores desafios dos empreendimentos não é identificar seu propósito, mas, principalmente, sustentá-lo ao longo do tempo. Em momentos de crise, na luta pela sobrevivência ou de obterem maiores lucros a curto prazo, é comum as organizações tomarem decisões que as afastam do seu propósito inicial. Muitas vezes a necessidade de sobrevivência atropela a sua predisposição de servir aos clientes. Nesses casos ocorre uma inversão de valores e os resultados financeiros deixam de ser consequência e são tomados como um fim, servindo como principal critério nos processos decisórios. Não é incomum que esse tipo de orientação proporcione resultados positivos a curto prazo, mas em geral colocam em risco os de médio e longo prazos. Essa (des) orientação ocorre quando o grupo gestor perde de vista a íntima conexão entre servir aos clientes e obter de lucros, como se as duas coisas fossem desassociadas. Por isso, é relevante que a alta direção se esforce para escapar das soluções aparentemente mais fáceis, mas que as afastam de seu propósito e colocam o negócio em risco. Cabe a esse grupo gestor ser o guardião para a manutenção da constância de propósito.

Os problemas de amanhã referem-se primordialmente a constância de propósitos e à dedicação a melhora da posição competitiva a fim de manter a empresa viva e proporcionar emprego a seus funcionários. A diretoria e o presidente interessam-se, sobretudo, por lucros imediatos ou pela instituição da constância de propósitos?

(William E. Deming)

« »

Um depoimento do alpinista de grandes montanhas Gustavo Ziller serve como ótimo exemplo sobre a importância da constância de propósitos em quaisquer empreendimentos. Quando estava assistindo a sua palestra[3], em algum momento ele fez a seguinte pergunta: "Vocês sabem qual é o nosso (dele e de sua equipe) objetivo quando subimos uma montanha?" E respondeu: "Nosso objetivo principal não é somente chegar no topo da montanha, mas voltar para casa!" E completou: "Manter esse propósito em mente é que traz consciência para o grupo não se expor a riscos desnecessários". Ele deu um exemplo relatando uma expedição que fizeram visando alcançar um determinado pico da cordilheira dos Andes: num momento difícil, já próximo de alcançar o cume da montanha, eles optaram por desistir, uma vez que as condições de segurança não estavam adequadas. Retornar para casa era o propósito maior, e não alcançar o cume! Se o objetivo deles fossem apenas

3 Palestra proferida no espaço Guaja, em Belo Horizonte, no dia 16 de agosto de 2021, onde o autor contou sua aventura de ter conquistado o pico do Monte Everest no mesmo ano. (N. do A.)

alcançar o cume, ultrapassando os limites, colocaria toda equipe a um enorme risco.

> Quem não consegue mais acreditar no futuro — seu futuro — está perdido no campo de concentração. No futuro, tal pessoa perde o apoio espiritual, sucumbe interiormente e decai física e psicologicamente.
> (Viktor Frankl)
> « »

Características do Propósito

O ser humano não está isolado do mundo externo e é o único ser que tem consciência disso. Se ele quisesse apenas seu prazer, atuaria como um parasita, exigindo que o mundo externo atendesse seus desejos. Mas não é assim que as coisas funcionam. O ser humano necessita da interação e aprende com ela, assim, compreendendo as coisas e abrangendo o mundo dentro de si. Por isso ele sente a necessidade de servir, entretanto, dentro de suas próprias limitações. Cada ser humano tem um dom específico, que se revela nas coisas que despertam seu interesse. Uma pessoa demonstra interesse pela biologia, outra pela medicina, outra pela economia etc. Esses dons permanecem adormecidos em cada um, até que defrontam com uma necessidade do mundo externo, fazendo que ela concentre sua atenção para solucionar uma determinada questão. As necessidades do mundo atuam como um chamado para que individualidades empreendam soluções que possam atendê-las. Assim elas despertam o ser humano para sua própria *vocação*, que significa "um chamado", que uma pessoa atende conforme determinada inclinação ou "disposição natural de seu espírito".[4]

O propósito está intimamente conectado com a vocação de um indivíduo que se revela no encontro de seus talentos com as necessidades externas. O propósito serve como um ponto harmônico entre o que ele quer empreender a partir da potência criativa de uma individualidade e as necessidades de seus impactados.

---

4 Fonte: https://michaelis.uol.com.br/moderno-portugues/busca/portugues-brasileiro/Vocação/

O propósito tem por finalidade descrever quais *necessidade dos clientes e beneficiários* que um empreendimento pretende atender. Podemos perceber isso recorrendo novamente aos três exemplos citados nas páginas anteriores: enquanto o primeiro empreendimento propõe "inspirar as pessoas a serem autênticas e viver com mais equilíbrio", o segundo pretende "simplificar a vida financeira", e o último busca "transformar a cadeia de alimentos".

É também importante que o propósito seja revelado a partir de uma mensagem simples, concisa, de fácil memorização e que sirva de inspiração para os diversos públicos. De forma resumida, um propósito impactante possui algumas características como:

- Simplicidade e, se possível, ser descrito em poucas palavras;
- Descrever uma ação contínua, que nunca se esgota (verbo no infinitivo);
- Apontar qual a necessidade do mundo que pretende atender;
- Descrever a área de atuação (seu talento), ainda de forma ampla.

Propósito e Autoconhecimento

Quem age por obediência ou apenas repetindo o que outras pessoas falam não tem como conhecer a si mesmo. O autoconhecimento só é possível para aqueles que atuam de forma criativa, a partir de uma ação com sentido, pois, toda individualidade se expressa e se revela através de *sua* obra. Descobrir o seu propósito é o que traz sentido para a vida dos seres humanos.

É comum que as pessoas se sintam intimidadas por expressar o seu propósito, pelo simples medo de se arrependerem de suas escolhas. Mas fazer a escolha correta na primeira tentativa não é o que realmente importa. O importante é ousar tomar uma decisão e seguir seu caminho, sem temer ir ajustando o rumo sempre que se fizer necessário. A consciência do propósito floresce e se torna mais claro na medida que o ser humano amadurece.

Um aspecto importante, e que muitas vezes confunde as pessoas, é que encontrar um propósito não significa necessariamente constituir uma organização. Encontrar seu propósito está mais ligado a encontrar sentido para a sua ação e ser criativo onde quer que esteja. Muitas vezes ele está conectado com a atuação como colaborador de uma outra instituição. Por revelar um grande desafio, é muito importante acreditar e persistir na sua realização, mantendo a disposição de ser um eterno aprendiz para superar os obstáculos do caminho. O propósito é como asas que libertam o ser humano para se realizar através da ação, numa jornada que o levará rumo ao seu próprio vir a ser.

> Esse fato de cada indivíduo não poder ser substituído nem representado por outro é, no entanto, aquilo que, levado ao nível da consciência ilumina em toda a sua grandeza a responsabilidade do ser humano por sua vida e pela continuidade da vida. A pessoa que se deu conta dessa responsabilidade em relação à obra que por ela espera ou perante o ente que a ama e espera, esta pessoa jamais conseguirá jogar sua vida fora. Ela sabe do "porquê" de sua existência — e por isso também conseguirá suportar quase todo "como".
>
> (Viktor Frankl)

Como elaborar um Propósito

O propósito de um empreendimento nasce da vontade empreendedora de seus fundadores, e por isso eles são os principais influenciadores na sua elaboração, embora seja muito apropriado que a alta gestão também deva participar desse processo (vale lembrar que, por diversos motivos, muitas organizações não contam mais com seus fundadores atuando no negócio). Assim como apontou Aristóteles, o propósito tem uma íntima relação com os talentos daquele que empreende e as necessidades do mundo. Os talentos das pessoas podem ser percebidos a partir da observação das biografias de seus empreendedores e/ou líderes.

Em nossas práticas, o primeiro passo é convidar cada participante a se lembrar de um momento em que teve que tomar uma decisão impactante onde ele se sentiu íntegro, ou seja, que foi fiel ao que ele realmente queria. Em seguida pedimos que eles identifiquem um momento em que se sentiu "levado" pela situação e não atuou conforme ele realmente intencionava. A partir dessas situações eles são convidados a refletir sobre as seguintes questões:

- O que aconteceu? Quais consequências da primeira decisão e da segunda?
- O que você observa que é uma força sua e o que é essencial para você? Qual a pergunta de aprendizagem que estas duas situações trazem?

Observação:

Esse simples exercício ajuda revelar a essência da pessoa e aquilo que ela mais valoriza.

Num segundo momento, ß, cada um dos participantes é convidado a imaginar e desenhar (usando giz de cera e papel) um sonho da jornada pessoal de cada um na organização nos próximos anos (3, 5 ou 7 anos).

Em grupo, as pessoas dividem as imagens e comentam o que queriam representar. Na sequência convidamos os participantes a perceber o que é comum e o que é particular nas diversas imagens apresentadas.

Num terceiro passo, é importante que as pessoas reconheçam qual o perfil dos clientes do empreendimento e quais são suas principais necessidades. Pedimos, então, que o grupo leia todas as necessidades apuradas e que as classifiquem por ordem de prioridade, partindo do ponto de vista dos clientes.

Diante desse quadro das capacidades e sonhos dos participantes e as necessidades dos clientes, cada participante é convidado a escrever uma frase que revele o propósito da organização. Cada um lê sua frase e o grupo busca chegar em uma única frase.

Observação:

O intuito com essas práticas é trazer algumas possibilidades de desenvolvimento desses aspectos, a partir do que apuramos como adequado para atuar nos trabalhos de consultoria. Cabe ao leitor a busca para desenvolver outras e melhores possibilidades, assim como nós também nos colocamos numa eterna busca para criar alternativas mais impactantes para nossos clientes.

Síntese

O propósito é a razão de existência de todo empreendimento. Ele nasce do encontro da vocação daquele que empreende com as necessidades do mundo externo e de seus clientes. Atuar por um propósito de realizar algo de bom para a sociedade é uma necessidade humana.

É importante que haja uma sinergia entre o propósito da organização e a dos colaboradores que dela fazem parte, o senso de propósito é um pilar para proporcionar a satisfação e engajamento dos colaboradores.

O propósito é perene numa organização, sem prazo para terminar, e por esse motivo ele é descrito no verbo infinitivo. Daí a importância de que ele seja constantemente o norte dos processos decisórios das iniciativas.

Perguntas para refletir e transformar:

1. Olhando para sua história de vida, quais foram as coisas e/ou temas que mais despertaram seu interesse? O que é mais importante para você na criação de seus filhos, nas amizades, quando você viaja, quando você se diverte? Identifique o que mais o atrai;

2. A partir da resposta anterior, o que você gostaria de transformar no mundo? Qual é o seu propósito, ou sua intenção?

3. Se estiver em grupo, após todos responderem as perguntas acima individualmente, respondam: o que há de comum nas intenções? Qual é o propósito do grupo?

03

A visão concreta de resultados

No capítulo anterior o tema (propósito) foi abordado e nele tentamos demonstrar que o propósito de uma organização tem um caráter mais perene, embora ao mesmo tempo tenha uma natureza etérea. Neste capítulo será abordada a *visão concreta de resultados* com suas características, o primeiro aspecto entre o propósito e sua materialização final na forma de resultados, assim como seu reflexo nos *stakeholders*.

Quando se observa os empreendedores que realizam grandes feitos, em geral eles são impulsionados por uma imagem de algo concreto que impacta e transforma o futuro. São muitas as histórias de empreendedores que foram considerados loucos quando compartilharam as ideias que queriam realizar no mundo, que muitas vezes pareciam ser impossíveis de serem realizadas. Muitos foram aqueles que, contra tudo e contra todos, tiveram a determinação para realizar a sua obra. Podemos citar alguns desses empreendedores, como por exemplo: Cristóvão Colombo, Fernando Magalhães, Gandhi, Martin Luther King, Mandela e tantos outros, que arriscaram suas próprias vidas na busca de materializar suas ideias.

> A imaginação cria no homem a essência de seus propósitos, a potência de seu surgimento.
>
> (Giordano Bruno)

> Nada que resulta em progresso humano é alcançado com consentimento unânime. Aqueles que são iluminados antes dos outros são condenados a perseguir a luz apesar dos outros.
>
> (Cristóvão Colombo)

« »

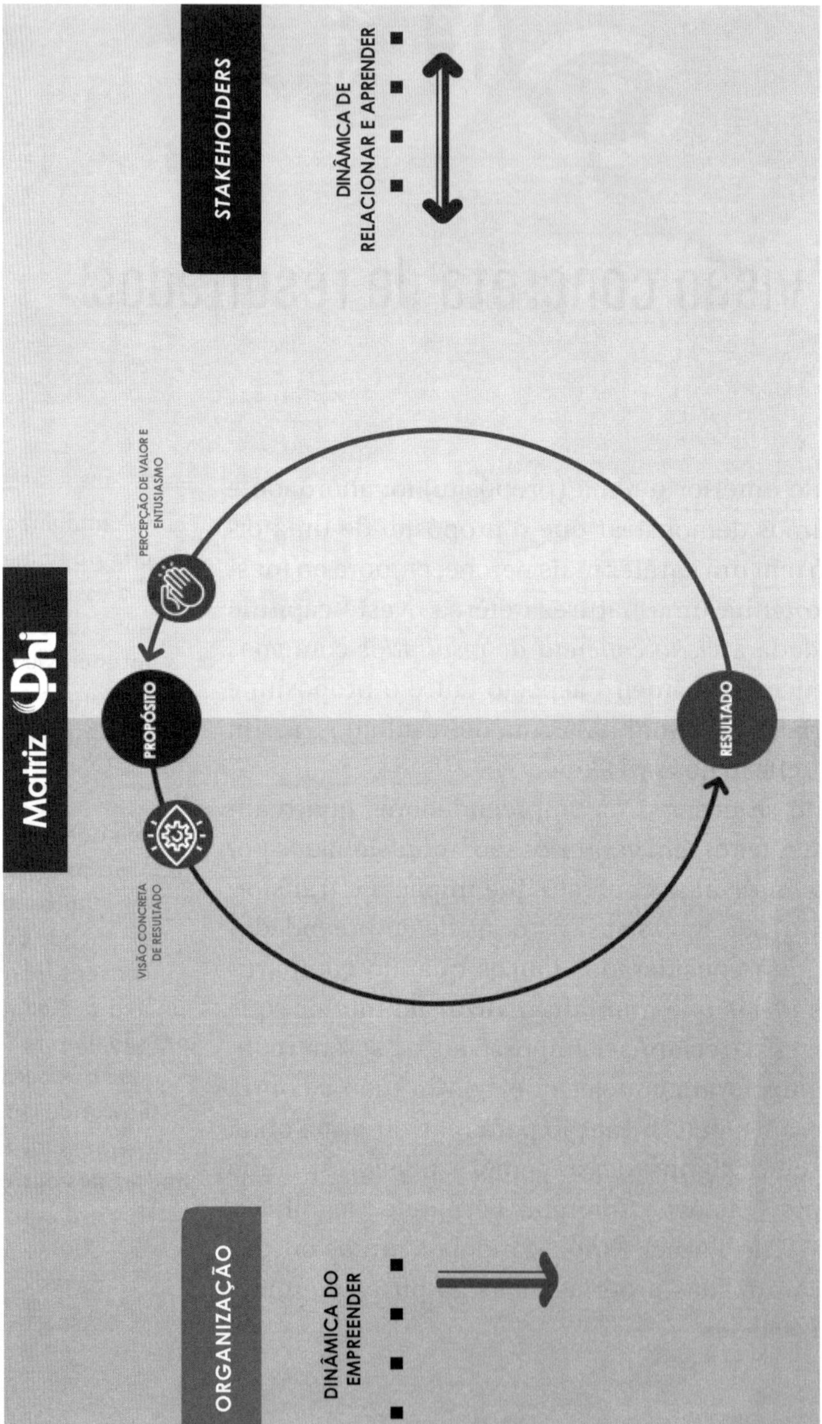

Figura 8
Fonte: Hélcio Padrão e Estúdio Zoombeedo (2022)

Matthew May, conselheiro da *University of Toyota*, descreve muito bem a força que tem uma imagem de futuro nos empreendimentos:

> O valor da imaginação e visualização mental como propulsores do desempenho é indiscutível. Uma liderança firme em quase todos os âmbitos depende disso." E continua afirmando que "as metas não atingidas são quase sempre relacionadas à ausência clara de uma imagem mental convincente que norteie o trabalho. (2007, p.113-4)

No mundo corporativo essa imagem de futuro passou a ser conhecida como "visão de futuro", mas pouca gente compreendeu o que de fato significava essa visão e como ela afeta o organismo como um todo. Muitas organizações construíram suas visões descrevendo principalmente como queriam ser reconhecidas no futuro, ao invés de como queriam impactar o mundo. Não há nenhum problema em as empresas descreverem como querem ser reconhecidas, mas do ponto de vista das *leis gerais das organizações* esse aspecto se relaciona muito mais com o seu *core business*, dentro do contexto de posicionamento estratégico, do que propriamente com a visão de futuro. Diante dessa realidade, para facilitar a compreensão do significado que queremos dar a esse aspecto basilar dos empreendimentos, resolvemos abordá-lo como "visão concreta de resultados" por descrever com mais precisão nosso entendimento sobre "visão".

A observação da história do empreendedorismo facilita a percepção de como grandes líderes descreveram seus empreendimentos a partir de uma *visão concreta de resultados*, e como eles conseguiram entusiasmar outras pessoas a sonharem o mesmo futuro que eles enxergaram. Abaixo citamos algumas visões de pessoas que impactaram o mundo.

Em seu famoso discurso em Washington DC, no ano de 1963, Martin Luther King Jr. compartilhou com o mundo sua visão: "Eu tenho um sonho: que meus quatro filhos um dia viverão em uma nação onde não serão julgados pela cor de sua pele, e sim por seu caráter". Vale ressaltar que, movido por este sonho, Luther King empreendeu uma luta pela conquista dos direitos civis e a não discriminação racial que ajudou a transformar as relações entre brancos e negros dos Estados Unidos da América.

No ano de 1975, em plena época dos *mainframes*, os primeiros computadores eram muito grandes e caros, assim, os empresários Bill Gates e Paul Allen tiveram a seguinte visão quanto a criação da Microsoft:

No futuro teremos "um computador em cada mesa, em cada casa".

Foi esta visão que os inspiraram a criar o sistema operacional *Windows* e seus aplicativos *Office*.

Em 1983, antes mesmo do surgimento da internet, Steve Jobs vislumbrou os notebooks, que na época ele traduziu com as seguintes palavras:

> O que nós queremos é colocar um computador incrivelmente ótimo em um livro que você possa levar com você e aprender a usar em 20 minutos. Isso é o que queremos fazer, e ainda nesta década. E nós realmente queremos fazer isso com um link de rádio, para que você não tenha que conectá-lo a nada, e para se conectar com vários bancos de dados maiores e outros computadores.[1]

O resultado dessa visão inicial impulsionou a Apple a se tornar uma das maiores empresas do mundo.

Bill Gates conta que ao compartilharem sua visão, muitas pessoas afirmaram que eles estavam loucos[2]. Esse tipo de reação das pessoas não é algo incomum e são muitos os empreendedores que foram taxados de loucos e/ou irresponsáveis quando compartilharam seus sonhos. Mas quem empreende traz dentro de si uma certeza de que irá conseguir realizá-lo, impulsionando-o a lutar contra todos os obstáculos e incredulidades. Como afirmou Colombo, ele está condenado a realizar sua visão, aquilo que se iluminou dentro dele.

O conceito da Visão

No capítulo anterior foi dito que o propósito descreve a intenção de forma ampla e ainda abstrata. A *visão concreta de resultados* exprime a essência do propósito de forma concreta. Enquanto o propósito tem algo de *perene,*

1 Fonte: Steve Jobs: confira discurso "perdido" feito em 1983. **Techmundo**. <https://www.tecmundo.com.br/steve-jobs/30855-steve-jobs-confira-discurso-perdido-feito-em-1983.htm>. Acesso em: 17/04/2023.

2 Fonte: BAE, Hanna. Bill Gates' 40th anniversary email: Goal was 'a computer on every desk'. **CNN**. Business. <https://money.cnn.com/2015/04/05/technology/bill-gates-email-microsoft-40-anniversary/index.html>. Acesso em: 17/04/2023.

> A alma não consegue pensar sem uma imagem.
> (Aristóteles)
> « »

a *visão concreta de resultados* é o primeiro aspecto de um empreendimento que adentra na dimensão do *"espaço-tempo"*. Ela é a declaração do que o empreendedor pretende transformar e impactar na vida de seus clientes e beneficiários, descrevendo concretamente suas vidas alteradas pelo empreendimento. Essa qualidade de visão permite que as demais pessoas, que atuam com ele, também possam "enxergar" o que precisa ser entregue. Em outras palavras, a visão define o espaço que uma iniciativa quer ocupar no mundo. Uma organização que não tem uma visão concreta, explícita ou implícita, ainda não possui essa consciência clara.

Enquanto o propósito define a intenção, ou "para que" atuamos, e traz sentido para nossa ação, a visão define "o que" uma organização quer realizar no mundo, ou qual é a "pegada" que ela pretende deixar no caminho de sua existência.

O próprio nome *visão de futuro*, ou *visão concreta de resultados*, nos remete aos órgãos que possibilitam a visão: os olhos. Eles são os órgãos que possibilitam enxergar o mundo físico, ou tudo que é concreto. Só que esses órgãos apenas conseguem enxergar o que existe, enquanto a visão de resultado revela, por meio de uma imagem, o que irá se materializar no futuro a partir de uma vontade. Trata-se de um processo imaginativo, que é a mola impulsionadora da criatividade.

Essa compreensão é essencial, pois o maior desafio da *visão concreta de resultados* é imaginar algo totalmente novo no futuro. Isso significa que a visão criadora não pode ser acessada através da memória daquele que quer empreender e inovar, pois todo conteúdo da memória se refere ao passado, ao que é conhecido. O físico Albert Einstein abordou esse fenômeno quando disse: "Eu nunca fiz uma das minhas descobertas através de um processo de pensamento racional". O fato de a visão não surgir da memória, mas da imaginação, torna o processo de descoberta muito mais desafiador, tema que será abordado mais adiante.

Tudo que é criado parte de uma ideia ou uma visão. Tudo que foi criado no mundo físico, seja uma cadeira, um copo ou um telefone, teve que existir primeiramente como uma imagem no pensamento. Por isso a *visão concreta de resultados* é essencial para o desenvolvimento de qualquer projeto ou instituição, pois ela traz luz para o que precisa ser realizado. Já imaginaram a construção de uma casa sem uma imagem clara de como ela será no futuro? Como as diversas pessoas envolvidas em sua edificação poderiam se entender? Sem essa visão de resultado, comungada entre todos, cada colaborador executaria seu trabalho a partir de sua própria visão da casa e o resultado seria desastroso.

Mas isso não ocorre apenas nas edificações: muitos dos desentendimentos e retrabalhos na contratação de produtos e serviços ocorrem porque a visão da entrega não ficou clara para ambas as partes[3]. Quanto mais clara for a visão para todos, mais fácil será o trabalho de quem executa, assim como a averiguação da qualidade da entrega. Uma visão de resultados abstrata proporciona uma imagem abstrata da entrega, tornando abstrato o processo de avaliação. Somente uma visão concreta pode proporcionar um processo concreto de avaliação sobre a qualidade da entrega.

A visão de resultados traz um norte e orienta as pessoas para que possam trabalhar em conjunto. Ela permite que todos tenham em mente o mesmo objetivo, trazendo uma imagem muito clara sobre o que se pretende entregar.

Características de uma *Visão Concreta de Resultados* para o empreender

Para que uma *visão concreta de resultados* cumpra sua função dentro do organismo, ela deve apresentar algumas características relevantes, como por exemplo:

---

3 Esse mesmo fenômeno pode ser observado quando um líder delega uma determinada atividade e não deixa claro para o liderado qual será a entrega, ou a *Visão Concreta de Resultados*, esperada por ele. (N. do A.)

- **Definir os diferenciais do negócio** que gerem valor para os clientes;
- **Descrever de forma concreta** o que a empresa quer realizar para seus clientes, definindo o mundo dos clientes e usuários transformados pelo empreendimento;
- Ser transcrita em **uma frase simples e impactante,** que possa viver nos corações das pessoas, de tal forma que elas digam: "Se isso se materializar o mundo será melhor, e eu quero contribuir para que isso se torne realidade!"

> Ninguém é pintor se não tiver o quadro em mente antes de pintar e não tiver certeza de seu método e composição.
>
> (Claude Monet)
>
> « »

Uma outra característica importante a ser reconhecida é que toda visão de resultados, por ter adentrado na dimensão do espaço e tempo, está sujeita à "corrosão" e à "morte". Toda visão de futuro irá morrer um dia. Quando um empreendedor, ou mesmo um gestor, reconhece esse fenômeno, ele sabe que precisa trabalhar o desapego em relação a essa visão.

Compreender que toda visão tem um prazo de validade traz a consciência de que ela precisa ser revisitada de tempos em tempos. Pode acontecer que determinada visão só se concretize após a morte de quem teve a visão, mas em grande parte dos empreendimentos esse prazo de validade é mais curto. Muitas organizações deixaram (e ainda deixam) de existir porque não compreenderam esta lei que rege a vida, muitas vezes responsabilizando o mundo pelo seu próprio fracasso. Mas outras, dotadas de um espírito mais inovador, conseguem perceber o envelhecimento de sua visão e se reinventam. É preciso aceitar que a realização de uma visão é, ao mesmo tempo, a sua morte.

Uma reportagem que li há algum tempo sobre uma organização não governamental na África do Sul serve de bom exemplo para este tema. A notícia descrevia uma crise vivenciada por essa organização que por muitos anos lutou contra o *Apartheid* e que contava com mais de mil colaboradores. Em um determinado momento da história eles previram que o fim desse sistema era iminente, compreendendo que a realização daquilo pelo qual eles tanto lutavam também colocava em risco a existência do próprio empreendimento. Foi então que eles refletiram sobre suas principais competências, e reconheceram que ao longo do tempo eles adquiriram uma enorme *expertise* para mobilizar pessoas. Este reconhecimento permitiu que eles renovassem sua visão de futuro para além do *Apartheid*, utilizando sua principal competência com foco em outras causas relevantes.

A compreensão sobre de que a visão tem um fim, é algo muito relevante. Quais as consequências da aceitação ou da não aceitação desse fenômeno? Voltando ao exemplo da organização sul-africana citada, o que poderia acontecer se eles quisessem manter a organização funcionando, sem rever sua visão de resultados? A única maneira de manter o negócio vivo, permanecendo a mesma visão de resultado, seria, por mais absurdo que possa parecer, a manutenção do *próprio sistema que eles queriam extinguir.* Sem o *Apartheid* não haveria mais a motivação para sua existência. A busca desesperada pela sobrevivência do negócio poderia levá-los a lutar, ainda que inconscientemente, para alimentar e sustentar o conflito e a separação, já que é o conflito gerado por aquele regime que justificava as doações que recebiam. Isso pode parecer estranho, mas é muito mais comum do que parece. Muitas empresas tentam alimentar a dependência dos clientes, deixando de servi-los e desviando de sua finalidade. Tais decisões podem funcionar bem no curto prazo, mas no prazo mais longo torna-se um verdadeiro desastre. Empresas que atuam nesse sentido se afastam do seu verdadeiro propósito e de sua *visão concreta de resultados*, comprometendo sua própria longevidade.

E por que é tão desafiador lidar com esse fenômeno da temporalidade da visão de resultados? Porque quando ela é materializada os clientes atendidos não necessitam mais daquele produto ou serviço, pelos menos naquele momento. A visão de um psicólogo, de um médico ou de um laboratório farmacêutico, não seria o bem-estar dos seus clientes? A de um advogado não seria cuidar para que seus clientes estabeleçam relações saudáveis, dentro do que foi ordenado pelas leis? O consultor de empresas não contribui para que seus clientes tenham melhores resultados? Mas o que ocorre quando seu cliente tem suas necessidades atendidas? Ele encerra o contrato e a relação cessa.

É muito comum profissionais, quando atravessam épocas das "vacas magras" em suas atividades, sentirem um certo receio sobre o futuro quando percebem que suas receitas possam ser insuficientes para atender suas próprias necessidades. Esse sentimento pode influenciá-los, muitas vezes inconscientemente, a buscarem uma relação de dependência de seus clientes, de forma a garantir receitas e evitar prejuízos. Outros podem tentar forçar vendas de produtos ou serviços que os clientes não necessitam. E quais as consequências desse tipo de decisão: no curto prazo os clientes podem manter essa relação, mas no futuro eles irão tender a ficar insatisfeitos e buscar outros fornecedores.

Esses desvios invertem por completo a relação, onde o que mais importa não é atender a satisfação do cliente, mas a sua própria, podendo causar graves consequências. Voltando ao exemplo do laboratório farmacêutico, se ele se preocupasse mais com os lucros do que com seus clientes, mantê-los dependentes dos remédios seria mais relevante do que sua cura. Aqui vale frisar que não é apenas a necessidade que pode levar as pessoas a agirem nesse sentido, pois ganância desenfreada é muitas vezes a causa por trás desses desvios de finalidade.

Assim é possível compreender e aceitar que a visão é perecível e serve de combustível para que o empreendimento invista na sua *inovação e diferenciação*. Como a inovação ocorre a partir da interação com os clientes, na busca de reconhecer as suas reais necessidades, ela irá trazer *inputs* para que a alta gestão possa criar formas de gerar valor para eles. A falta de investimento em inovação é a causa da morte prematura de muitos negócios. Foi o que ocorreu com grandes empresas como a Xerox, Facit, Blockbuster, entre outras. A visão de futuro se extingue na sua realização, e isso é importante reconhecer para se preparar para a renovação.

O reflexo da *visão concreta de resultados* na relação com os *stakeholders*

Diante de um *insight* de uma nova descoberta, é comum que as pessoas sejam tomadas de calor e energia, como o que ocorreu na história de Arquimedes de Siracusa: reza a lenda que quando o célebre cientista grego conseguiu decifrar um complexo dilema apresentado pelo rei Hierão,

Seja claro: mostre as pessoas a imagem emocionante do futuro, contando a história de maneira incisiva, usando o imaginário para descrever uma meta.
(MATTHEW E. MAY)

« »

ficou tão excitado que saiu de casa, ainda nu, correndo pelas ruas e gritando eufórico: "Eureka! Eureka!"[4] (Achei! Achei!). O que ele descobriu ficou conhecido como princípio de Arquimedes, além de resolver o dilema do rei, abriu as portas para infinitas aplicações futuras. É essa qualidade de entusiasmo que motiva uma pessoa a perseguir e persistir em seu empreendimento, apesar dos outros. Diante de uma descoberta, ou uma revelação impactante, ele sente a necessidade de compartilhar seus conhecimentos e contribuir com a sociedade.

O calor é um componente fundamental no processo de criação. Um pássaro precisa chocar um ovo para seu filhote ser gerado, enquanto os mamíferos geram suas proles no calor do ventre de suas mães. No mesmo sentido, o processo de criação humana nasce de um calor de seu criador, pois de que adiantaria ter uma ideia sem o calor da vontade para materializá-la? Mas como os empreendimentos somente existem a partir de seus *stakeholders*, para que ele seja acolhido pelo mundo externo é importante que ele também gere calor e entusiasmo nas pessoas a sua volta.

A materialização de uma ideia depende das outras pessoas conseguirem enxergar algo similar ao que o empreendedor conseguiu enxergar: o mundo transformado por sua ação. Esse é um grande desafio, traduzir sua *visão concreta de resultados* em uma imagem simples e que, ao mesmo tempo, gere calor e entusiasmo para seus clientes, possíveis investidores, fornecedores etc. Quando um investidor se entusiasma com uma ideia ele se dispõe a investir. É quando os clientes percebem o valor de uma entrega que eles se dispõem a pagar um preço justo pelos serviços e/ou produtos ofertados, e o mesmo ocorre com outros *stakeholders* estratégicos.

---

4 Fonte: BATALHA, Elisa Batalha, BENTO,Silvio. Arquimedes e a coroa. **Invivo**. <http://www.invivo.fiocruz.br/história/arquimedes-e-a-coroa/>. Acesso em: 19/04/2023.

Esse calor e entusiasmo é que alimentam e fortalecem os vínculos das relações.

Uma imagem de futuro forte, contribui para que as pessoas enxerguem uma maneira de satisfazerem suas necessidades e suas dores. Essa imagem deve ser capaz de gerar o calor que irá contrapor ao frio da dor de uma necessidade não atendida. Como afirmou Rudolf Steiner: "O medo do futuro que tememos só pode ser superado por imagens de um futuro que queremos".

Muitos empreendedores têm uma visão de resultado forte, mesmo antes dela ser tornada pública. O fato de existirem muitos empreendimentos bem-sucedidos, sem uma visão publicada, é a prova disso. Mas vale frisar que a clareza e a publicidade sobre a visão trazem consciência para os diversos públicos envolvidos sobre as entregas pretendidas, gerando calor e fortalecendo as condições para que todos atuem em ressonância para a mesma finalidade, como um organismo único.

Características de uma visão de futuro que gera valor para os clientes

Do ponto de vista da relação dos *stakeholders*, principalmente os clientes, uma visão de futuro impactante deve ter as seguintes características:

- Atender a uma necessidade real, partindo de uma compreensão da experiência do cliente e como ele poderá se utilizar dos serviços e produtos oferecidos;
- Gerar valor, de tal forma que os clientes queiram pagar pelos produtos e/ou serviços ofertados: oferta que gera valor verdadeiro é aquele onde a pessoa demonstra uma real disposição de pagar por eles;
- Criar vínculos duradouros: isso ocorre quando o cliente sente que o empreendimento atende tanto às suas necessidades a ponto de querer que ele seja longevo.

A *Visão Concreta de Resultados*, a (Re)produção e a Inovação

Na parte inferior do lado esquerdo da imagem da Matriz Phi (vide figura a seguir) está a *Reprodução (Recursos e Know-how)* como um aspecto polar à *Visão Concreta de Resultados*. E como se manifesta essa polaridade? A resposta a esta pergunta fica mais clara se antes respondermos a uma outra questão: o que uma organização ou um projeto visa *reproduzir* no tempo? Retornando ao exemplo da construção de uma casa, o que todos os trabalhadores envolvidos com a sua construção se empenham a *reproduzir*? A resposta é simples: os trabalhadores se empenham para entregar uma casa que se aproxime ao máximo do projeto final da casa. Na verdade, todo empreendimento se esforça para reproduzir algo que se assemelhe a imagem da *visão concreta de resultado* planejada. Por sua vez, a qualidade dessa reprodução está intimamente ligada ao conhecimento técnico (know-how) e dos recursos disponíveis para sua execução. Por exemplo: uma construção de qualidade depende de máquinas, equipamentos, materiais e de uma mão de obra qualificada. E assim é em todos os empreendimentos.

O custo operacional da reprodução (ou da produtividade), que incluem esses recursos e o *know-how* aplicados, precisa estar embutido no preço final do produto e/ou serviço. É aí que surge a relação dessa *reprodução* com a capacidade dessa visão de *gerar valor* para os clientes. Quando reconhecem o valor da oferta, os clientes tendem a pagar o valor justo pelos produtos ou serviços, que possibilite o empreendimento cobrir os custos adequados para a produção. Além desses custos, é importante que no preço também estejam previstos investimentos que possibilitem a inovação e diferenciação constantes do que é ofertado. Caso isso não ocorra, a sustentabilidade do negócio a longo prazo ficará comprometido, pois são as inovações que nutrem no tempo o entusiasmo dos clientes com a visão de resultados do empreendimento. Quando não gera valor e entusiasmo, o processo decisório de compra pelos clientes tende a ser predominantemente orientado pelo critério de "menor preço", comprometendo sua lucratividade e, consequentemente, sua produtividade e sua capacidade de inovação. Tomemos por exemplo um hotel, o preço da tarifa da diária de um apartamento não deveria ser suficiente para, além de gerar lucro, cobrir os custos operacionais e conter um fundo que permita a manutenção

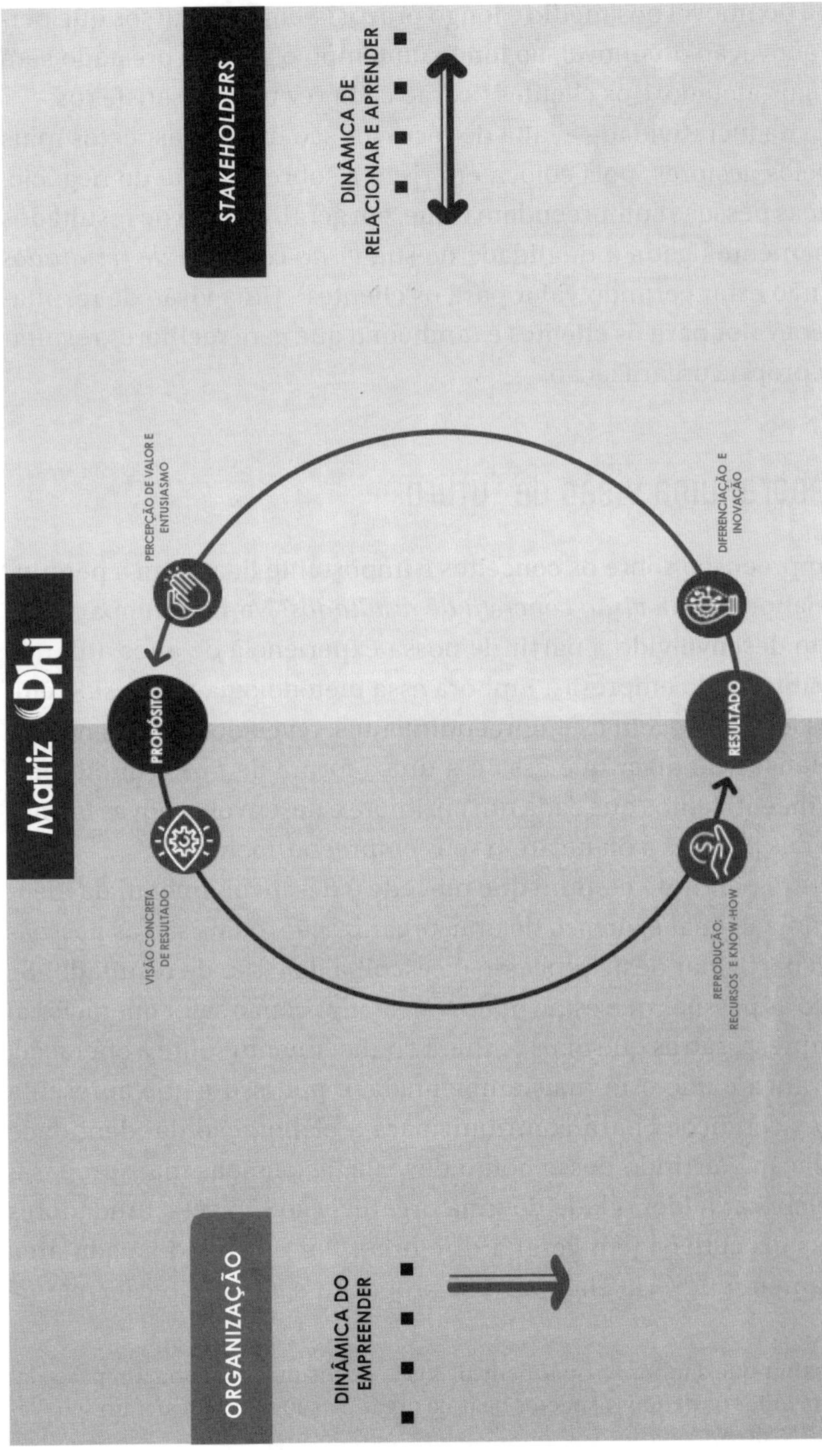

Figura 9
Fonte: Hélcio Padrão e Estúdio Zoombeedo (2022)

e a reforma do imóvel nos médio e longo prazos? Sem os recursos que permitam a renovação do imóvel, ao longo do tempo o serviço prestado será cada vez mais afetado, e os clientes ficarão cada vez mais insatisfeitos.

A baixa da lucratividade e falta de recursos são um dos aspectos mais temidos pelos gestores, pois coloca em risco a sobrevivência do negócio. O que poucas pessoas compreendem é que, em geral, a perda de resultados está intimamente ligada à qualidade de sua *visão concreta de resultados* que pode não estar gerando valor para os clientes[5]. Uma visão de resultados que gera valor para os clientes é também o que gera melhores resultados para a própria organização.

Como elaborar uma visão de futuro

Após a compreensão sobre os conceitos é importante lidar com a pergunta: como elaborar uma *visão concreta de resultados*? Vamos compartilhar um formato desenvolvido a partir de nossa experiência de anos atuando como consultores de empresas. Embora essa metodologia tenha sido embasada nas leis que regem os empreendimentos, revelados no Phi, não temos a pretensão de dizer que essa é a única forma de fazer, muito pelo contrário: incentivamos que cada um aprimore e desenvolva novas formas para apoiar as pessoas a planejarem seus empreendimentos.

Uma outra pergunta comum que precede o desenvolvimento da identidade organizacional é: dentro de uma organização, quais são as pessoas que devem participar deste processo de escolha da visão de resultado? Se por um lado as pessoas que estão mais conectadas com o setor operacional de uma empresa, são as que mais tenham conhecimento sobre a operação, a alta liderança é que está mais ambientada, e por isso é que apresenta as melhores condições para contribuir para a elaboração da identidade da organização. Partindo desse ponto de vista, as pessoas mais preparadas para elaborar a identidade de uma organização são seus fundadores e acionistas executivos (em geral a diretoria). Por outro lado, cada área ou departamento deveria elaborar seu propósito e sua *visão concreta de*

---

5 Vale ressaltar que, embora a qualidade da visão de resultados tenha um peso significativo, todos os demais aspectos de uma organização também afetam seus resultados. (N. do A.)

resultados, buscando a melhor forma de contribuir o organismo como um todo. Nesses casos, as pessoas que atuam nessas áreas podem contribuir com mais propriedade e por isso devem ser convidadas a participarem.

Apenas para recordar o que já foi dito, a visão de futuro traz a imagem de algo novo, ainda desconhecido, e por esse motivo não tem relação com o que as pessoas já conhecem. É importante que o processo de se chegar a visão seja mais artístico e menos intelectual, pois enquanto a arte, através de sua simbologia, desperta um senso de unidade com o todo e com o mundo das ideias, o intelecto atua por um processo analítico e busca suas respostas na memória e o que já é conhecido.

O primeiro passo nessa construção é ler a frase do propósito, para que as pessoas se conectem com ele, já que a visão deriva desse propósito.

O propósito e a visão são elementos que nascem da biografia de seus fundadores, de algo que eles enxergaram e quiseram materializar. Convidamos cada indivíduo do grupo a pensar em um ou mais projetos que ele tenha atuado, e que tenha gerado calor e entusiasmo nele próprio, e em seus clientes. Após identificar a experiência, cada um deve responder as seguintes perguntas:

- Qual era a entrega do projeto?
- O que te fez entusiasmar?
- O que entusiasmou o cliente?

Como a visão de futuro se trata de algo concreto, a próxima etapa do exercício é desenhar uma imagem dessa visão. Para isso, cada membro do grupo responde à seguinte pergunta:

"O que queremos entregar/impactar o mundo?" Aqui é importante imaginar o impacto pretendido, como se já tivesse acontecido. Imaginem uma cena em que o próprio cliente relatasse de que forma este serviço e/ou produto tenha transformado sua vida, descrevendo o que mudou na sua prática. Quanto mais essa imagem for descritiva, e menos conceitual, mais clara ela será para todos. Agora peça que cada participante reproduza esta imagem em um desenho. Não importa aqui a qualidade técnica dos desenhos, mas que cada um exprima, de forma bem concreta, o que eles imaginaram.

Numa etapa seguinte, todos são convidados a observar cada imagem e reconhecer:

- Quais os principais elementos que surgiram?
- O que é comum em cada imagem?
- O que é particular em cada imagem?

Ao final cada um escreve uma frase que possa expressar, de forma objetiva, clara e simples, a visão de futuro da organização. Ao apresentar as frases, todos observam e marcam as palavras mais marcantes e essenciais. O grupo dialoga e identifica a essência do que se quer realizar até chegar em uma frase que sintetize esta visão.

A figura abaixo traz imagem da visão que surge da relação da organização com seus clientes:

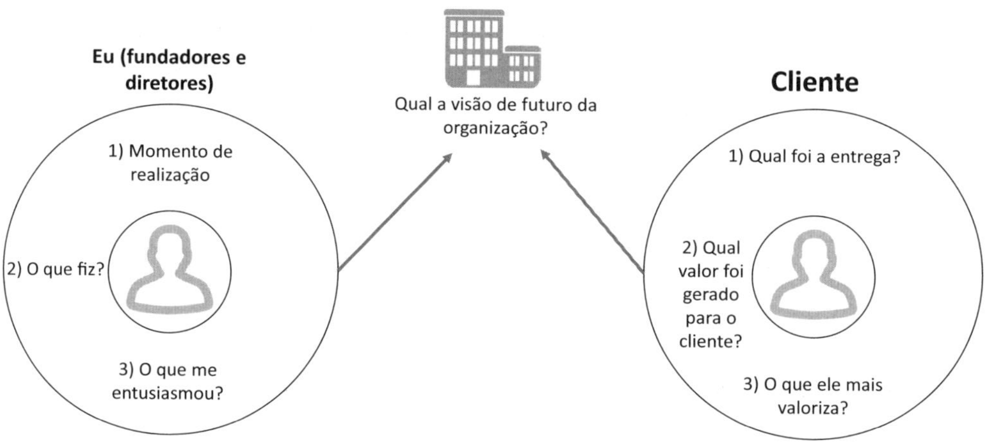

Figura 10
Fonte: Hélcio Padrão (2022)

Síntese

Uma visão de futuro de qualidade estabelece o que um empreendimento quer *realizar* no mundo, seus *diferenciais*. Para gerar impacto ela deve ser forte o suficiente para despertar *valor e entusiasmo* para seus clientes.

Ao valorizar a entrega, os clientes tendem a pagar por um valor justo pelo serviço ou produto, possibilitando que a empresa possa ter lucro que garanta investimento em recursos e *know-how* que sustentem uma reprodução de alta qualidade, além dos investimentos em inovação. Como os investimentos em inovação se dão a partir de um olhar atento sobre as melhores maneiras para atender as necessidades dos clientes, essa relação de proximidade permite reconhecer a qualidade da *visão concreta de resultados* no tempo, ou o seu prazo de validade.

Ser criativo é enxergar o futuro de forma diferente do que é hoje, e por isso a visão é a base da vontade empreendedora. Ser criativo e atuar a partir de nossa própria essência, é o que nos torna humanos. Só podemos nos conhecer a partir de nossa autoexpressão, a partir de nossa própria obra criativa.

Quero terminar este capítulo com uma frase inspiradora de William Kamkwamba, inventor que inspirou o protagonista do filme *O Menino que Descobriu o Vento*, em uma entrevista para a HSM, onde ele demonstra como ele se diferencia como um indivíduo ao persistir para materializar uma visão:

> O que me faz continuar focado é saber que em tudo que eu vou fazer, eu sei que vou enfrentar desafios. O que eu faço para enfrentar esses desafios é o que me diferencia de qualquer outra pessoa. Eu só me concentro no que quero alcançar e, ao olhar para isso, eu sei que quero chegar a esse ponto B, não importa os obstáculos do caminho. Eu devo seguir em frente e tentar encontrar os caminhos, e eu vou superar ou contornar isso. [...] Tudo é possível em nossas vidas.[6]

---

6 Fonte: Entrevista realizada durante o evento HSM Experience. **Vídeo publicado no Youtube**. <https://www.youtube.com/watch?v=36FGbtvJ8dY>. Acesso em: 17/04/2023.

Perguntas para refletir e transformar:

1. Lembre-se de um evento em sua biografia em que você se sentiu muito realizado. O que aconteceu? O que mais traz este sentimento de realização?

2. Dentro da visão do seu propósito e daquilo que você executa e faz com que se senta realizado: qual é a visão concreta de resultado sobre o impacto que o seu empreendimento quer provocar? Imagine um cliente que, vindo do futuro, *descrevesse* o que mudou em sua vida na prática a partir do seu empreendimento. Descreva essa imagem do que mudou com detalhes.

3. Qual valor que essa visão de resultado gera para os clientes? Qual é o diferencial dessa visão de resultado em relação ao mercado?

4. Avalie com uma nota de 0 a 10 quanto os clientes estariam dispostos a pagar um preço justo por essa entrega? (Considere também o que o mercado oferece).

04

Princípios e Políticas: o fim contém os meios

A ideia é um pensamento, um pensamento que contém mais coisas do que pensamos quando o recebemos.

(David Lynch)

« »

No capítulo anterior abordamos a *visão concreta de resultados* como o primeiro passo para materialização do propósito de uma ideia ou de um projeto. Agora vamos olhar para mais um aspecto que, embora seja muitas vezes negligenciado, forma a base da longevidade de um empreendimento: os *princípios* e *políticas de gestão.*

Como esse aspecto está ligado à longevidade dos empreendimentos, pode ser muito elucidativo observar quais os diferenciais que fazem com que o Japão sustente o título de país que tem as empresas mais longevas do mundo: são mais de 15 mil empresas com mais de 100 anos de idade (se incluírem as empresas familiares e de pequeno porte esse número pode superar 100 mil) e mais de 3 mil com mais de duzentos anos!

Yamamoto e Vergara, autores de um estudo sobre longevidade organizacional, atribuem esse fenômeno ao que eles chamam *Kakun*. O *Kakun* é o nome que os japoneses dão para um conjunto de princípios, políticas e normas que definem as boas práticas de gestão e convivência. Trata-se de conhecimentos adquiridos e transmitidos de geração para geração ao longo do tempo, que tem por finalidade garantir a saúde do negócio. O *Kakun*

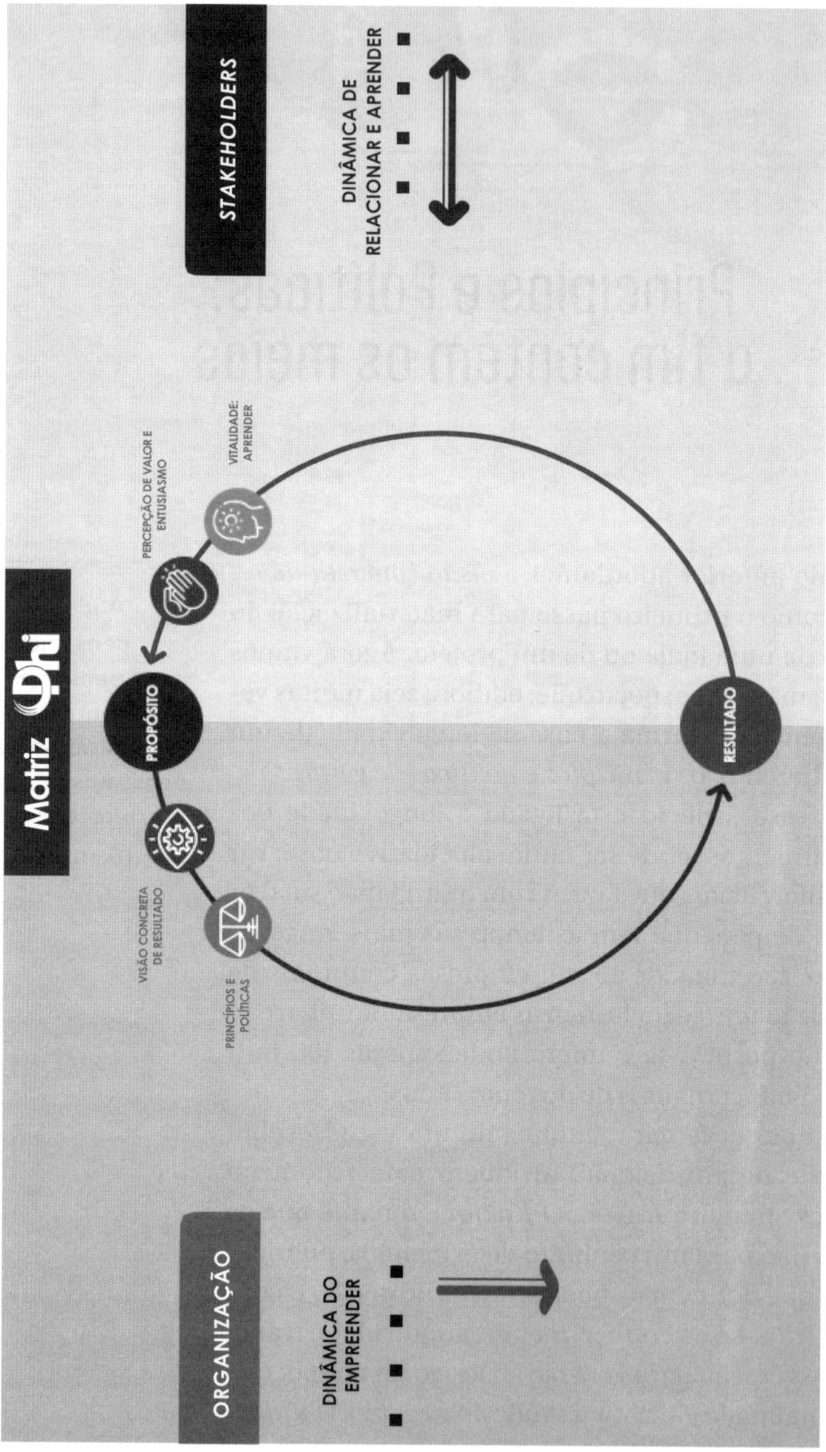

Figura 11
Fonte: Hélcio Padrão e Estúdio Zoombeedo (2022)

aborda desde leis de convivência social, até políticas que se referem aos costumes de uma determinada época (YAMAMOTO *et al.*, 2008).

Muitos empresários em todo o mundo reconhecem a importância desse conjunto de conhecimentos para o sucesso de seu negócio. Em uma entrevista publicada pela revista *Exame*, John Mackey, fundador da *Whole Foods*, uma grande cadeia de lojas de alimentação nos EUA que hoje pertencente ao grupo Amazon, atribuiu o desenvolvimento e os bons resultados da *Whole Foods* a alguns desses princípios e políticas de gestão adotados, como por exemplo:

> Você precisa criar valor para todos os públicos com os quais se relaciona. Reina no mundo dos negócios o raciocínio de que se alguém está se dando bem, como seus funcionários, alguém está se dando muito mal, provavelmente os fornecedores ou os acionistas. Trata-se de uma lógica equivocada. Nossa experiência mostra que fornecedores e funcionários satisfeitos prestam um serviço melhor e isso deixa os clientes felizes. E clientes felizes são a melhor publicidade para um negócio — e isso beneficia os acionistas.[1]

Outro exemplo que podemos citar é o dos dois princípios adotados pela Decathlon, uma multinacional do setor de varejo de materiais esportivos, que eles denominam como "valores":

- **Vitalidade**: espírito empreendedor, "mão na massa".
- **Responsabilidade**: tomar decisões, aprender com os erros.[2]

Dr. William E. Deming, o pai do movimento que ficou mundialmente conhecido como "Qualidade Total" e inspirador do modelo de gestão da Toyota e de inúmeras empresas do Japão e em todo o mundo, estabeleceu os seus 14 princípios (1990, p.18) para alcançar a qualidade. Segundo seus estudos, a adoção desses princípios eram fundamentais para aquelas

[1] Fonte: Mais do que dinheiro. **Exame**. <https://exame.com/revista-exame/mais-do-que-dinheiro/>. Acesso em: 17/04/2023.

[2] Fonte: Decathlon. **Quem somos**. <https://www.decathlon.com.br/institucional/quem-somos/>. Acesso em: 17/04/2023.

empresas que quisessem melhorar seus processos e obter melhores resultados. Para exemplificar, abaixo relacionamos alguns desses princípios:

- Crie constância de propósitos para melhora do produto e do serviço;
- Acabe com a prática de aprovar orçamentos apenas com base no preço;
- Institua treinamento no local de trabalho;
- Elimine as barreiras do medo (dos trabalhadores);
- Elimine os padrões de trabalho (quotas) na linha de produção. Substitua-os pela liderança (elimine a administração por objetivos numéricos).
- Agir no sentido de concretizar a transformação;
- Remova as barreiras que privam o operário de seu direito de orgulhar-se de seu desempenho.

Podemos nos perguntar, a partir desse último exemplo, qual foi a referência que o Dr. Deming utilizou para concluir a relevância desses princípios específicos para atingir a qualidade? O que faz com que ele se sinta seguro para afirmar isso com tal convicção?

A resposta é simples: ele conseguiu prever tais princípios porque ele sabia muito bem quais resultados pretendia obter com o que ele chamava de Qualidade Total ou, em outras palavras, tinha clareza sobre qual era a sua *visão concreta de resultados*. Mas, muitos podem perguntar: qual a relação de um aspecto com o outro? Trata-se de uma relação intrínseca, pois princípios e políticas derivam da *visão concreta de resultados*.

A Qualidade Total do Dr. Deming pode ser traduzida, de maneira sintética, como uma busca constante para obter a melhor qualidade e produtividade (com redução de desperdícios) de produtos e serviços, com custos cada vez mais acessíveis (1990, p.1-2). A partir dessa imagem ele conseguiu reconhecer quais eram os princípios relevantes para alcançar esse fim. Enquanto a visão define "o que" se quer que manifeste, os princípios garantem o "como" garantir esses resultados.

Os 14 princípios da qualidade estabelecem as premissas para garantir sua *visão concreta de resultados* da qualidade. A violação desses princípios compromete os resultados. Dentro desse mesmo exemplo, se os trabalhadores tiverem medo de seus líderes, muitos terão mais dificuldades de sugerir novas ideias para contribuir com as melhorias necessárias. Se a empresa adota o princípio de comprar apenas utilizando o critério do menor preço, o risco de adquirir produtos e serviços com qualidade inferior poderá impactar no aumento do custo total. Da mesma forma, se em momentos de crise a alta gestão, na busca de uma solução muito rápida, tomar decisões que não estejam alinhadas com seu propósito, é bem provável que em algum momento, no médio ou longo prazo, ela verá seus resultados comprometidos, daí a importância de se manter uma "constância de propósito". Pode-se concluir que na imagem da visão de resultados se encontram os princípios de gestão ou, nas palavras de David Lynch, "na imagem da ideia contém mais coisas do que pensamos".

Num outro exemplo, a montadora de veículos Toyota também conta com princípios de gestão bem definidos — muitos deles inspirados nos princípios de gestão de Deming — para poder alcançar a qualidade de seus produtos:

1. Basear decisões em uma filosofia de longo prazo em detrimento de metas financeiras de curto prazo;
2. Criar um fluxo de processos contínuo para trazer os problemas à tona;
3. Usar sistemas "puxados"[3] para evitar superprodução;
4. Nivelar a carga de trabalho (alcançar estabilidade e evitar altos e baixos);
5. Construir uma cultura para resolver problemas para obter a qualidade;
6. Tarefas padronizadas como base da melhoria contínua;
7. Usar controles visuais para que nenhum problema fique oculto;
8. Usar somente tecnologia confiável e testada que atenda a funcionários e processos;
9. Desenvolver líderes que compreendam completamente o trabalho, vivam a filosofia e ensinem os outros;

[3] O sistema "puxado" se baseia na produção determinada pela demanda dos clientes (produzir o que é vendido), e se opõe ao sistema "empurrado" que se baseia em vender o que produz, e que pode gerar excesso de produtos e comprometer seu valor de mercado. (N. do A.)

10. Desenvolver pessoas e equipes que sigam a filosofia da empresa;
11. Respeitar sua rede de parceiros e de fornecedores, ajudando-os a melhorar;
12. Ver por si mesmo para compreender completamente a situação;
13. Tomar decisões lentamente por consenso, considerando completamente todas as opções e implementá-las com rapidez;
14. Tornar-se uma organização de aprendizagem pela reflexão incansável e melhoria contínua. (2007, p.29-34)

Princípios são importantes não só para as organizações, mas para qualquer instituição ou impulso empreendedor. Mohandas Gandhi, por exemplo, adotou um princípio central na busca da libertação da Índia, o que ele chamou de *ahimsa*, ou a *não violência*. Jesus Cristo tinha como objetivo promover a liberdade do ser humano, e pregou o amor como o princípio primordial que pudesse nos levar a este fim. Nelson Mandela, ao assumir a presidência da República da África do Sul, adotou o princípio da compaixão para alcançar sua visão de resultados, que era uma África do Sul unida. Neste último exemplo, vale ressaltar que se ele optasse por querer vingança contra brancos por todo o sofrimento que o seu povo sofreu por causa do regime do *Apartheid*, o que muito dos seus colegas de partido pregavam, a união do povo sul-africano não poderia se concretizar. Mandela sabia que somente através da compaixão sua visão poderia se realizar.

É possível ver que em todos esses exemplos os princípios definem premissas que funcionam como balizas, e estabelecem o "como" a visão de resultado pode ser atingida. No sentido oposto, quanto mais a alta gestão toma decisões desconectadas de seus princípios e políticas, tanto mais o empreendimento se afasta de realizar sua visão.

Os princípios de gestão e políticas no organismo

Os empreendimentos são vivos e atuam (ou buscam atuar) como um *organismo*, significando que cada parte atua focando objetivos estabelecidos para o bem da totalidade. Em se falando de organismo, não faz sentido que cada parte desse organismo atue de maneira desconectada do todo, onde essa parte busque o bem somente de si em detrimento do bem-estar do corpo integral. Quando um órgão de um corpo apresenta uma atuação desconectada do todo, isso é sintoma de uma disfunção. Conforme concluiu o biólogo Ludwig von Bertalanffy, todo organismo vivo é regido por leis, sendo que uma delas é o *princípio da equifinalidade*, ou seja, todas as partes desse organismo estão voltadas para o mesmo fim (2008, p.65).

Os princípios são responsáveis por trazer ordem ao organismo, se opondo ao caos. Uma organização saudável funciona dentro do conceito de unidade, onde cada parte atua visando o bem do todo. O próprio nome *"organizações"* já indica que ela atua de maneira ordenada, dentro de determinados princípios que irão trazer ordem para seus processos operacionais.

Como os processos são ordenados pelos princípios, eles são fundamentais para a qualidade da produtividade de uma organização. Para Joseph Juran[4] e para seu colega, Dr. Deming, em torno de 85% dos problemas de produtividade e qualidade estavam atrelados a *como* o sistema estava ordenado, e que o restante tinha a ver com a ineficiência das pessoas. Posteriormente ele passou acreditar que esse número era ainda maior, em torno de 98% (apud GLASSER, 1994, p.25-6).

A conclusão de Juran pode ficar mais fácil de ser compreendida a partir de um simples exemplo: imagine uma linha de produção de automóveis: quanto custariam esses produtos sem a ordenação inteligente dos processos produtivos? Os ganhos de produtividade e redução de custos dos produtos estão intimamente ligados à qualidade dos processos, de como eles foram ordenados. Na ausência de um processo estruturado a produção seria um completo caos e seus custos muitíssimo elevados. Qualquer engenheiro de uma montadora de automóveis sabe muito bem disso. Mas isso não se aplica apenas às indústrias, mas em todos os tipos de empresas. Foram exatamente os ganhos proporcionados pela organização e divisão do trabalho que tornaram os produtos mais acessíveis ao público em geral. Alguém poderia objetar, alegando que esse tipo de conceito seria um "não reconhecimento" do trabalho humano nas organizações, mas definitivamente não se trata disso: é exatamente a inteligência humana que tem a

4 Joseph Moses Juran, juntamente com Deming, foi um dos pais da Qualidade Total.

capacidade de organizar o trabalho, desenvolver melhores práticas de produção e obter melhores resultados que geram ganhos de capital.

Princípios e resultados

Grande parte das organizações estão em uma busca constante de melhorar seu desempenho e seus resultados. Nenhuma melhoria é possível de se concretizar se não houver mudanças. A vontade de resultados diferentes nos empreendimentos exige dos empreendedores mudanças na maneira de gerir. E mudanças verdadeiras somente podem acontecer a partir de um olhar diferente para as coisas.

Se um processo "X" leva a um resultado "X1", não faria sentido esperar um resultado "Y1" mantendo o mesmo processo "X". Para chegar a um resultado "Y1" seria necessário um processo "Y". Mas, como já foi visto anteriormente, os processos são organizados pelos princípios de gestão. Assim temos a seguinte equação: a mudança de resultados depende de uma mudança dos processos, que por sua vez depende da mudança dos *princípios e políticas* de gestão.

Os princípios e políticas de gestão, por sua vez, buscam estabelecer, com o máximo de clareza possível, quais são os meios para garantir *a visão concreta de resultado* seja alcançada. Daí a importância de ter uma visão bem concreta e clara, pois ela é a fonte de onde os princípios de gestão devem ser extraídos. A ideia da visão contém muito mais coisa do que imaginamos, como afirmou David Lynch na frase citada na página 73.

Compreender a interconexão entre todos esses aspectos contribui para compreender que, na ausência de uma visão concreta de resultados — se essa visão de futuro for abstrata — um empreendimento não terá uma referência clara para que sejam extraídos princípios e políticas conectados com essa visão. Por sua vez, a ausência de princípios e políticas extraídos de uma visão concreta de resultados afetará processos e, consequentemente, resultados futuros. Essa lei demonstra que os meios estão contidos nos fins e que não faz sentido observar um como se fosse desconectado do outro. Não é possível colher maçãs plantando bananeiras, assim como um agricultor que planta maçãs precisa cultivar uma macieira observando as necessidades de uma macieira e não de uma bananeira. Todo o processo é observado a partir de sua finalidade.

Uma questão que pode dificultar a compreensão desse conceito é porque, de maneira geral, nos acostumamos a pensar que meios e fins são uma coisa só. A célebre frase que "os fins justificam os meios", do filósofo Nicolau Maquiavel, também corroborou para essa visão completamente desconectada da realidade. Quando compreendemos a interconexão profunda entre esses dois aspectos, essa frase passa a não ter sentido algum. Conforme disse o negociador e escritor Johan Galtung, a partir dos ensinamentos de Mohandas Gandhi:

> [...] meios e fins são a mesma coisa. Se você deseja um certo estado de coisas, comece então a praticá-lo, aqui e agora. Meios e fins são uma coisa só: estendem-se no tempo e não estão isolados em dois segmentos temporais. O melhor fim será alcançado pelo melhor meio. Os meios devem incorporar ao máximo a meta (GALTUNG, 2003).

O que ele diz sobre "os meios devem incorporar ao máximo a meta" também poderia ser dito como: incorpore seus princípios, políticas e processos à sua visão concreta de resultados.

Os princípios e políticas atuam como *leis* que o organismo deve seguir para atingir o fim estabelecido na visão de resultados. Da mesma maneira como a violação dos princípios de Deming afastam as organizações da qualidade, a violação dos princípios e políticas de qualquer empreendimento afastam as organizações de realizar sua visão de resultados e ameaçam sua longevidade. Pesquisas sobre longevidade das empresas, realizadas pelo Sebrae em 2013, demonstraram que "24,4% delas fecham as portas com menos de dois anos de existência. E esse percentual pode chegar a 50% nos estabelecimentos com menos de quatro anos."[5] Quanto tempo, energia e recursos não são desperdiçados nesses processos de abrir e encerrar um negócio, isso sem contar com a frustração desses empreendedores. Podemos aprender, a partir da experiência do Japão, sobre a importância de se adotar princípios de gestão que contribuam com a perenidade de um negócio.

---

[5] Fonte: Entenda o motivo do sucesso e do fracasso das empresas. **Sebrae-SP**. Estudo de Mercado. <https://www.sebrae.com.br/sites/PortalSebrae/ufs/sp/bis/entenda-o-motivo-do-sucesso-e-do-fracasso-das-empresas,b1d31ebfe6f5f510VgnVCM1000004c00210aRCRD>. Acesso em: 17/04/2023.

A *visão concreta de resultados* carrega em si os princípios que nos levam a sua realização e esta é a maravilha de um empreendimento bem estruturado e planejado. A princípio a imagem concreta é como um *símbolo,* um enigma, e cabe ao ser humano observar e decifrar para conseguir extrair dela as leis que definem o caminho para o empreendedor atingir os resultados esperados.

A diferença entre princípios e políticas

Embora tenhamos sempre nos referido aos *princípios e políticas* de forma conjunta, é importante esclarecer a diferença entre um e outro. De uma maneira geral, *princípios* são mais amplos e abrangentes, enquanto as *políticas* têm como objetivo descrever com mais detalhes como esses *princípios* devem ser aplicados na prática, do ponto de vista da relação com seus diversos públicos: clientes, colaboradores, acionistas, comunidade, governo, meio ambiente etc. Fazendo uma analogia com um país, os princípios funcionam conforme a sua *constituição,* enquanto as políticas se assemelham às *leis* ordinárias para aplicação prática, como por exemplo os códigos civis, tributário, comercial, trabalhista etc. Também é possível fazer uma outra analogia com uma árvore, onde os princípios formam o tronco e os demais conjuntos suas leis e políticas.

A clareza e transparência na aplicação das políticas trazem segurança para todos os colaboradores e parceiros envolvidos atuarem em um empreendimento, assim como a ausência de critérios e regras trazem insegurança. É importante que as políticas sejam descritas de maneira mais simples e acessível possível, de modo que facilite sua compreensão e assimilação. Em geral, o excesso de regras acaba por promover o caos pela dificuldade que as pessoas têm de assimilá-las e compreendê-las. Alguns exemplos podem contribuir para reconhecer o que são políticas:

Políticas de Colaboradores:

- Critérios de contratação e demissão;
- Remuneração e participação de resultados da empresa;
- Critérios de promoção de cargos etc.

Políticas de Clientes:

- Critérios de atendimento;
- Políticas de devolução e troca;
- Políticas de entrega etc.

Políticas de Fornecedores:

- Critérios de qualidade;
- Critérios de entrega: prazo, embalagens etc.;
- Prazos de pagamento etc.

Políticas de Inovação:

- Políticas sobre dedicação da equipe para inovação;
- Critérios de lançamento de novos produtos;
- Políticas de pesquisa de mercado etc.

Princípios, políticas, metas e cotas numéricas

É muito importante compreender não apenas como os princípios e políticas estabelecem um caminho coerente para realizar a visão concreta de resultados de um empreendimento, mas também trazer à consciência algumas tentações que podem levar a um desvio dos princípios e políticas adotados e, consequentemente, ao desvio de finalidade e o comprometimento dos resultados.

Percebendo que as consequências de se estabelecer metas e cotas numéricas nos processos de gestão, Dr. Deming abordou esse tema no 11º Princípio da Qualidade: "suprima as quotas numéricas e elimine os objetivos numéricos" (1990, p.53 e 56). Diante dos modelos de gestão praticados por muitas das empresas nos dias de hoje, esse tema poderá trazer bastante estranheza e espanto para muitos leitores, acostumados a pensar em gestão sempre a partir de metas numéricas. Mas o que o Dr. Deming quis comprovar é que esse princípio não está fundamentado numa teoria vazia, mas parte de uma visão estritamente prática da vida e o que ele diz pode ser confirmado através de medições e cálculos estatísticos, tema que será aprofundado no capítulo sobre processos. Embora, esse princípio possa causar um espanto à primeira vista, espero que a vontade do leitor de olhar esse aspecto por um outro ponto de vista supere qualquer tipo de rejeição que esse tema possa fazer emergir.

Retomando a citação anterior, estima-se que de 85% a 98% dos problemas de produtividade, e consequentemente de seus acertos, se devem a como um processo foi organizado, e apenas o restante ao trabalho individual. Em outras palavras, o impacto da forma como o sistema se organiza é muitíssimo superior ao desempenho das pessoas. Assim, a melhoria de um resultado, está atrelada a incorporação de novos princípios e/ou políticas de gestão pelo qual seus processos estão organizados.

Para compreender esse conceito do ponto de vista prático, imaginem uma equipe que seja dividida em dois grupos distintos. Para um dos grupos foram estabelecidas metas individuais de desempenho, obtendo uma recompensa para aqueles que atingirem uma determinada cota numérica de vendas, por exemplo: aumentar as vendas em 15%; para o segundo grupo, em vez de estabelecer metas numéricas a serem batidas, o líder estabeleceu uma reunião semanal com a sua equipe para observar os diversos indicadores de venda — como qualidade de atendimento, conversão de vendas, ticket médio etc.—, e incentivou cada membro de sua equipe a contribuir e sugerir melhorias que visem atender da melhor maneira possível as necessidades dos clientes. Foi dado ao segundo grupo liberdade para testar, errar e corrigir até alcançar os resultados esperados. Ao final de um ano, quem o leitor acredita que teria mais chances de aumentar a produtividade? Com certeza seria segundo a ter mais chances de obter melhores resultados, pois o primeiro fora incentivado a fazer muito, porém mantendo os mesmos processos, enquanto o segundo foi incentivado a buscar melhorias que pudessem gerar os resultados esperados.

As metas de número incentivam as pessoas a entrarem em um processo de "*fazeção*" desenfreada, onde não há tempo para pensar e fazer uso da inteligência e da criatividade para gerar melhorias reais no modelo de gestão. Cada um atua por si e com foco muito mais a recompensa do que o cliente. Como a motivação vem de algo externo — a recompensa —, com o tempo ele tende a perder energia e seu ímpeto de trabalho. No exemplo do segundo grupo, o convite é que todos parem um pouco para que possam refletir e pensar, incentivando contribuições que gerem mudanças significativas que possam melhorar o atendimento aos clientes e, consequentemente, melhorar os resultados do empreendimento.

Relembrando o que foi dito no capítulo sobre o propósito, nesse segundo exemplo o convite atenta para uma motivação intrínseca, que ocorre quando um se coloca para compreender e melhor atender às necessidades dos clientes. As pessoas que encontram um sentido em sua ação, motivadas pelo senso de servir ao outro, em geral apresentam muito mais vitalidade para o trabalho, do que quem atua apenas focando uma recompensa externa. Como demonstrou Dr. Viktor Frankl, é a necessidade de servir que traz sentido e vontade de viver para os seres humanos, e não a busca pelo equilíbrio e satisfação de seus próprios desejos (2015, p.104-5). A vida espera que cada ser humano realize a sua obra!

Pesquisas sobre soluções de problemas e motivação, como a do psicólogo e professor Sam Glucksberg da Universidade de Princeton, apontadas pelo escritor e consultor Daniel Pink (2019, p.51), corroboraram as conclusões do Dr. Frankl. Essas pesquisas apontam que a atuação motivada pela recompensa pode trazer bons resultados em se tratando de tarefas repetitivas e mecânicas, e que o mesmo não ocorre quando o foco é a melhoria e a criatividade. Nas palavras de Pink, "recompensas, pela própria natureza, estreitam nosso foco". [...] "Aqueles que menos buscam recompensas extrínsecas são os que as acabam recebendo" (2019, p.51 e 53). Os seres humanos em geral sentem a necessidade de atuar a partir de um "senso de propósito": utilizarem a criatividade com foco em servir à sociedade, e desenvolverem algo que seja maior que eles mesmos.

Assim sendo, se uma organização tem como objetivo despertar o potencial criativo para promover melhorias mais profundas, as metas numéricas as afastam desse caminho incentivando a execução de tarefas de maneira mecânica, algo similar ao que foi retratado no filme *Os Tempos Modernos*, de Charles Chaplin.

O 11º princípio de Dr. Deming caminha nesse mesmo sentido. Sua proposta era que as cotas numéricas fossem substituídas por processos de autogestão, por parte dos colaboradores e diversas áreas, incentivadas por uma liderança atuante. As organizações podem ganhar muito em produtividade quando os colaboradores podem medir, gerenciar e propor mudanças, gerando um processo de melhoria contínua.

Valores

Muitas organizações adotam Valores além dos Princípios e Políticas. Qual é a diferença entre princípios e políticas? A palavra valor provém do latim *valore* e *valere* que significa "ser forte, saudável, capaz; significar" e buscam descrever o conjunto de capacidades intelectuais e morais de uma pessoa.[6]

Enquanto os princípios e políticas nascem da visão concreta de resultado de todo o grupo, os valores descrevem aspectos particulares para cada indivíduo, já que o que é valor para um, pode não ser para outro. Eles partem do que é importante do ponto de vista moral e ao mesmo tempo que trazem significado para a ação das pessoas. Não apenas os fundadores de um negócio, mas cada parte integrante de um organismo deveria refletir sobre quais os princípios morais e intelectuais que quer cultivar na sua ação empreendedora, deixando claro o que é importante para cada um. Cada organização e cada área pode criar os valores internos de suas equipes. Para que os valores sejam vivenciados na organização, é importante que cada um reflita se ele mesmo está praticando esses valores no seu dia a dia e, se não, o que pode fazer para estar mais alinhado e coerente consigo mesmo.

Características dos princípios e políticas

A *visão concreta de resultados* é uma imagem, uma ideia que promove o senso de unidade para que todas as partes do organismo possam atuar a partir de uma finalidade única. Como os *princípios* derivam dessa ideia —eles estão muito mais próximos do mundo das ideias do que da operação —, eles tendem a abarcar aspectos mais gerais e sem muitos detalhes. Apesar de distantes da operação, são esses princípios que irão orientar os processos operacionais do negócio. É aí que entram as *políticas*, servindo de elo de interação entre os princípios e os processos.

---

6 Fonte: Il dizionario degli studenti. **Studia Bolario**. <https://studiabolario.it/valore-2/>. Acesso em: 17/04/2023.

Assim, as políticas descrevem, de maneira mais detalhada, como os princípios serão aplicados nos processos operacionais e nas relações com os diversos *stakeholders*. É importante que as políticas estejam em ressonância com os princípios e, ao mesmo tempo, atendam às necessidades da vida prática que surgem dos processos, conforme a imagem abaixo:

Figura 12
Fonte: Hélcio Padrão (2022)

Os *princípios* estabelecem a inteligência a ser adotada por um empreendimento para realizar sua visão. Quando uma empresa como a *Whole Foods* adota um princípio como o de "criar valor para todos os públicos com os quais se relaciona", isso significa que tudo que é criado internamente deve ser capaz de gerar valor para estes públicos. No sentido oposto, qualquer ideia que não cumpra esse papel, mesmo aparentemente genial, deverá ser descartada.

Dentro desse conceito, é possível descrever algumas características dos princípios nos empreendimentos:

- Princípios são inspirados e extraídos a partir da imagem da visão concreta de resultados;
- São mais abrangentes e descritos de forma simples e de fácil compreensão;
- São fáceis de memorizar;
- Devem servir para orientar as políticas e os processos operacionais.

Já as *políticas* devem definir os aspectos específicos sobre os processos e as relações com seus *stakeholders* e, ao mesmo tempo, estar em ressonância com os princípios. Para citar um exemplo, um de nossos clientes descreveu sua visão concreta de resultados como "a vida das pessoas simplificadas por meio da tecnologia". Dessa visão foram extraídos seus princípios, entre eles, "focar as pessoas" e "buscar a simplicidade". Esses dois princípios, por sua vez, inspiraram suas Políticas de Clientes, sendo uma delas "desenvolver produtos intuitivos (simples) a partir de uma profunda compreensão das necessidades e experiências dos usuários finais."

Abaixo estão descritas algumas qualidades que caracterizam as políticas:

- São inspiradas pelos princípios (e consequentemente pela visão concreta de resultados);
- São definidas especificamente para cada público ou processo: políticas de clientes, fornecedores, colaboradores, acionistas, da qualidade etc.;
- Devem orientar os processos da empresa (processos que ferem as políticas abalam a confiança das pessoas).

> A vantagem competitiva da Toyota baseia sim em sua capacidade de aprender mais rápido e de modo mais sistemático do que seus concorrentes.
>
> (Steven Spear)
>
> « »

O reflexo dos princípios na relação com os *stakeholders*

Relembrando o caminho trilhado até aqui, a imagem da *visão concreta de resultado* contém em si os princípios que identificam os meios que possibilitam que ela seja materializada. Alguns desses princípios são fáceis de serem reconhecidos e outros podem se revelar com a experiência adquirida ao longo do tempo. Já as políticas, por revelar alguns elementos mais concretos sobre

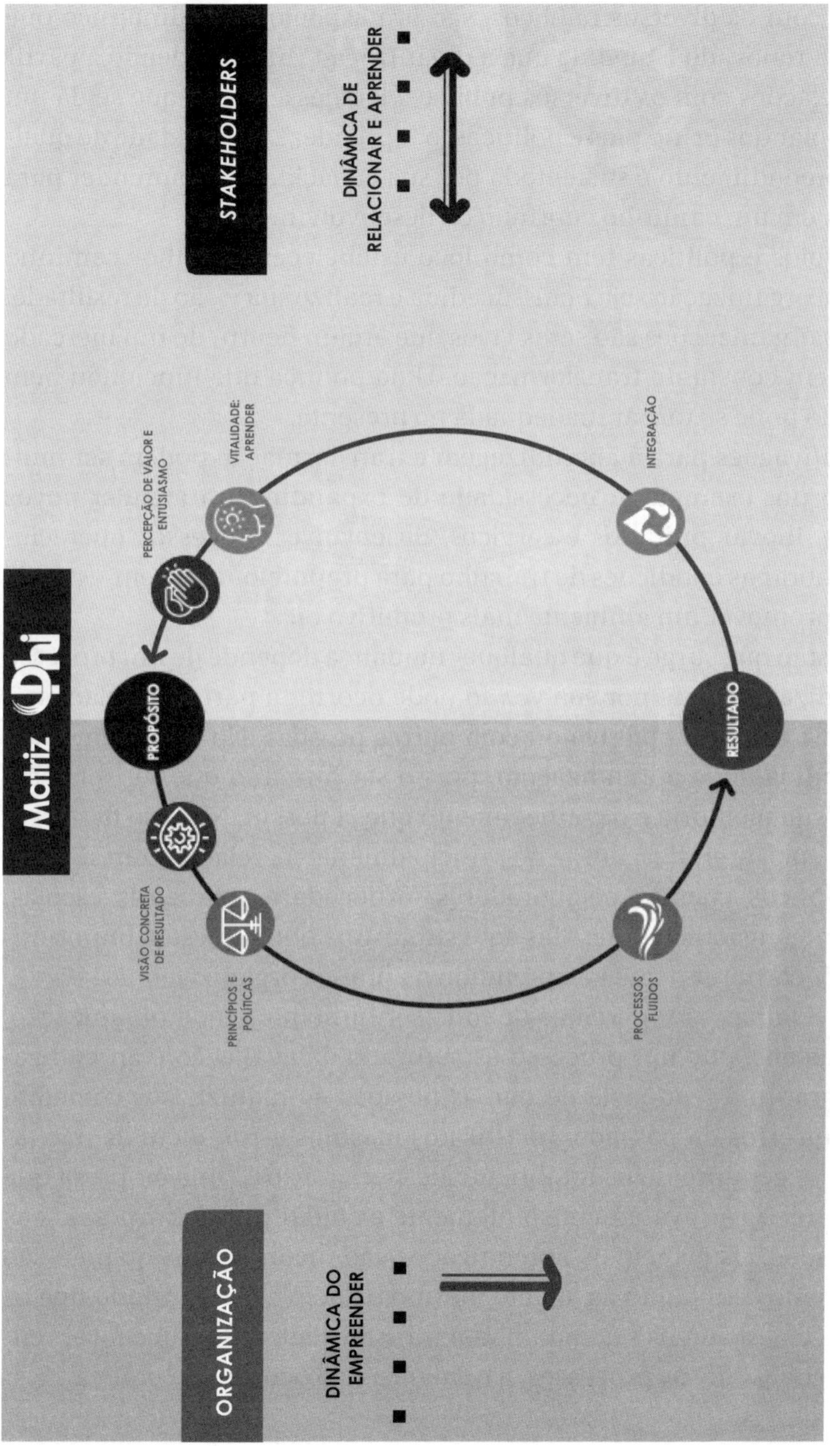

Figura 13
Fonte: Hélcio Padrão e Estúdio Zoombeedo (2023)

a relação com os diversos públicos, são um aspecto mais dinâmico que precisa ser renovado à medida que a organização vai aprendendo a partir de suas relações com os diversos públicos. E é nesse ponto que se dá um aspecto polar dos princípios e políticas, o "aprender". A vitalidade de qualquer empreendimento é sustentada por sua capacidade de aprender para se manter em um caminho contínuo de desenvolvimento.

Princípios e políticas têm como foco estabelecer o melhor caminho para que a organização seja bem-sucedida e realize sua visão de resultado. Porém, as organizações são seres vivos que atuam dentro de um mercado pulsante em constante transformação. Uma política que funcionou bem no passado pode se tornar inadequada no presente.

As motivações para a aprendizagem e transformação podem ser muitas, como por exemplo: a necessidade de expandir para atender novos mercados, inovar produtos e serviços, desenvolver processos operacionais, melhorar as condições de trabalho para proporcionar o bem-estar da equipe e promover um ambiente mais produtivo etc.

A questão que surge é que qualquer mudança depende de um processo de aprendizagem, que por sua vez só pode ocorrer a partir do relacionamento, seja com um objetivo ou com outras pessoas. No isolamento não há possibilidade de aprendizagem, pois o ser humano que se isola está restrito à sua memória e o conhecimento que já possui. No caso das organizações, sua aprendizagem se dá principalmente na relação com seus diversos públicos, clientes, colaboradores, fornecedores, parceiros, escolas, concorrentes, acionistas etc. Mas aqui surge uma outra questão importante: como incorporar o que foi aprendido na prática organizacional?

Erros e falhas são inerentes de todo ser humano e toda organização, mas na ausência de um processo estruturado de avaliação e aprendizagem haverá uma tendência de que as pessoas e organizações cometam os mesmos erros do passado. Insistir nos mesmos erros, além de não fazer sentido, gera prejuízos totalmente desnecessários. Uma empresa que aprende precisa se avaliar constantemente e cuidar para incorporar seus aprendizados. Os principais aprendizados são incorporados quando são transformados em políticas, ou até mesmo princípios, garantindo que os processos operacionais sejam também transformados. Se o que foi aprendido não chegar até os processos, a mudança não ocorreu na prática.

Para exemplificar podemos contar um evento marcante na história da Toyota. Após um grande sucesso do lançamento do pequeno sedan Toyopet Crown no mercado japonês em 1955, o então CEO, Shotaro Kamiya, decidiu exportá-lo para os EUA. O lançamento foi um grande fiasco, pois o carro não estava projetado para o sistema rodoviário americano, e por isso apresentava certos problemas em maiores velocidades. Além disso, a cabine do carro era pequena, pois não fora projetado levando em consideração o tamanho médio dos americanos, acima da média da estatura dos japoneses.

Foram necessários mais de oito anos para que a Toyota pudesse projetar um veículo específico para os norte-americanos e ser bem-sucedida naquele mercado. Segundo o conselheiro da Universidade Toyota Matthew May:

> este fracasso gritante e a capacidade de aprender com ele tornaram-se uma motivação por trás do respeito recente da Toyota em relação aos sistemas. Os líderes da Toyota, em todos os níveis, juraram que nunca mais projetariam e distribuiriam outro produto no escuro. (2007, p.56-7)

Esse juramento fez criar uma nova *política de produtos e clientes*, para que erros como estes jamais se repetissem na empresa. Por consequência dessa nova política, a Toyota desenvolveu um novo processo para atender a essa demanda: para colher subsídios para o projeto do novo carro, adequado a esse novo mercado, a montadora enviou alguns engenheiros para viverem nos EUA e compreenderem a sua cultura. Este é o exemplo de uma empresa que aprende e transforma suas práticas, na busca da melhoria constante.

Como elaborar os princípios

Como a imagem da visão concreta de resultados contém os princípios, esses devem ser extraídos da observação e compreensão da própria visão. Eles são como leis que devem ser observadas para que a visão se cumpra. Abaixo alguns passos para identificá-los:

1. **Explore a imagem da Visão de Resultados**: os participantes devem primeiro descrever a imagem da visão concreta de resultado, como se um filme estivesse sido narrado. Se tiverem desenhado a visão, peça que as pessoas anotem os aspectos mais relevantes da imagem;
2. **Essência da Visão**: cada participante deve expressar agora quais são os elementos essenciais dessa visão;
3. **Identifique os Princípios**: cada participante anota individualmente: Que princípios que, se adotados, desvirtuam a visão concreta de resultados? E quais princípios aproximam a organização de realizar sua visão concreta de resultados?
4. **Apresentação**: em plenária, cada participante apresenta suas anotações;
5. **Diálogo**: convide as pessoas para observarem o que é e o que não é comum do que foi apresentado;
6. **Síntese**: o grupo deve decidir então quais são os princípios que a empresa necessita adotar.

Como elaborar as políticas

- **Identificação dos Públicos**: Identifique os *stakeholders* estratégicos da empresa (clientes, fornecedores, colaboradores, acionistas, investidores, comunidade, governo etc.);
- **Elaborar Políticas**: divida o grupo por grupo de *stakeholders*. Cada grupo deve identificar, a partir dos Princípios e as necessidades de cada grupo de *stakeholders*, que políticas devem ser consideradas e incorporadas?
- **Definição das Políticas**: Em plenária, os grupos apresentam seus resultados, abrindo um diálogo com considerações e sugestões, até definirem as Políticas;
- **Plano de Ação**: cada grupo deve se reunir novamente e elaborar um plano de ação para implementar as Políticas na prática.

Síntese

Os princípios são os meios que buscam garantir a realização da visão concreta de resultados e de uma organização, trazendo coerência para suas ações. Em geral eles são poucos e abrangentes. As políticas definem, com mais detalhes, como o empreendimento quer se relacionar com cada *stakeholder,* sendo orientadas tanto pelos princípios quanto das necessidades que surgem da experiência na busca de otimizar os processos operacionais.

Princípios e políticas devem ser aprimorados a partir da aprendizagem que se alcança nas relações com os diversos públicos. A aprendizagem se torna efetiva à medida que os princípios e políticas passam a orientar os processos operacionais. Princípios e políticas devem ser constantemente aprimorados, embora esse último seja muito mais dinâmico que o primeiro: princípios podem ser comparados à Constituição de um país, enquanto as políticas às leis que são mais específicas para cada setor.

O processo de aprendizagem é responsável pela vitalidade de qualquer empreendimento. Na sua ausência a sua perspectiva de vida tende a se reduzir drasticamente.

Perguntas para refletir e transformar:

1. Quais são os Princípios e Políticas de gestão que nossa empresa ou área adota para orientar os processos?

2. Esses Princípios e Políticas estão ancorados na visão concreta de resultados da organização ou da área?

3. Contamos com Políticas para relacionar com clientes, colaboradores e fornecedores, e elas são seguidas à risca?

05

Estratégia

> Se o homem tiver de efetuar uma obra interior, precisa atrair todas as suas forças para o íntimo: terá de recolher sua atenção de todas as coisas dispersas e concentrar-se. E então terá de existir nele uma calma e um silenciar.
>
> (Ekkehart)
>
> « »

Após abordar a *visão concreta de resultados* e os *princípios* e *políticas*, chegamos num ponto crucial do caminho que parte do Propósito rumo ao Resultado: o desenvolvimento da estratégia de um empreendimento. Na a diante é possível observar a estratégia se relacionando com os demais aspectos que foram abordados anteriormente, dentro dos contextos da organização e seus *stakeholders*:

Recapitulando, enquanto a *visão concreta de resultados* define como será o futuro transformado pelo empreendimento, os Princípios e Políticas, que nascem da imagem da visão, definem os meios para se atingir os resultados imaginados na visão. A estratégia, ou o *posicionamento estratégico* de um empreendimento, define o seu foco de atuação, conforme as especialidades que o tornam único. Em outras palavras, a estratégia define onde o empreendimento deverá concentrar suas energias para gerar o maior impacto possível na *visão concreta de resultados*. Por sua vez, melhores resultados serão alcançados quando esse foco de atuação e os objetivos estratégicos atuarem em *ressonância* com os Princípios e Políticas estabelecidos.

A *visão concreta de resultados*, os *princípios e políticas e a estratégia* definem o que uma organização se

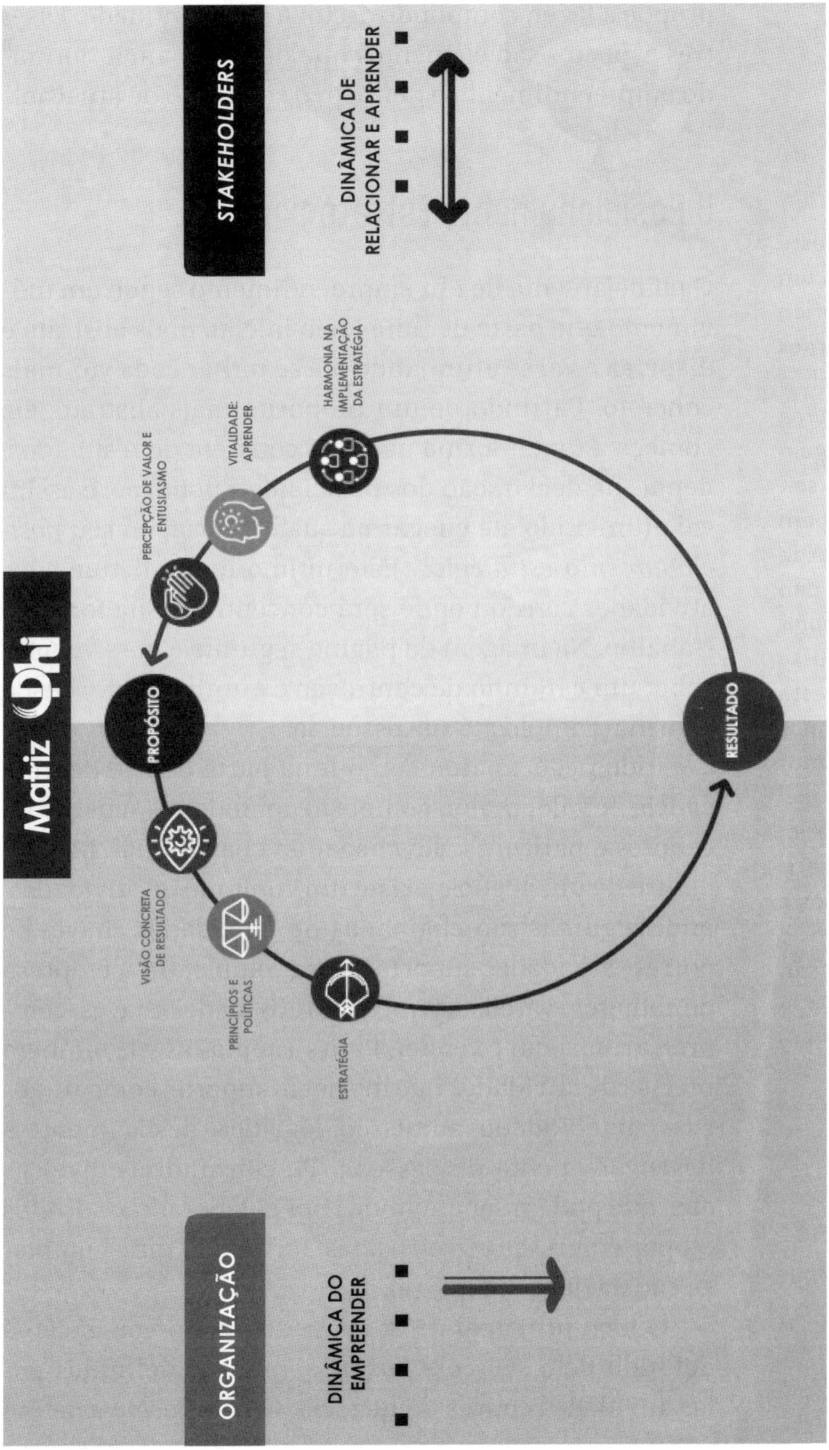

Figura 14
Fonte: Hélcio Padrão e Estúdio Zoombeedo (2022)

propõe a fazer, compondo assim a sua identidade. Esses três aspectos são elementos que determinam a "forma" do empreendimento e definem o seu rumo de atuação.

> Viemos a este mundo com um destino específico e pessoal. Temos uma tarefa a cumprir, uma vocação a seguir, um eu a vir a ser. Somos quem somos desde o berço e não podemos fugir disso. Nossa missão nesta vida não é de nos transformarmos num ideal imaginário, mas descobrir quem já somos e tornarmo-nos o que temos que ser.
>
> (Steven Pressfield)
>
> « »

O Posicionamento Estratégico

O planejamento de um empreendimento segue um movimento que parte de uma ideia inicial, mais abstrata e dispersa e vai se afunilando até se tornar cada vez mais concreto. Partindo de um propósito mais abstrato, ele começa a tomar forma na visão concreta de resultados, depois na declaração dos princípios e políticas, e assim vai afunilando até chegar na sua essência, ou seu *posicionamento estratégico*. Este último é que define suas atividades *core*, ou onde será concentrada sua força de trabalho. Na imagem da página seguinte é possível perceber um caminho de contração e afunilamento, desde algo mais amplo até sua essência.

Todo negócio atua como uma parte dentro de uma cadeia de valor maior, composto por todos os seus fornecedores e parceiros, até chegar ao cliente final. Mesmo dentro de um negócio existe um conjunto de atividades, onde algumas são chamadas de "atividades chaves" e outras "atividades suporte". Por exemplo, uma empresa de comércio varejista tem, como atividades chaves, comprar, armazenar e vender. Para sustentá-las, ela também precisa de atividades que lhe deem suporte, como finanças, contabilidade, admissão, logística, desligamento e desenvolvimento de pessoas, TI, consultorias diversas etc., que podem ser atendidos por colaboradores diretos ou por empresas terceirizadas, formando uma complexa cadeia de apoio mútuo.

O foco principal de atuação de uma organização é definido pelo seu *core business*, que são definidos pelas atividades chaves do negócio. O *core business* define

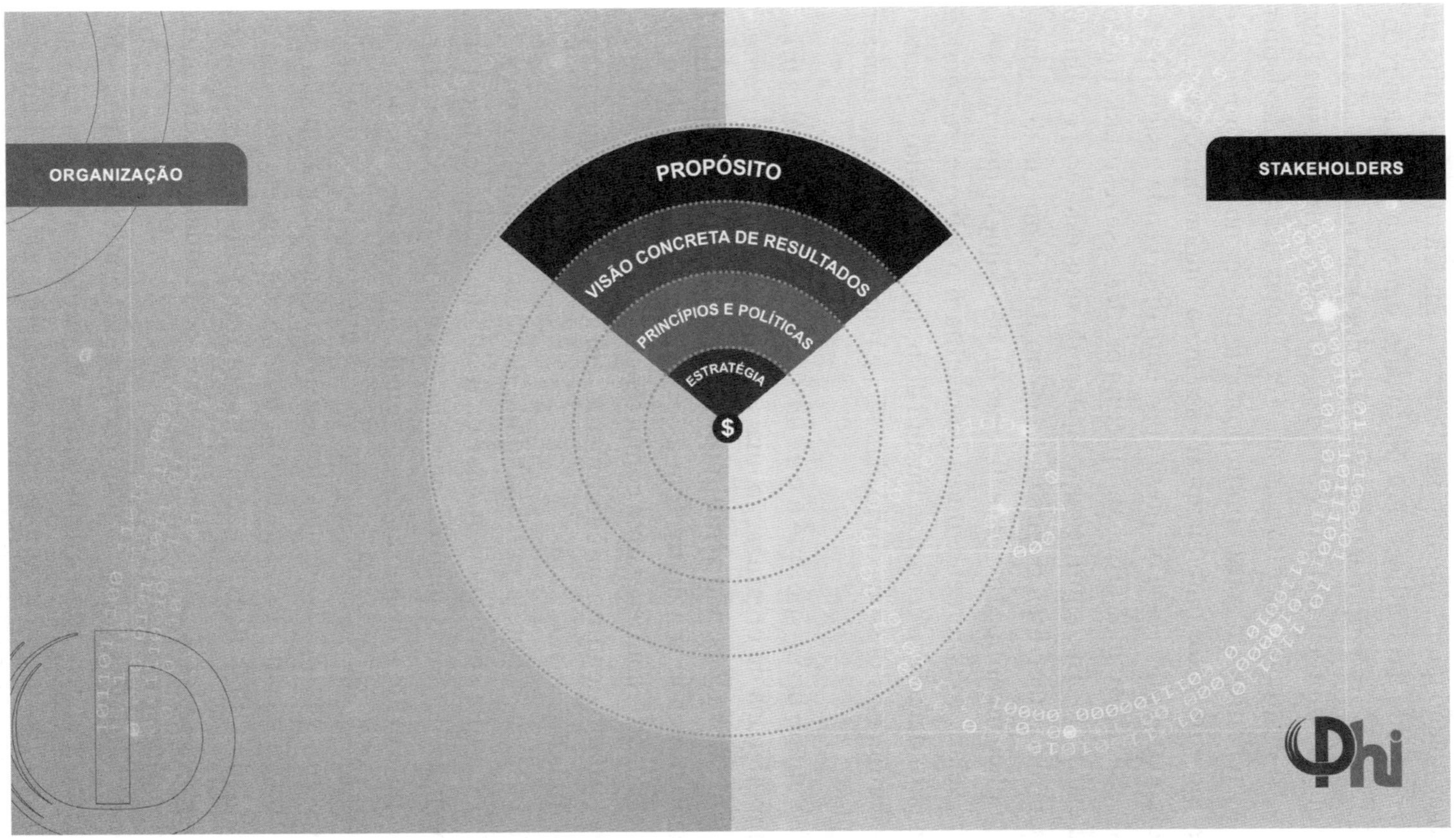

Figura 15

Fonte: Hélcio Padrão e Estúdio Zoombeedo (2022)

como a organização quer se posicionar perante o mercado ou de como ela quer que o mercado a reconheça. Por outro lado, o mercado tende a reconhecer não o que um empreendimento quer que seja reconhecido, mas apenas o que o empreendimento consegue entregar com maestria. Por exemplo, uma empresa varejista que atua com lojas físicas pode definir que quer ser reconhecida como um importante player no e-commerce, e investe tempo e recursos para alcançar essa meta. Suponhamos que, depois de dois ou três anos, essa empresa apresente uma venda insignificante através desse novo canal. O que significa na prática esse resultado muito abaixo do esperado? Isso significa que, apesar de seus esforços, o público externo não reconhece essa organização como uma empresa de e-commerce. O público reconhece o que realmente é e não o que se quer que seja.

Embora sejam os empreendedores que definam o seu *core business*, a sua validação é dada pelo reconhecimento do próprio mercado. O mundo externo reconhece as pessoas como elas são, e não como elas querem ser reconhecidas.

Esse fenômeno ocorre porque o *core business* é sustentado pelas principais competências da organização, mais conhecidas como *core competencies*. As organizações não serão reconhecidas nem conquistarão um determinado mercado se não tiverem as competências para tal. Não faz sentido o mercado reconhecer uma competência inexistente. Por esse motivo, o *core business* de um empreendimento, em geral, é definido por suas atividades mais lucrativas.

O *core business* reflete a personalidade de uma instituição, ou seja, *quem* ela é, e o que consegue entregar com qualidade. Reconhecer a si próprio permite definir o foco do negócio e onde pretende concentrar suas forças para evitar a dispersão de energia do organismo. As atividades *core* são, em geral, aquelas onde a empresa alcança melhores resultados financeiros, uma vez que os clientes demonstram disposição de pagar por aquilo que reconhecem. Atuar fora do *core business* do negócio pode trazer muitos problemas, pois além de não gerar os resultados esperados, um excesso de atividades faz dispersar as energias e, consequentemente, mina as forças do empreendimento.

Conforme Chris Zook, listado pelo *The Times* (Londres) como um dos cinquenta maiores pensadores de negócios do mundo, as empresas com poucos *core businesses* altamente direcionados, em geral apresentam um crescimento mais sustentável. Dados de suas pesquisas demonstram que a restrição e direcionamento de suas atividades podem fortalecer o negócio. Segundo ele é mais fácil fortalecer e "reforçar um *core business* único e criar o que chamamos de *economias de liderança*." E há comprovações que oferecem sustentação para o seu ponto de vista:

- A maioria das empresas que sustenta a criação de valor ao longo do tempo possui apenas um ou dois *core businesses* fortes.
- Firmas de private equity[1] quase sempre atingem seu maior sucesso comprando empresas órfãs de conglomerados desfeitos[2], criando assim um foco claro onde antes não havia nenhum.
- Em geral, cisões criam foco e valor.
- A diversificação está associada a avaliações médias mais baixas quando comparadas a empresas com *core businesses* direcionados.
- Aquisições feitas com o intuito de aumentar a escala de um *core business* têm uma taxa de sucesso pelo menos duas vezes maior do que as aquisições realizadas com o intuito de diversificar e expandir o "escopo".
- As poucas empresas que reduziram seu tamanho e mesmo assim criaram valor — que encolheram para crescer— são as que sofreram reestruturação para se concentrar em um *core business* forte, quase sempre para turbinar seu crescimento. (2019, p.24)

Um exemplo que pode trazer luz sobre como a ampliação de um core pode ser limitador de um negócio pode ser observado no exemplo da Accuride, uma empresa que fabrica calotas e rodas de caminhões para um grande número de clientes, como Ford, Volvo, GM etc. Ela pertencia ao grupo Firestone, que tem como *core business* a produção de pneus, que supera em muito o negócio de calotas e rodas. Ao ser adquirida pelo fundo de investimentos Bain Capital, que tinha como objetivo injetar capital

1 Firmas Private equity: fundos de investimento privados que atuam, em geral, investindo em empresas com potencial de desenvolvimento. (N. do A.)

2 São empresas secundárias, que atuam em áreas à margem do *core business* de um grupo econômico; estas empresas são consideradas órfãs porque costumam receber pouca atenção dos seus principais gestores, que em geral precisam dedicar mais atenção em suas atividades chaves. (N. do A.)

para a expansão da empresa, livre das limitações impostas pela sua antiga empresa mãe (a Firestone), ela mudou sua forma de gestão e assumiu os produtos "calotas e rodas" como seu negócio principal. Como resultados desse desmembramento ela viu, em apenas dois anos, dobrar sua participação no mercado, além de crescer em 66% sua lucratividade. E com esse novo modelo de gestão a Bain Capital "ganhou quase 25 vezes o retorno sobre o investimento" (2019, p.27-8).

Como se pode ver, o posicionamento estratégico tem grande influência no sucesso ou fracasso de um negócio. Ainda citando as pesquisas de Zook, "praticamente todas as empresas que registaram um crescimento sustentado funcionavam em torno de um ou dois núcleos de atividades fortes ou dominantes". (2019, p.14). Daí a importância do empreendimento de ter a sabedoria de concentrar suas forças no que sabe fazer de melhor.

Enquanto o *core business* representa aquilo que o mundo reconhece externamente, as *core competencies* representam as forças que um organismo possui internamente para sustentá-lo. O esforço para ser o que não é, em geral vai moldando um caminho muito desgastante e com pouco ou nenhum resultado positivo.

A definição do *core business* é algo vital e desafiador no planejamento estratégico de uma organização, pois exige não apenas reconhecer onde a empresa tem uma atuação forte e diferenciada, mas principalmente *onde ela não é eficiente.*

Alguns exemplos sobre posicionamento de algumas organizações podem ajudar compreender este conceito: a empresa Apple definiu seu *core business* como inovação e *design*, onde design tem foco exatamente na experiência do usuário e na simplicidade do uso. Embalados por esse direcionamento estratégico, os equipamentos da Apple ficaram famosos por serem simples e intuitivos e isso garantiu fidelidade por parte de seus clientes. A definição do seu *core business* em "inovação" também contribuiu para a decisão da empresa por terceirizar a sua linha de montagem para outra organização especializada em produção, permitindo-lhes concentrar toda energia em atividades chaves.

Em outro exemplo, a Nike, definiu o seu negócio principal como "materiais esportivos de alta performance", e suas competências chaves se baseiam em sua capacidade de "pesquisa, design e marketing". Já a PepsiCo se posicionou como uma empresa de lanches e bebidas, que são sustentadas pelas *core competencies* "logística e vendas".

O posicionamento estratégico é algo relevante para qualquer organização e não apenas em empresas de grande porte. A Raro Labs, uma empresa brasileira de desenvolvimento de software e outsourcing, definiu seu negócio principal como "Pessoas e Sistemas" (soluções tecnológicas digitais), que é sustentado por sua capacidade de "formar pessoas e times com competência técnica e paixão por tecnologia para encontrar as melhores soluções de negócios dos clientes".

O fato das *core competencies* partirem do reconhecimento das capacidades essenciais de um empreendimento, ela também servirá de referência para a identificação de suas *forças e fraquezas* para a análise SWOT, tema que será aprofundado na sequência.

Harmonização com os *stakeholders*: o segundo aspecto da estratégia

O sucesso da estratégia não depende apenas de um bom posicionamento estratégico, mas também de sua capacidade de harmonizá-la com os demais *stakeholders*. O processo de harmonização ocorre quando ela leva em consideração as necessidades dos seus *stakeholders* mais impactados, como por exemplo: os clientes, fornecedores, colaboradores, acionistas, comunidade etc. Ao levar em consideração as necessidades de terceiros, esses tendem a se abrir para ouvir e aceitar as necessidades do próprio negócio. Tudo que é imposto sem um diálogo, contribui para criar resistências dos públicos que podem se sentir ameaçados pelas ações oriundas da estratégia. Aquilo que não é compreendido tende a ser rejeitado.

Ao estabelecer o *core business* e as *core competencies*, o organismo reconhece a si próprio, o que contribui para identificar suas próprias forças e fraquezas. A busca pela harmonização com os diversos públicos exige

> O nosso verdadeiro valor está em nós mesmos, mas está espalhado em todas as pessoas do mundo. Devemos caminhar para nos unir, se não, não nos encontraremos.
>
> (Rabindranath Tagore)
>
> « »

um esforço, tanto para reconhecer as oportunidades que surgem das necessidades desses públicos, quanto o que poderia despertar neles um sentimento de ameaça.

Esses quatro aspectos — forças, fraquezas, ameaças e oportunidades — geram subsídios para o planejamento de ações que visam o desenvolvimento das relações de um determinado organismo com o seu mundo exterior. Desde a década de 1960/70, várias empresas começaram observar essa dinâmica a partir desses quatro aspectos que ficaram mais conhecidos como análise *SWOT,* ou *Strengths, Weaknesses, Opportunities e Threats*.

Não é incomum, nos dias de hoje, pessoas enxergarem a análise *SWOT* como uma ferramenta ultrapassada e que pouco contribui com o desenvolvimento da estratégia. Confesso que em algum momento da minha carreira tive a mesma sensação e cheguei a questionar a sua utilidade. Somente a partir do reconhecimento de seu real significado, que visa a harmonização entre um empreendimento e seus *stakeholders,* é que ela ganhou um novo sentido e relevância.

Para compreender mais a fundo as possibilidades que surgem da análise *SWOT,* se faz necessário entender primeiro como se dá a dinâmica da relação entre uma individualidade, no caso uma organização vista como um organismo único, e o social, aqui representado por seus *stakeholders* (vide imagem abaixo):

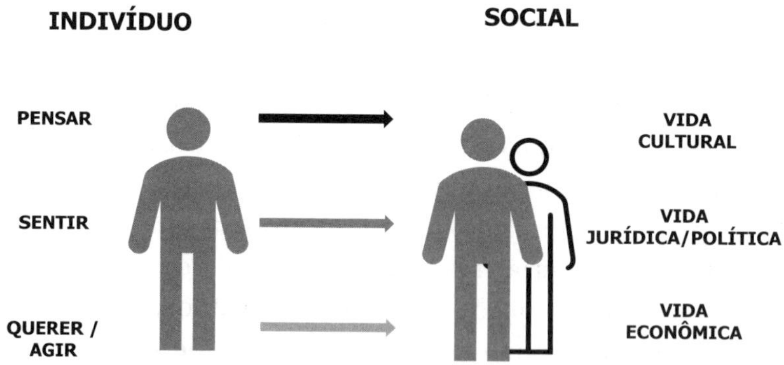

Figura 16
Fonte: Hélcio Padrão (2022)

O primeiro passo nesse sentido é observar alguns aspectos que compõem uma individualidade: a alma do ser humano possui três características distintas, embora atuem de maneira totalmente integrada, "o *pensar, o sentir e o querer"*. O conjunto dos conceitos e crenças de cada indivíduo atuam no nível do *pensar* humano. Olhando para o reflexo desse conjunto de conceitos e crenças do pensar de cada indivíduo, no âmbito social, eles irão formar a "vida cultural e espiritual" dessas diversas comunidades (que pode ser o conjunto de crenças de uma família, de um grupo de amigos, de um vilarejo, de uma organização etc.). Da mesma maneira que a cultura de uma comunidade vai sendo formada a partir de várias individualidades, esse conjunto de conhecimentos também interferem no desenvolvimento de cada indivíduo.

A forma com que cada um sente o mundo, irá determinar como sua individualidade irá se relacionar com ele. Nas palavras de Lex Bos[3], é no âmbito do sentir que podem surgir no indivíduo "os atos que se originam na compaixão, 'con-vivência' e reconhecimento". É o sentir do indivíduo, espelhado no âmbito social, que torna possível criar na Terra "uma vida jurídica digna do ser humano e democrática", que funciona como "o âmbito conciliador e curador do organismo social" (no prelo). O filósofo Rudolf Steiner define que "a origem da vida do direito está na forma como o indivíduo vivencia o sentir do outro." É na relação com o *outro* que podemos vivenciar a dignidade humana. Nesse sentido, é possível reconhecer normas da vida jurídica que julgamos serem justas e dignas, ou, por outro lado, leis que julgamos serem imorais e indignas. Uma vida jurídica saudável é aquela capaz de contribuir para uma vida social harmônica.

Por fim, é a partir do querer que cada indivíduo busca não apenas atuar na vida, mas também satisfazer suas necessidades de bens e serviços. Tais necessidades podem ser supridas no âmbito do social a partir do que chamamos de "vida econômica". Na imagem da página seguinte é possível ver essas três qualidades da alma individual, refletidas no âmbito do social. Porém, quando se observa a relação entre esses aspectos da vida individual e seu reflexo no social, um enigmático fenômeno ocorre: da mesma maneira que quando um ser humano enxerga um objeto, a imagem que se forma na sua retina está invertida — de cabeça para baixo —,

---

3 Lex Bos foi consultor de empresas pelo NPI (Netherlands Pedagogical Institute) na Holanda e autor de vários livros, entre eles *Formação Dinâmica de Juízo, um Caminho para a Liberdade Interior.*(N. do A.)

as qualidades da alma do ser humano atuam de maneira mais impactante de forma espelhada (cruzada) no âmbito do social.

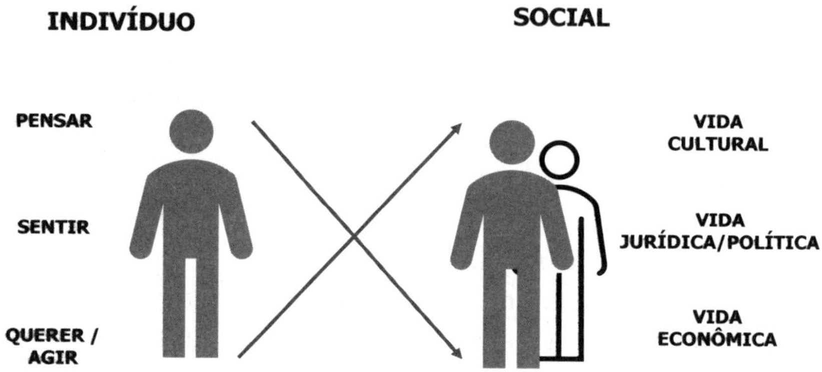

Figura 17
Fonte: Hélcio Padrão (2022)

Na dinâmica dessa relação, cada individualidade (que pode ser uma pessoa ou uma organização) dispõe de certas capacidades e as disponibiliza para servir às necessidades de outras pessoas no âmbito do social, atuando assim na vida econômica. No sentido oposto, as necessidades dos clientes, que se encontram no âmbito do querer do social, constantemente se confrontam com as capacidades do indivíduo ou da organização, pois dificilmente essas necessidades são atendidas em sua plenitude, o que leva a um constantemente anseio por melhorias da qualidade dos produtos e/ ou serviços ofertados.

Por sua vez, a busca incessante dos clientes por uma melhor qualidade pode ser vista pelas organizações como algo incômodo, mas também como oportunidade para desenvolver e oferecer melhores produtos e serviços. A forma como essa individualidade enxerga irá afetar diretamente sua maneira de se relacionar com o mercado. Muitos ainda devem lembrar da célebre frase de Henry Ford em 1918: "Seu Ford Modelo T pode ter qualquer cor, desde que seja preto." Naquele momento, a necessidade dos clientes por carros de outras cores incomodou o idealizador da linha de montagem, uma vez que as alterações dessas linhas de montagem significariam aumento dos custos, enquanto sua maior preocupação era oferecer veículos cada vez mais baratos. Sua obsessão por diminuir os custos o impediu de reconhecer as novas necessidades dos clientes, enquanto outras montadoras enxergaram essa nova exigência, aproveitando a oportunidade de ganhar novos mercados oferecendo carros de outras cores.

De outro lado, quando a organização opta por promover uma melhoria de seus produtos e serviços aos seus clientes, naturalmente ela irá se defrontar com o *novo* e *desconhecido*, normal em todo processo de inovação. Tanto isso é assim, que as incertezas que acompanham as inovações têm levado cada vez mais as organizações a testarem bem suas soluções antes de colocá-las em prática. Isso ocorre porque tudo que é novo é imaturo perante o que é mais antigo, que já foi testado e validado. Embora seu objetivo de toda inovação seja proporcionar melhorias, frequentemente ela acaba por expor algumas fraquezas.

Tomemos por exemplo uma empresa de software: toda nova versão de um sistema, que visa trazer melhorias, precisa ser bastante testada antes de ser devidamente homologada. Além disso, nem toda proposta de inovação é capaz de gerar os resultados esperados, e muitas dessas propostas demonstraram ser verdadeiros desastres. Todas essas incertezas fazem com que as pessoas tendam a se sentir *ameaçadas* pelo que é novo, o que é natural de acontecer, pois o fato de uma ideia propor uma inovação, não garante que será bem-sucedida.

Aqui se revela outro confronto de forças entre o indivíduo e o social: por um lado, a organização quer propor mudanças e inovar e, de outro, alguns *stakeholders* — internos e externos — podem se sentir ameaçados com as mudanças propostas e resistir ao que é proposto. Também nesse caso, a organização pode tanto ver essa reação contrária ao novo como um grande problema, tanto como uma oportunidade de dialogar e negociar saídas criativas a partir dos incômodos que as pessoas pressentem. O diálogo entre as partes afetadas contribui não apenas para antecipar possíveis problemas e corrigi-los, mas também para transformar possíveis antagonistas em verdadeiros aliados à causa.

Essa capacidade de dialogar, compensar e harmonizar está justamente no centro da imagem anterior, no nível do sentir da alma individual, e na vida jurídica no âmbito do social. Relembrando a afirmação de Lex Bos, que são a partir dos "atos que se originam na compaixão, 'con-vivência' e reconhecimento" que podem surgir uma vida jurídica democrática e digna do ser humano. Esse "é o âmbito conciliador e curador do organismo social". Uma organização que desenvolve sua capacidade empática pode criar acordos e políticas que fortalecem suas relações e facilitam a implementação de suas estratégias.

Para trazer um exemplo, há alguns anos, uma grande rede varejista decidiu abrir um hipermercado numa das avenidas mais movimentadas de Belo Horizonte, a cidade onde nasci, o que iria gerar um forte impacto no trânsito de veículos da região. Pouco tempo depois de sua inauguração, a associação de moradores daquele bairro fixou uma faixa de agradecimento pela forma que essa empresa abordou o problema. No momento não havia ficado claro para mim o que havia motivado a colocação daquela faixa, mas alguns anos depois tive conhecimento que os gestores da rede varejista haviam abordado a associação para discutir sobre esses impactos e juntos construíram alternativas para mitigá-los. Desse encontro veio a ideia de construírem um retorno na avenida, capaz de amenizar os transtornos gerados pelo aumento de fluxo de veículos no local. Como resultado dessa disposição de dialogar e contribuir para a solução, a associação, que poderia se opor e criar resistência para a construção da nova loja, passou a ser um aliado do empreendimento.

Ao observar as forças que agem na relação entre o indivíduo e o social (ou a organização e seus *stakeholders*), a partir dessa visão trimembrada, obtemos a seguinte imagem:

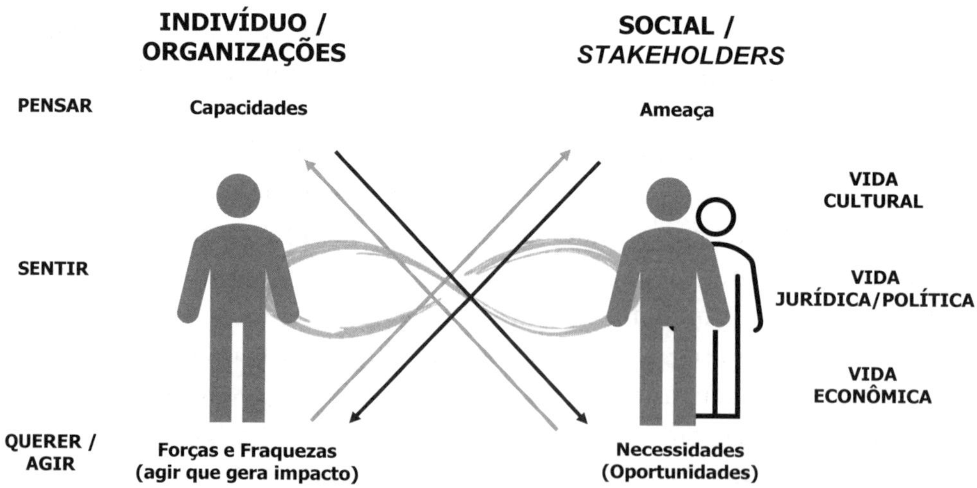

Figura 18

Fonte: Hélcio Padrão (2022)

Essa imagem demonstra como a análise SWOT pode contribuir para que um empreendimento possa desenvolver uma estratégia harmonizadora com seus *stakeholders*, fortalecendo os seus vínculos para alcançar melhores resultados.

O desenvolvimento das relações junto aos *stakeholders* é fator cada vez mais preponderante para gerar valor para os empreendimentos. John Mackey e Raj Sisodia, autores do livro *Capitalismo consciente - Como libertar o espírito heroico dos negócios,* deram o nome de "empresas humanizadas" aquelas organizações que se preocupam em gerar valor e se harmonizar com seus *stakeholders.* Os autores citam um trecho do livro *Strategic Management: A Stakeholder Approach* do professor de negócios da Universidade da Virgínia, R. Edward Freeman, onde afirma que: "os acionistas eram mais bem servidos, quando todos os stakeholders eram bem servidos."

Os autores revelam também como uma estratégia que leva em consideração as necessidades de seus *stakeholders* pode impactar positivamente os resultados nas organizações. As empresas humanizadas que eles pesquisaram foram consideradas *"boas" a "excelentes"* por terem apresentado resultados pelo menos três vezes maiores que o mercado por um período de 15 anos. O que eles descobriram nessa comparação foi que num período de 10 anos, as 13 Empresas Humanizadas estudadas superaram as empresas *Good to Great*[4] em 1026% contra 331% do último grupo. Analisando prazos mais curtos, de 3 e 5 anos, as Empresas Humanizadas também apresentaram performance muito superiores que as demais. (SISODIA, 2019, p.17-8)

Relações mais humanizadas e harmônicas dependem da capacidade da organização de desenvolver uma relação empática[5] com seus diversos públicos. Por mais paradoxal que possa parecer, um empreendimento tende a ganhar mais quando todos ganham. Um empreendimento que está sempre querendo tirar vantagens, numa relação "ganha-perde", não irá alcançar um estágio superior. Assim sendo, uma análise SWOT de qualidade

---

4 Referência ao livro *Empresas feitas para vencer - Good to Great,* de Jim Collins. *(2002)*

5 Vale ressaltar que não se deve confundir empatia com simpatia. Enquanto a simpatia busca ser agradável a uma das partes, a empatia busca estabelecer uma relação equilibrada para atender as necessidades das partes envolvidas. (N. do A.)

é aquela que se ocupa em compreender e desenvolver as relações entre os principais atores que envolvem um empreendimento, tornando-se um importante instrumento para que as organizações possam atuar em harmonia com o mercado na busca de melhores resultados e, consequentemente, criar as condições para maior longevidade do negócio.

Objetivos estratégicos como necessidade do desenvolvimento humano

Enquanto o *core business* e as *core competencies* definem o posicionamento estratégico, ou "quem é" a organização, e a *SWOT* define a estratégia de relacionamento com os *stakeholders*, faz-se necessário estabelecer os *objetivos estratégicos* que irão fortalecer o seu posicionamento perante o mercado. Para facilitar a compreensão, esses três aspectos da estratégia também podem ser relacionados com as três qualidades da alma do ser humano, conforme a imagem abaixo:

Estratégia nos três níveis

Nível do Pensar/Percepção - reconhecer quem você é: definir o posicionamento estratégico do negócio, ***core business* e *core competencies*.**

Nível do Sentir/Relações - como queremos nos relacionar com o mundo exterior: **análise SWOT**

Nível do Querer - o que temos que fazer para realizar: **Objetivos Estratégicos** (e seus desdobramentos nas áreas) e **Planos de Ação**

Figura 19
Fonte: Hélcio Padrão (2022)

A definição dos objetivos estratégicos é fundamental para a organização e também para as pessoas que nela atuam, pois eles trazem clareza para todos, do que precisa ser feito. Segundo o psiquiatra americano

William Glasser, conquistar objetivos é uma das necessidades básicas do ser humano (apud BENTO, 2017, p.37). Por outro lado, a ausência de objetivos leva as pessoas a perderem o foco e se ocuparem de outros temas, geralmente desconectados do negócio, gerando uma grande dispersão de energia e comprometendo os resultados.

É importante atentar para o fato que essa dispersão também ocorre quando os objetivos são atingidos, daí a necessidade dos gestores estarem atentos para estabelecerem novos objetivos, sempre que isso ocorra. A experiência contada por Jan Carlzon, quando ocupou o cargo de CEO da SAS (Scandinavian Airlines), ilustra muito bem esse fenômeno: após superar uma enorme crise em 1984, a SAS havia estabelecido alguns objetivos e atingido todos eles, além de ter sido agraciada com o prêmio de melhor companhia aérea do mundo pela revista *ATW - Air Transport World*. Apesar de ter alcançado tudo que eles haviam proposto, Carlzon viveu um ano de muita agonia. Durante os primeiros anos sob seu comando, "a companhia inteira estava unida por um só objetivo lógico que todos podiam apoiar". Em suas palavras:

> [...] entre 1981 e 1984, as nossas forças foram todas alinhadas, e cada uma das pessoas estava lutando para superar suas marcas anteriores. Agora chegáramos aonde queríamos antes de refletir sobre o que faríamos em seguida. A falta de novos objetivos estava produzindo alguns resultados negativos. O clima de reunião estava se desgastando. O propósito de nosso trabalho começou a ser questionado com frequência. E a energia recém-descoberta de nossos empregados começou a enveredar por caminhos mais estreitos e pessoais. (2005, p.123 e 124)

O retorno da lucratividade na SAS, após um período amargando prejuízos, despertou diversos sentimentos nas pessoas:

> [...] vários grupos de empregados tinham ideias diferentes sobre como esses lucros deveriam ser utilizados. Um grupo por exemplo insistia na compra de novos aviões. Outro achava que já estava na hora da SAS pagar salários maiores aos seus funcionários. **Esses interesses começaram a competir um com os outros**. (2005, p.124, grifo do autor)

Eles tinham consciência que a empresa ainda corria riscos a longo prazo, e que precisavam ser cautelosos sobre a destinação dos lucros:

> [...] estávamos plenamente conscientes de que a SAS ainda não estava imune a perigos. A crise imediata havia passado, mas precisávamos dobrar os lucros para sobreviver a longo prazo. **Buscávamos um objetivo novo e tangível que cada indivíduo na SAS pudesse abraçar**. (2005, p.124, grifo do autor)

Na visão de Carlzon, o grupo gestor deveria ter estabelecido um objetivo de mais longo prazo, juntamente com outros de curto prazo, de tal forma que todos pudessem reconhecer os ganhos e, ao mesmo tempo, manter o foco no futuro. Sem um objetivo, cada um começou a ter uma ideia própria, desalinhada do pensamento inicial da empresa de estar totalmente voltada para atender o mercado. Mas como só estabeleceram objetivos de curto prazo, "com o objetivo alcançado e as pessoas procurando novas formas de liberar suas energias, problemas assim vinham à tona e criavam uma lacuna entre a direção e os empregados."

Esse cenário de disputa e desalinhamento das equipes fez multiplicar os problemas da SAS, criando um clima muito difícil na corporação. Somente depois de muito refletir sobre os fatos, que ele conseguiu identificar a causa do que estava ocorrendo:

> Era isso! **Presos por nosso empenho em manter o excelente espírito** que havíamos desenvolvido na SAS, recuamos diante dos ultimatos que eram lançados sobre nós, em vez de contra-atacar com as nossas próprias demandas. Ao determinar o objetivo original, tínhamos feito uma exigência aos nossos empregados. **Agora, que não havia mais** objetivo, uma espécie de reversão tinha se configurado. Havíamos liberado uma nova energia, uma nova motivação; com a meta alcançada e a motivação ainda lá, **as pessoas começaram a estabelecer seus próprios objetivos**, dispersando assim em todas as direções e fazendo diferentes solicitações à companhia. Era uma ilustração vívida de como é necessário que **a alta gerência direcione todas as forças para um objetivo comum.** (2005, p.123-7, grifos do autor)

Dessa profunda reflexão dos fatos ocorridos na SAS é possível tirar algumas aprendizagens relevantes sobre os impactos dos objetivos estratégicos, ou de ausência destes:

- É importante estabelecer objetivos de longo e curto prazos, que devem ser compartilhados entre os atores que atuam na organização;
- Objetivos são imprescindíveis para o alinhamento das equipes;
- Estabelecer objetivos, e realizá-los, é uma necessidade básica dos seres humanos;
- Na ausência de objetivos, as pessoas tendem a ficar desmotivadas e a buscar outros interesses, distanciando-se do propósito organizacional; há uma perda do foco e desperdício de energia e de recursos;
- Quando os objetivos estiverem próximos de serem alcançados, se faz necessário estabelecer novos objetivos, caso contrário as pessoas tendem a estabelecer objetivos individuais desconectados do todo da organização.

Ao contrário do que muitos pensam, o ser humano não carrega em si a necessidade de competir com outras pessoas. O que realmente existe é a necessidade intrínseca de desenvolver e superar a si mesmo. Competir e superar outras pessoas são motivações extrínsecas, normalmente geradas por condições externas de recompensa e reconhecimento. Segundo a diretora de pesquisa da Harvard Business Scholl, Teresa Amabile, e o psicólogo Steven Kramer, pesquisas atuais demonstram a necessidade das pessoas em cultivar uma vida interior no trabalho, e como uma vida interior rica reverbera em melhores resultados para as organizações. Segundo ela "as pessoas são mais criativas e produtivas quando estão profundamente engajadas no trabalho, quando se sentem felizes, e quando têm admiração por seus projetos, colegas de trabalho, administradores e empresas" (2013, p.11). A questão que se apresenta é que, sem um objetivo capaz de unir as pessoas, elas tendem a criar seus próprios objetivos e competir umas com as outras, afetando significativamente a capacidade do grupo atuar de maneira cooperativa e de lidar com problemas complexos.

Os objetivos estratégicos de qualidade são aqueles que buscam consolidar o posicionamento estratégico de um empreendimento. Para isso alguns aspectos devem ser levados em consideração, como por exemplo:

- Prestar o melhor serviço aos clientes dentro do seu *core business* — e nunca fora dele;
- Fortalecer as competências chaves do grupo, que irão sustentar o seu *core business*;
- Mitigar os principais pontos fracos e as ameaças apurados;
- Reconhecer as principais oportunidades detectadas dentro do seu foco de atuação;
- Lidar com cenários futuros: reconhecer as megatendências que envolvem o negócio.

Um planejamento de qualidade estabelece objetivos exequíveis e por isso precisa levar em consideração a estrutura de pessoas que terão como missão sua implementação. Priorizar e definir um foco exige, antes de tudo, saber renunciar ao que é menos relevante em um determinado espaço de tempo. Um excesso de objetivos, muito acima do que a equipe tem capacidade de assumir, pode gerar ansiedade e frustração no grupo.

O efeito *spin-off* nas estratégias

Um aspecto relevante sobre o posicionamento estratégico merece ser tratado, uma vez que ele afeta o negócio como um todo: um fenômeno cada vez mais comum no mundo dos negócios tem sido o surgimento das chamadas *spin-offs*, que são empresas promissoras que surgem dentro de uma 'empresa mãe' e que, em algum momento, acabam por se separar dela para atuar como prestadora de serviços com uma gestão totalmente individualizada.

Um exemplo desse fenômeno é o surgimento da empresa norte-americana Sabre, que atua na área de gestão de operação de companhias éreas e de reservas de viagens. O Sabre é fruto de uma *spin-off* da área de desenvolvimento de sistemas da companhia aérea American Airlines. Ao longo do tempo essa empresa desenvolveu uma ferramenta de gestão de viagens tão completa e com tanta qualidade, que seus gestores tomaram a decisão de oferecer esses serviços ao mercado externo, o que fez com que a Sabre se tornasse uma gigante no setor.

Uma determinada área de um empreendimento que se individualiza — no sentido de demonstrar criatividade e capacidade de autogestão — e se desenvolve de forma significativa, pode sinalizar que ela está pronta para se separar da 'empresa mãe' para assumir uma vida própria. Uma vez que ela desenvolve uma personalidade própria, que se revela num *core business* capaz de conquistar o mercado externo e ser lucrativo, a necessidade de separação da 'empresa mãe' surge naturalmente. É como um filho que se emancipa e quer seguir sua própria vida em liberdade.

A compreensão desse fenômeno pode fazer um grande diferencial na definição estratégica das organizações, reconhecer que toda área que se desponta em sua competência pode estar pronta para se individualizar e seguir seu próprio rumo. Negligenciar essa necessidade pode ter efeitos desastrosos, como impedir o ciclo de desenvolvimento de uma equipe que se demonstra altamente capacitada, podendo chegar à perda desses talentos. Uma empresa que foca no seu próprio *core business* sempre terá mais chances de se desenvolver do que quando atua como suporte de uma outra organização.

Uma *spin-off* tem toda condição de continuar prestando um excelente serviço para a organização que a gerou, só que como uma prestadora de serviços terceirizada. Ao se transformar em uma *spin-off*, uma área deixa de ser um centro de custo para se tornar um fornecedor capaz de gerar receitas e lucratividade próprios e, dessa forma, investir mais recursos no desenvolvimento de produtos e serviços com qualidade cada vez melhores. Os gestores devem estar atentos para identificar uma área que se desponta muito em qualidade, para incentivar que possa ter vida própria. Tentar sufocar esse processo de individuação (separação para seguir seu próprio rumo) de uma área poderá gerar prejuízos para ambas as partes.

O empresário e amigo Romão Guimarães, que atuava como executivo da área RH de uma grande empresa, vivenciou esse fenômeno. Sob seu comando, seu setor desenvolveu projetos voltados para o desenvolvimento e captação de novos colaboradores, que trouxe uma significativa redução do *turnover* da empresa, além de diminuir outros custos de infraestrutura e operacionais. O sucesso do projeto foi tão impactante que outras empresas começaram procurá-lo para conhecer a solução, que passou a ser comercializada para outras empresas do mercado. O produto demonstrava ter um grande potencial de mercado, capaz de gerar ótimos resultados. Nos relatos de Romão, ele estava tão entusiasmado com esse empreendimento que já conseguia ver todo o prédio onde ele trabalhava — onde o RH ocupava apenas uma parte — totalmente tomado pela empresa de software de soluções inovadoras voltados para RH. Ele chegou a imaginar até como seriam as cores das paredes desse edifício e toda essa visão também contagiou toda a equipe de desenvolvimento que começou sonhar junto com ele. Embora no início ele contasse com um patrocínio e investimento no desenvolvimento dessa *spin-off*, em um determinado momento a alta gestão da organização mudou sua estratégia, retirando o foco nos clientes externos pedindo que Guimarães concentrasse os esforços da área apenas nas demandas internas da empresa, dando fim ao sonho da nova empresa. O trabalho seguiu, mas sua vontade de empreender e atender o mercado externo ainda permanecia em seu coração. No anseio de realizar seu sonho, Romão acabou deixando a organização onde atuava para investir em sua própria empresa de tecnologia.

Essa história demonstra que quando o espírito empreendedor floresce através de uma individualidade, ela sente a necessidade de levar a cabo esse empreendimento. Como, nos dias de hoje, as pessoas têm sido cada vez mais preparadas e estimuladas para serem criativas e emancipadas, daqui para frente o surgimento das *spin-offs* será cada vez mais comum no mundo dos negócios. Vale lembrar que, mesmo se emancipando, a empresa mãe pode optar por se tornar acionista de um novo empreendimento que surge sob suas asas.

Síntese

O posicionamento estratégico se traduz na capacidade de um empreendimento de *concentrar forças* no que melhor sabe fazer para gerar o maior impacto sobre sua visão concreta de resultados. O ato de pagar por produtos e serviços é a garantia que o mercado reconhece o que cada organização faz de melhor. As competências chaves, que nascem do negócio principal, definem onde a organização deve concentrar seus investimentos de desenvolvimento para se fortalecer e oferecer serviços e produtos cada vez melhores.

Os macro objetivos devem ser direcionados para o fortalecimento do posicionamento estratégico da empresa. A harmonização desses objetivos com os impactados, sejam internos ou externos, contribui para a união e o comprometimento das pessoas com sua implementação.

A estratégia é o instrumento pelo qual o ser humano concentra suas forças para realizar o potencial de sua vida. Ele deve ser capaz de atuar conforme seus potenciais e capacidades, a partir da compreensão das necessidades do mundo. Partindo dessa premissa, cada área de uma organização e cada colaborador deve definir suas atividades e suas *core competencies*, assim como seus objetivos de atuação para contribuir na implementação da estratégia da organização como um todo. Cada área deve ser capaz de definir onde ela deve concentrar suas forças para oferecer a melhor entrega para o organismo do qual faz parte. Os objetivos devem ser capazes de alinhar e direcionar todos os envolvidos em suas decisões. Quando a identidade e a estratégia são claras, as pessoas se sentem com mais condições de tomarem decisões e agir com autonomia.

Para concluir, a estratégia pode ser comparada com o "arco e flecha": o alvo é definido pela *visão concreta de resultados* na empresa, que deve ser capaz de gerar valor para os clientes (lembrando que a visão traz a imagem do cliente impactado pelo empreendimento, assim como um alvo que será impactado com a flecha). O arco tencionado concentra toda a sua força na ponta da flecha, que irá fazer vibrar o alvo atingido. Uma estratégia, quando bem alinhada com os *stakeholders*, será capaz de gerar um som (ou um impacto) harmonioso, e não um ruído dissonante.

Os aspectos que envolvem a estratégia

- O *core business* define as atividades chaves da organização, aquelas que os clientes mais valorizam e por isso costumam ser as mais lucrativas. O *core business* define onde a organização **foca suas atividades para gerar o melhor impacto em sua *visão concreta de resultados***. Em geral o negócio principal de uma organização gira em torno de uma ou duas atividades mais relevantes e afins. A presença de mais de duas atividades *core* pode ser um convite para reflexões da alta gestão.

- As *core competencies* definem as competências essenciais que sustentam o *core business*, para que a organização possa manter o foco e destinar parte significativa dos seus investimentos no constante desenvolvimento dessas competências. De maneira geral, elas giram em torno de duas ou três competências chaves.
- Os *objetivos estratégicos* definem o foco das realizações a serem alcançadas no curto, médio e longo prazos. Cada objetivo deverá ser desmembrado em objetivos localizados por áreas, assim como em planos de ação com previsões de prazos e responsáveis pela implementação, de forma a trazer parâmetros para uma governança do projeto.

Como elaborar a estratégia

O sucesso de um planejamento estratégico depende muito da capacidade de assimilação e de implementação do nível gerencial. Quando as pessoas participam do processo, elas tendem a compreender melhor a ideia e assumirem responsabilidades para a implementação. Por isso é aconselhável envolvê-los nessa construção.

Devido à complexidade que envolve a elaboração de uma estratégia organizacional, aqui iremos detalhar, apenas de maneira mais geral, os passos para a elaboração da estratégia. Como esse processo exige lidar com perguntas e reflexões complexas, um profissional externo pode ser muito bem-vindo para facilitar esse processo.

De forma sintética, a metodologia desenvolvida por nós tem como primeiro passo a compreensão do *core business* da organização. Para essa etapa lançamos mão de perguntas como:

- Quais os serviços e/ou produtos que a empresa entrega e que os clientes mais valorizam?
- O que é mais valorizado pelos clientes? Por quê?
- O que os clientes não valorizam ou não reconhecem como expertise da empresa?

As respostas sobre essas questões é que trazem subsídios para a empresa reconhecer o seu *core business.*

O segundo passo consiste na elaboração das *core competencies*, que se revelam a partir de perguntas como:

- Quais são as principais competências que sustentam o negócio principal da empresa?
- O que é mais relevante e o que é secundário?
- O que é essencial para atender bem os clientes e que o negócio seja bem-sucedido?

Após responder o grupo deve então dialogar e chegar num consenso sobre estas competências.

O terceiro passo é elaborar uma análise SWOT. O(s) negócio(s) e as competências principais ajudam a organização reconhecer suas *forças e fraquezas*, cabendo ao grupo descrevê-las. Já a análise das *oportunidades* se dá através do reconhecimento das reais necessidades que os clientes apresentam. Um processo mais elaborado pode incluir uma pesquisa junto aos clientes, na busca de compreender mais a fundo essas necessidades.

Por último a organização pode responder à pergunta: quem pode se sentir *ameaçado* com esse projeto e esse posicionamento estratégico? E o que a empresa pode fazer para amenizar essas ameaças? As respostas à essas questões formam a matriz SWOT.

Uma vez definidos o *core business*, as *core competencies* e a análise *SWOT*, o próximo passo consiste em estabelecer os objetivos estratégicos para os próximos anos, que irão fortalecer o posicionamento estratégico da organização. Posteriormente, cada objetivo deve ser desmembrado em objetivos das áreas correspondentes e acompanhados de um plano de ação, indicando os responsáveis pela implementação de cada tarefa. É muito importante também que cada objetivo e cada ação tenha uma pessoa que assuma a responsabilidade por sua execução.

Por último, mas não menos importante, é necessário estabelecer um ritmo de acompanhamento onde cada membro da equipe possa mostrar seus avanços e desafios encontrados. Nesse processo de acompanhamento, dar o suporte para que cada participante possa identificar e superar os desafios de implementação é bem mais eficiente do que um ficar cobrando e acusando o outro por qualquer tarefa não cumprida. Quando as pessoas se sentem acolhidas, elas tendem a perder o medo de se manifestar e demonstram maior abertura para aceitar o apoio dos colegas para realizar suas tarefas.

Perguntas para refletir e transformar:

1. Quais são as principais atividades do meu negócio ou da minha área?

2. Quais delas os clientes mais reconhecem e por isso são mais lucrativas? O que fazemos que dispersa nossa energia, mas não gera resultados positivos?

3. A partir da resposta anterior, quais são nossas atividades principais, ou nosso *core business*?

4. Quais são as *core competencies* que sustentam nosso *core business*?

06

Arquitetura organizacional

Após lidar com o tema da estratégia, se faz necessário olhar para o aspecto dos empreendimentos que irão implementar essa estratégia, a *arquitetura organizacional*, conforme pode ser observado na Figura 20 da Matriz Phi.

> Na Adhocracia[1] o poder de tomada de decisão está distribuído entre gerentes e não-gerentes em todos os níveis hierárquicos, de acordo com a natureza das diferentes decisões a serem tomadas.
>
> (HENRY MINTZBERG)
>
> « »

A *arquitetura organizacional* é a maneira que as empresas se organizam internamente para realizar seus objetivos. Sua finalidade é encontrar a divisão do trabalho mais eficiente e eficaz, e ao mesmo tempo cuidar para que essas partes atuem em conjunto como um organismo único. É a *arquitetura organizacional* que define os papéis e responsabilidades de cada área e de cada colaborador, constituindo assim *as bases de um trabalho em equipe.*

Contextualizando como esse processo se deu na história, antes da Revolução Industrial praticamente tudo era produzido de maneira mais artesanal e em menor escala. Nesse modelo, os mestres-artesãos detinham o conhecimento de todo processo e mantinham uma visão do todo da operação: sabiam como cada etapa

---

1 Adhocracia, criado por Alvin Toffler, é um modelo de estrutura empresarial orgânica, voltado para atender uma determinada finalidade. O termo deriva da *ad hoc* (expressão em latim que significa "para isso", ou "para essa finalidade").

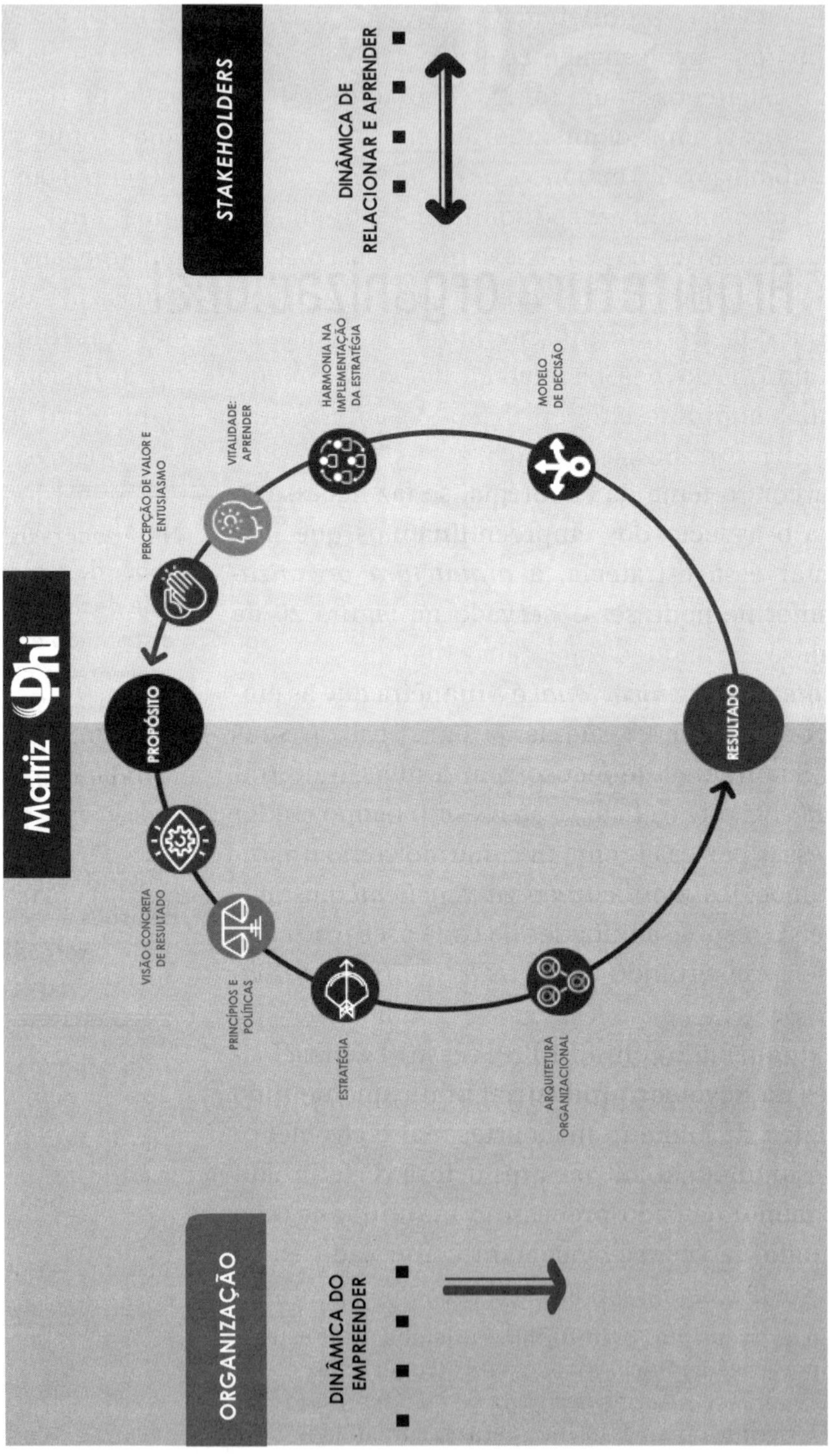

Figura 20
Fonte: Hélcio Padrão e Estúdio Zoombeedo (2022)

funcionava e quais eram as necessidades de seus clientes, pois conviviam de perto com eles. Essa dominância e a atuação direta sobre todas as etapas do processo garantiam um *senso de unidade* no processo produtivo: todas as partes agiam em prol do organismo como um todo, garantindo que tudo funcionasse e convergisse para a finalidade do negócio.

Com o advento da Revolução Industrial surgiu a divisão do trabalho que possibilitou a produção em larga escala, mas ao mesmo tempo fez surgir um grande desafio: à medida que o trabalho se fragmentava pela sua divisão, as pessoas tendiam a perder uma visão do organismo como um todo. Isso fez com que muitos trabalhadores perdessem a consciência de como suas tarefas afetam o produto final e beneficiam seus clientes. Essa desconexão com os clientes se transforma em um obstáculo para as pessoas reconhecerem o sentido de seu trabalho e como ele beneficia as pessoas.

Para trazer um exemplo do que começou ocorrer, podemos imaginar um alfaiate que, sozinho, produz e comercializa suas peças de roupa. Ele conhece sua clientela, a qualidade de tecido e o estilo das roupas que os agradam, o tipo de acabamento etc. Ocorre que, com o tempo, o número de pedidos aumenta e ele contrata mais vinte colaboradores para ajudar no corte, na costura, nas compras e até no atendimento. Esse crescimento faz surgir uma série de novos desafios, por exemplo: quem são os novos clientes e o que eles necessitam? Como manter o mesmo estilo e acabamento numa equipe tão grande? Como cuidar que os compradores comprem os tecidos adequados para a produção? Quanto mais pessoas passam integrar a organização, mais desafiadora se torna essa tarefa de manter a unidade do grupo.

Fazendo uma analogia com o corpo humano, a saúde ocorre porque todas as suas partes atuam em sinergia para o bem-estar do organismo. Mas o que aconteceria se cada órgão decidisse agir de forma independente, desconectado do todo? Por exemplo, a mente daria um comando para as pernas caminharem para um lado e o corpo vai para outro? Ou se o fígado resolvesse trabalhar desconectado do restante dos órgãos responsáveis pelo metabolismo do corpo? Com certeza seria um caos e o corpo adoeceria.

Todo esse processo da divisão do trabalho fez surgir um novo desafio para as organizações: como manter a coesão e o senso de unidade entre todas as partes no processo produtivo? Esse deve ser o objetivo principal da *arquitetura organizacional*. Muitas organizações definem suas estruturas de maneira empírica, conforme surgem as necessidades. Mas para manter a coesão de todas as partes com o organismo como um todo, a *arquitetura organizacional* deve ser capaz de assimilar a estratégia da corporação e se moldar da melhor forma para que possa atingir sua finalidade, que é realizar sua visão concreta de resultados.

No capítulo anterior foi demonstrado que existe um processo de *contração*, que ocorre desde o propósito até chegar na essência do negócio, expresso no seu *core business* e em suas *core competencies*. É interessante observar que, após alcançar ápice de contração, ocorre um processo inverso de *expansão*, pois todos esses aspectos que definem a identidade do empreendimento precisam agora permear toda a parte operacional do negócio. A *arquitetura organizacional* deve criar as condições para que todos os colaboradores e principais parceiros assimilem a identidade e a estratégia organizacional, possibilitando que ele flua até os processos e a reprodução (o setor produtivo), até chegar no resultado. Esse resultado tenderá ser melhor quanto mais o empreendimento atuar como um organismo único. Esse processo de contração e expansão pode ser observado na Figura 21.

Um bom exemplo sobre o esforço de manter a unidade de uma equipe é a experiência compartilhada pelo empresário sueco Jan Carlzon, quando esteve à frente da gestão da SAS (Scandinavian Airlines) na década de 1980, que contava com mais de vinte mil colaboradores. Carlzon relata todo seu esforço e dedicação para envolver toda a equipe com a cultura e os objetivos estratégicos da empresa, criando assim as condições para que todos pudessem ter mais autonomia para tomar decisões dentro de suas respectivas alçadas, principalmente quando os colaboradores estavam diante de seus clientes, o que ele chamava "a hora da verdade" (nome que ele deu ao seu livro).

À medida que os colaboradores compreendessem muito bem a cultura e os objetivos da empresa, elas se sentiam mais seguras para tomar decisões, pois todos sabiam o que é importante para a empresa e em qual direção ela quer caminhar. Além do "livrinho vermelho", que era distribuído a cada membro da empresa, contendo de forma sucinta o conceito, a estratégia global da SAS e as expectativas da alta direção em relação a toda equipe, Carlzon lançou mão de um enorme esforço pessoal para manter

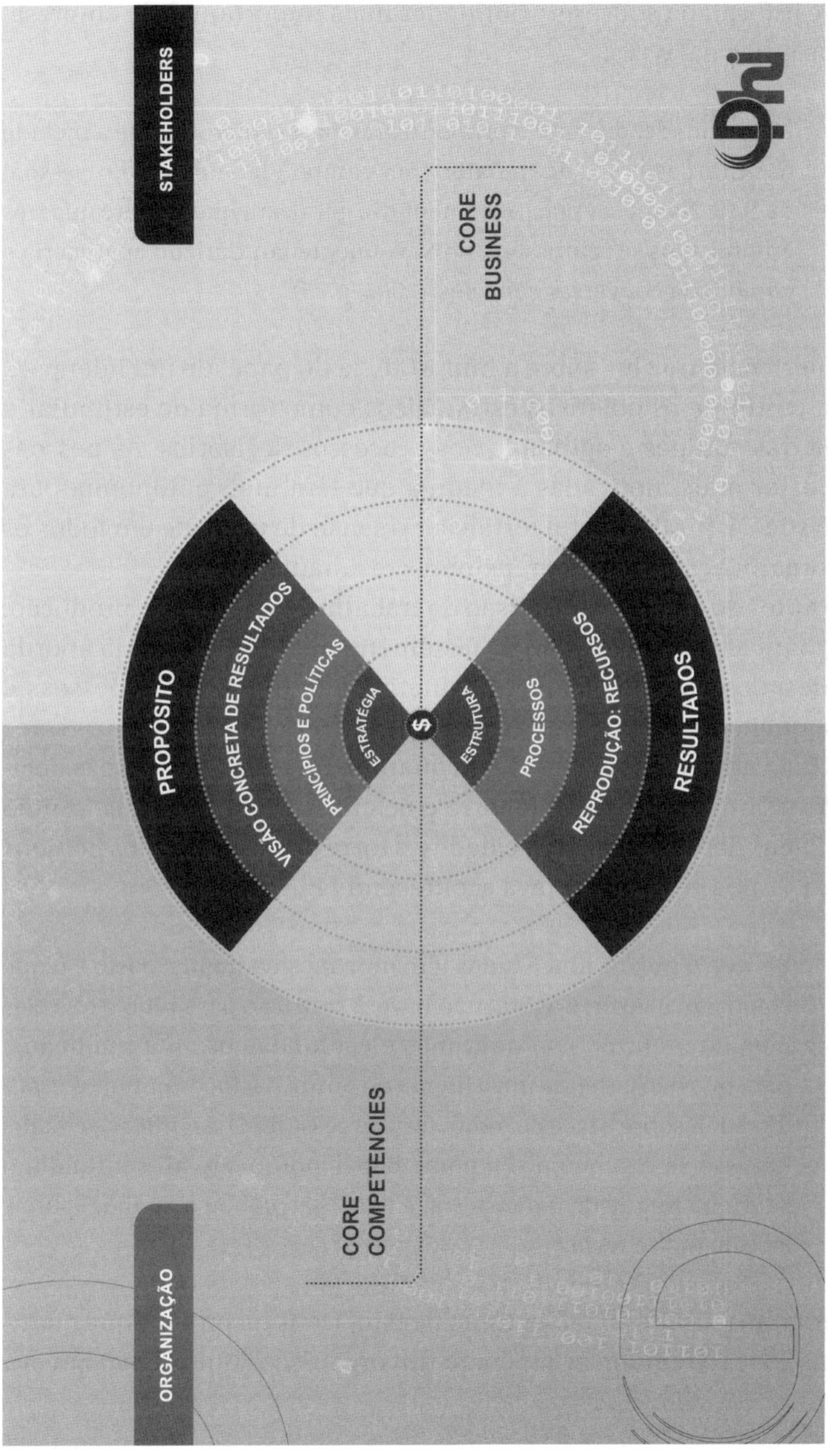

Figura 21
Fonte: Hélcio Padrão e Estúdio Zoombeedo (2022)

sua equipe informada sobre as prioridades mais importantes da empresa. Em suas próprias palavras:

> Na realidade, durante o primeiro ano, passei literalmente a metade das minhas horas de trabalho "em campo", falando com o pessoal da SAS. Naquela época, o comentário geral, era que sempre que três empregados se reunissem, provavelmente Jan Carlzon apareceria e começaria conversar com eles. (2005, p.95)

Tal experiência traz luz sobre a importância do papel de um líder para difundir a cultura e os objetivos estratégicos como forma de estimular a autonomia das equipes e agilidade nos processos decisórios. As pessoas tendem a estar mais motivadas à medida que têm mais autonomia para tomar decisões. É fundamental fortalecer o senso de unidade em todos os níveis da organização para obter melhores resultados.

Muito antes do advento da divisão do trabalho nas linhas de produção, uma enigmática história do Antigo Testamento da Bíblia Sagrada aborda sobre os desafios para se alcançar a sinergia de um grupo de pessoas e suas consequências. Reza a lenda que em determinada era, todos os seres humanos falavam a mesma língua. Foi quando um grupo de pessoas decidiu construir "uma cidade e uma torre cujo cume toque nos céus." Então "o Senhor Deus desceu para ver a cidade e a torre que os filhos dos homens edificavam." Após ver o que estava acontecendo Ele disse:

> Eis que o povo é um, e todos têm uma mesma língua; e isto é o que começam a fazer; e agora, não haverá restrição para tudo o que eles intentarem fazer. Eia, desçamos e confundamos ali a sua língua, para que não entenda um a língua do outro. Assim o Senhor os espalhou dali sobre a face de toda a terra; e cessaram de edificar a cidade. Por isso se chamou o seu nome Babel, porquanto ali confundiu o Senhor a língua de toda a terra, e dali os espalhou o Senhor sobre a face de toda a terra.[2]

Interessante ressaltar que, segundo o texto, Deus reconhece que quando os humanos conseguem atuar como um organismo único "**não haverá**

---

2 Gênesis 11:1-9.

restrição para tudo o que eles intentarem fazer". Por outro lado, a falta de entendimento e de se falar uma linguagem única limita muito sua capacidade de realização: o desentendimento promove a Babel, que significa "grande confusão e desordem".[3]

Essa magnífica história demonstra o que ocorre quando as pessoas não conseguem se entender e falar a mesma língua e focarem no mesmo objetivo. Cada parte passa a atuar conforme o seu próprio ponto de vista, afetando sobremaneira sua capacidade de realização.

A unidade na *arquitetura organizacional*

Numa pequena empresa o empreendedor consegue manter um contato mais próximo com todos os colaboradores e parceiros, facilitando a assimilação da finalidade do negócio. As decisões são facilmente tomadas por ele por estar próximo da operação como um todo. Mas à medida que as organizações crescem, também aumentam os desafios para desenvolver uma *arquitetura organizacional* funcional. Em uma organização com mais de mil colaboradores, por exemplo, a busca por uma coesão nas ações de todos os colaboradores se torna uma tarefa muito mais complexa.

Até pouco tempo atrás organizações definiam suas estruturas dentro de um padrão predominantemente piramidal e rígido. Buscando uma maior funcionalidade e melhores resultados, muitas empresas têm se dedicado para criar estruturas cada vez mais flexíveis. Mas essa mudança não é nada fácil de se colocar em prática. Ainda me lembro do burburinho causado pelo empresário Ricardo Semler, na década de 1980, com a publicação do livro *Virando a Própria Mesa*, relatando sua experiência ao adotar um modelo mais horizontal e flexível de trabalho. Foram muitos os empresários que torceram o nariz para ele, sem acreditar que essa poderia ser uma tendência irreversível.

Muitas vezes já me perguntaram qual o modelo de *arquitetura organizacional* ideal, se mais ou menos flexível. Não acredito que exista uma resposta generalista para essa questão, pois cada negócio é um organismo

---

3 Fonte: <https://michaelis.uol.com.br/palavra/vEGR/babel/>. Acesso em 17 de abr. de 2023.

único. A arquitetura de um hospital, com todas as suas exigências legais e sanitárias, ou de uma industrial aeronáutica, não podem ser comparadas com uma agência de publicidade ou uma indústria de joias, por exemplo, que tem muito menos protocolos a seguir.

Cada empreendimento deve encontrar o seu próprio caminho. A clareza sobre a arquitetura ideal para cada negócio poderá ser alcançada a partir de perguntas, como por exemplo: qual é a estratégia da organização? Qual é a estrutura ideal para implementar essa estratégia? Quais os papéis e responsabilidades de cada grupo? Quais os melhores grupos de pessoas para executar cada projeto? Como cada grupo pode criar um espaço de aprendizagem e criação? Como as pessoas podem se organizar da melhor maneira para cumprirem suas rotinas e, ao mesmo tempo, implementarem os objetivos estratégicos? Quais grupos de pessoas devem interagir para obter melhor resultado na implementação dos objetivos? Qual o melhor processo decisório que trará agilidade e ao mesmo tempo permitir reflexões mais acuradas?

Enquanto o posicionamento estratégico define "quem" é o empreendimento e o que ele sabe fazer melhor, a *arquitetura organizacional* define "quem" são as pessoas ideais para implementar os objetivos estratégicos, assim como definir as melhores formas de interação para alcançarem os melhores resultados. Uma pessoa lotada para executar uma tarefa que ela não possui domínio, pode causar muitos problemas na realização desses objetivos. Por esse motivo, a contratação de pessoas e/ou parceiros para assumirem responsabilidade sob os projetos é de extrema relevância na configuração da *arquitetura organizacional.*

Para que a *arquitetura organizacional* possa ser capaz de implementar a estratégia organizacional, alguns critérios devem ser observados, como por exemplo:

- Contar com um processo de seleção capaz de contratar as pessoas adequadas e que tenham conexão com o propósito da organização;
- Garantir que todos os envolvidos tenham a compreensão dos objetivos estratégicos das áreas, dos projetos e da empresa como um todo;

- Assimilar a *visão concreta de resultados* de cada área ou projeto: a meta da entrega precisa estar clara para todos;
- Dividir papéis e responsabilidade por áreas e/ou projetos;
- Definir papéis e responsabilidades de cada membro das equipes;
- Disponibilizar pessoas suficientes para suportar a implementação dos objetivos estabelecidos;
- Definir o melhor processo decisório: alçadas de decisões e quem deve participar;
- Promover encontros de avaliação dos projetos, apurando o que deu certo, o que não funcionou e o que precisa ser cuidado para melhorar os desempenhos das equipes.

Polaridades complementares: estruturas horizontais e verticais

A crescente complexidade da gestão dos negócios tem exigido que os colaboradores, cada vez mais, assumam responsabilidades para tomarem decisões sobre os diversos projetos e processos, transformando essas estruturas rígidas e verticalizadas em modelos mais flexíveis e horizontais.

Como os modelos autocráticos tendem a diminuir os espaços para que as pessoas ajam em liberdade, tenho percebido em vários grupos e organizações um certo "amaldiçoamento" de tudo que é vertical e formal, em detrimento de uma hipervalorização de tudo que é horizontal e flexível, descartando a importância das lideranças e causando um perigoso desequilíbrio entre essas duas forças polares. A questão é que os modelos excessivamente flexíveis e com pouca ou nenhuma forma, costumam trazer insegurança para os colaboradores pela ausência de referências, como por exemplo: de uma liderança que possa apoiá-los diante de problemas mais complexos que necessitam de apoio de pessoas com mais experiência.

É importante compreender que nenhuma força é em si, boa ou ruim, mas se tornam negativas quando aplicadas em excesso, sobrepondo à sua força polar correspondente. Existe uma força que nasce do encontro de dois elementos. Por exemplo: a água não é uma propriedade nem do hidrogênio, nem mesmo do oxigênio, mas é algo que somente pode surgir do encontro dos dois. A ausência de um elemento em detrimento de outro mina a possibilidade do que pode surgir do encontro dos dois.

Quando duas forças polares complementares atuam de forma harmônica, elas podem exercer sua condição de criação: a síntese só pode nascer do encontro entre a tese e antítese e uma criança só pode nascer a partir do encontro de um gameta feminino e outro masculino. Também os grandes pintores tiveram que dominar a luz e a escuridão para a criação de suas maravilhosas obras de arte. Na natureza, toda criação depende da integração dos opostos complementares, assim como está simbolizada na imagem do *yin e yang* do taoismo.

Figura 22

Fonte: https://pixabay.com/vectors/yang-yin-chinese-religious-38737/ (30/01/2017)

Essa 'dança' harmônica entre as polaridades ocorre quando há o reconhecimento das qualidades dessas forças isoladamente, pois somente pode ser unido o que foi devidamente separado. Reparem como na imagem do *yin e yang* essa distinção se dá com o máximo de contraste oferecido pelas cores branco e preto. Assim sendo, para extrair o melhor do encontro entre as forças de verticalidade e horizontalidade, é preciso reconhecer cada uma como elas podem atuar em harmonia nas organizações.

E o que é a força vertical e a horizontal? Uma linha vertical liga dois pontos, um acima e outro abaixo. Nas organizações é possível observar a força da verticalidade unindo a ideia, acima, até sua materialização, abaixo. A força vertical está também relacionada com as forças da *individualidade*, pois o cumprimento de tarefas depende da força de realizar de cada indivíduo. O humano é o único ser na Terra com capacidade de criar, e também é o único que possui sua coluna vertebral na posição vertical.[4]

Já a linha horizontal liga dois pontos laterais nivelados na mesma altitude. Essas forças de horizontalidade estão mais relacionadas à *sociabilidade*, como num diálogo autêntico, onde todos são incentivados a se manifestarem, e ninguém está em posição de superioridade ou inferioridade em relação aos demais.

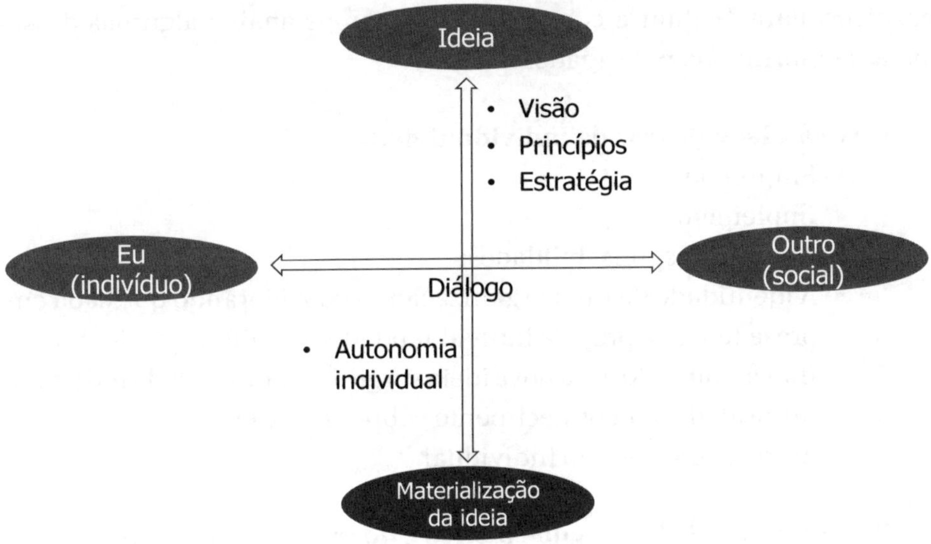

Figura 23
Fonte: Hélcio Padrão (2022)

Essas duas forças estão sempre interagindo e é muito difícil falar de uma sem tocar na outra. Por exemplo: embora dependa do esforço de cada indivíduo, a aprendizagem somente pode acontecer a partir da *interação* com o "outro", seja esse outro um ser humano, um animal, um vegetal ou

4 O ser humano, portador da noção de individualidade, é o único ser que anda de forma ereta, enquanto os animais andam com a coluna vertebral na horizontal, pois possuem uma alma de grupo, não individualizada: um animal no Brasil age de forma parecida com o mesmo animal no Japão, sem nunca terem se encontrado. A consciência do "Eu" é que permite o ser humano a busca pelo seu autoconhecimento e autodesenvolvimento. (N. do A.)

mesmo um mineral. Encerrado em si mesmo, não pode haver aprendizagem. Até mesmo as coisas mais corriqueiras da vida, como aprender andar, pensar e falar, dependem dessa relação com o outro. Assim é possível afirmar que o processo de *aprendizagem*, que é algo que depende do esforço individual e vertical, somente pode dar a partir da horizontalidade das relações.

As forças de verticalidade e horizontalidade, individualidade e interação, estão constantemente atuando em nossas vidas e nas organizações e quando atuam em harmonia elas tendem a produzir resultados muito positivos. Para facilitar a compreensão, listamos abaixo algumas dessas forças conforme sua polaridade:

Verticalidade (forças da individualidade):

- Empreender;
- Implementar;
- Assumir responsabilidades;
- A identidade de uma organização — considerando que cada empresa tem sua própria individualidade e se difere das demais;
- Inovar: quando uma nova ideia surge na mente de cada indivíduo;
- Autoridade: ter conhecimento sobre um tema;
- Autonomia: decisão individual.

Horizontalidade (forças do coletivo e do trabalho em grupo):

- Aprender;
- Dialogar;
- Dividir tarefas;
- Harmonizar;
- Criar acordos de integração;
- Apoio mútuo de colegas.

Quando os líderes compreendem a função de cada força e criam as possibilidades de atuar em sintonia, cada um no seu devido lugar, contribui para um ambiente onde as pessoas possam cultivar uma vida interior rica, que motiva as pessoas a alcançarem as melhores práticas e os melhores resultados.

As condições para se obter uma *arquitetura organizacional* horizontal funcional está intimamente relacionada com a definição clara das forças de verticalidade da empresa. Em outras palavras, as pessoas se sentirão cada vez mais autônomas e participativas à medida que elas compreendem e assimilam o posicionamento estratégico da organização e seus objetivos. Esse eixo vertical torna-se assim a referência para que cada pessoa possa atuar em liberdade: quanto maior o domínio sobre esse eixo, maior a capacidade da empresa de se organizar por áreas, projetos etc., estabelecendo o melhor formato para obter os melhores resultados.

Assim como a arquitetura de um determinado edifício deve ser moldada de acordo com sua finalidade, a *arquitetura organizacional* poderá apresentar uma forma mais rígida ou mais flexível, dependendo do que o grupo achar como melhor alternativa para implementar esses objetivos. A melhor estrutura é aquela que consegue ser mais efetiva para assimilar e implementar a estratégia. Qualquer excesso de rigidez dos organogramas ou mesmo um excesso de flexibilidade — com a ausência de forma — poderá trazer prejuízos ao negócio.

Um caso vivenciado com um de nossos clientes, uma empresa de tecnologia, pode ajudar a compreender. Seus fundadores gostavam de frisar que a empresa atuava de uma maneira totalmente horizontal e sem forma, pois queriam que as pessoas se sentissem livres no trabalho. Como eles não gostavam de "forma", eles não conseguiam reconhecer que eles haviam criado uma forma de trabalho que estava dando muito certo, pois eles estavam crescendo muito. Os problemas começaram surgir quando a empresa começou a crescer de maneira muito rápida e ao abrir outras filiais: a ausência física dos sócios nas filiais dificultava a replicação do modelo de arquitetura que eles haviam criado. Uma vez que não estava muito claro a forma de funcionamento, os colaboradores das filiais começaram a se sentir perdidos, sem saber a quem recorrer em diversas circunstâncias. Por esse motivo, alguns colaboradores chegaram a pedir demissão.

Diagnosticado o problema, foi marcado um encontro com um dos sócios, para que ele descrevesse como a empresa funcionava: como eles constituíam os times de trabalho e como interagiam com os clientes, desde a proposta até o modelo decisório de cada etapa. Aos poucos fui construindo uma primeira imagem, que lhe foi apresentada. Ele ficou bastante

> Enquanto os dirigentes não delegarem responsabilidades e autoridade reais aos seus empregados, e enquanto não escolherem e transmitirem a ideia de um objetivo que seja capaz de congregar todos os empregados, estes dirigentes nunca estarão de fato no controle central, e os empregados sempre precisarão da intervenção do chefe em assuntos pequenos ou grandes. Não saberão o que é certo ou errado porque não estarão familiarizados com o objetivo ou com a estratégia planejada para alcançá-lo. Delegar sem dar às pessoas os pré-requisitos para decidirem de forma independente não leva a nada. Dar aos empregados responsabilidade e autoridade genuínas requer uma estrutura organizacional radicalmente diferente. O modelo horizontal, e os papéis têm de ser definidos.
>
> (Jan Carlzon)
>
> « »

surpreso e me disse: "a imagem é mais ou menos assim mesmo, mas quero trabalhar um pouco mais nela e acrescentar alguns detalhes". Entre idas e vindas conseguimos chegar a uma forma que ele julgou ser ideal, até mesmo melhor e mais dinâmica do que o modelo que eles estavam utilizando até então. Uma vez que a imagem da *arquitetura organizacional* ficou clara para todos, ficou fácil de replicar o modelo em todas as filiais e trazer segurança para as equipes e melhores resultados para a organização.

Libertando toda potencialidade do processo decisório

O próximo passo é compreender qual é o reflexo da *arquitetura organizacional* nos *stakeholders*. O que ocorre é que quanto melhor as áreas, parceiros e principais fornecedores interiorizarem e compreenderem a estratégia organizacional, maior será a sua capacidade de **tomar decisões**.

Nesse processo podem ser observadas outras duas forças polares atuando: é a **interiorização** da estratégia que potencializa a **exteriorização** dos colaboradores a partir de um processo decisório estruturado. Na Matriz Phi esse aspecto está descrito como Modelo de Decisão, como mostra a Figura 20. Quando as equipes não assimilam e não sabem bem os rumos que a organização quer tomar, ou irão tomar decisões a partir do que elas pensam que é correto, ou, com medo de desagradarem, buscarão se eximir de tomá-las. Uma atuação de todos em sinergia somente pode ser garantida a partir da compreensão da finalidade do organismo.

A qualidade de um processo decisório descentralizado depende da capacidade dos líderes de manterem a empresa coesa em torno de sua identidade e estratégia. É esse senso de unidade que fomenta a confiança para que os colaboradores tomem decisões na busca de melhores resultados.

Até pouco tempo atrás, muitos empreendedores julgavam que seria mais produtivo ter um quadro de colaboradores que seguissem ordens para executar suas tarefas sem questionamentos e sem expressarem suas opiniões. Na época da escravatura no Brasil, muitos eram os fazendeiros que pensavam que essa mão de obra barata e cumpridora de ordens sob a tutela de um chicote era a base do sustento das fazendas de agropecuária. Hoje é possível concluir que a escravidão trouxe um grande atraso no desenvolvimento dessa indústria. Quanto mais as pessoas são livres para atuar e participar, maior é a capacidade de contribuir com o todo e gerar melhores resultados. Os modelos de tomada de decisões autocráticos estão cada vez mais em desuso devido a suas limitações e ineficiência. Modelos muito centralizados trazem morosidade no processo decisório e desperdiçam todo potencial criativo dos membros de suas equipes.

Uma das questões sobre o processo decisório é que, embora a alta gestão tenha uma visão privilegiada do todo de uma organização, as pessoas responsáveis pela operacionalização são, ao mesmo tempo, as que mais conhecem sobre a própria operação. Por exemplo: quem mais conhece a operação das máquinas de uma indústria são os colaboradores que operam essas máquinas. Por esse motivo, em assuntos ligados aos processos operacionais, essas pessoas deveriam ser ouvidas e envolvidas nas soluções.

Uma vez um gerente de manutenção de uma indústria de laticínios relatou que os diretores queriam aumentar as receitas em 50% naquele ano, mas ao pedir para eles investirem em uma nova máquina que custava em torno de R$ 1.000.000,00, capaz de sustentar esse crescimento, eles adquiriram uma que custava dez vezes menos. De acordo com ele, essa nova máquina não suporta a carga planejada e constantemente tinha que parar para manutenção; dessa forma é impossível atingir o objetivo planejado.

Processos mais horizontais criam espaços para ouvir os diversos pontos de vista das pessoas envolvidas nas questões que se apresentam no dia a dia das empresas. Quando bem geridos, criam as condições de gerar melhores resultados, uma vez que a percepção da realidade e das causas raízes dos problemas tendem a ser melhor identificadas. O desafio é que tais processos exigem líderes que estejam dispostos a desapegar de suas próprias ideias, para que possam incentivar a manifestação dos membros de suas equipes e, principalmente, que queiram ouvi-los com interesse genuíno.

O desafio das organizações de hoje é criar um modelo de tomada de decisões que consiga equilibrar as forças vertical e horizontal e preconizando a reflexão sem perder a agilidade. Certa vez tive a oportunidade de apoiar um cliente da área de tecnologia no desenvolvimento de um processo de tomada de decisões, que seguissem esses princípios, e o resultado foi surpreendente, conforme a imagem abaixo:

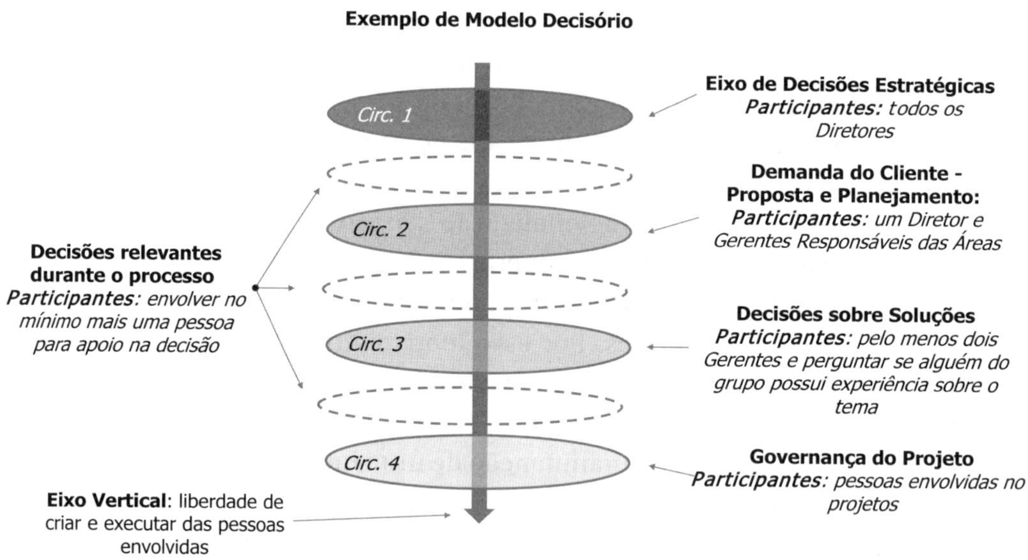

Figura 24
Fonte: Hélcio Padrão (2022)

Uma das principais motivações do grupo era criar um modelo que oferecesse a melhor qualidade de serviço aos clientes. Os círculos da imagem se referem aos momentos de diálogo e decisão compartilhada, enquanto a linha vertical representa a autonomia dos colaboradores para executarem suas atividades.

Segundo a imagem, o círculo 1 corresponde às decisões estratégicas da organização, onde todos os Diretores devem tomar parte. Os Projetos dos Clientes devem contar com a participação de pelo menos um Diretor, além dos Gerentes que serão envolvidos, conforme descrito no círculo 2. O círculo 3 se refere às decisões impactantes sobre soluções do projeto, onde o responsável deve comunicar a todos os gerentes suas questões, na esperança de que alguém do grupo possa dar alguma contribuição, a partir de suas experiências passadas. Independentemente de qualquer contribuição, pelo menos dois gerentes devem participar das decisões a respeito da solução a ser utilizada. O círculo 4 se refere à governança para avaliar o projeto e propor melhorias, onde o máximo de pessoas envolvidas devem estar presentes.

Ainda na imagem, os círculos pontilhados se referem às dúvidas ou questões que podem surgir durante o processo, em que a pessoa responsável pela tarefa é estimulada a consultar pelo menos um de seus colegas para apoiar as decisões individuais. Por último, a seta vertical se refere à liberdade de atuação que cada pessoa tem para criar e executar suas tarefas, a partir das decisões elaboradas pelos círculos.

Não existe um modelo único que se aplique em todas as organizações. O importante é que cada empreendimento encontre a melhor modelo que atenda a implementação de sua estratégia de maneira ágil e, ao mesmo tempo, onde as pessoas sintam que possuem liberdade de atuação.

A qualidade do processo decisório

Um dos grandes desafios do Modelo de Decisão é criar um processo de reunião que garanta a qualidade das decisões. Uma conversa sem forma, apenas para cumprir com um protocolo, podem estimular decisões ruins. Em geral os grupos de trabalho têm uma tendência encontrar soluções, muitas vezes sem a devida compreensão do que gerou o problema. Criar um processo organizado, que estimula a observação do presente, passado e futuro, com certeza irá contribuir para um processo decisório de qualidade. Abaixo descrevemos, de maneira bem sucinta, alguns passos relevantes no Modelo de Decisão:

1. **Identifique o problema (presente)**: é importante localizar qual é o problema com que o grupo quer lidar, garantindo que todos tenham o mesmo entendimento;
2. **Encontre as causas-raízes (passado)**: é preciso dedicar um certo tempo para investigar e compreender as causas-raízes que geram o problema em questão. Aqui é um processo investigativo sobre os fatos ocorridos, onde as perguntas são de fundamental importância;
3. **Estabeleça uma visão de resultado (futuro)**: uma vez localizado o problema, se faz necessário criar uma imagem do resultado futuro, ou seja, o que será diferente quando o problema for solucionado? Sem uma imagem clara do que precisa ser mudado, as pessoas terão dificuldades de enxergar as alternativas para resolver o problema;
4. **Elabore alternativas (futuro)**: estimule o grupo para sugerir diversas alternativas (meios) para atingir os resultados esperados, dando guarida para todas as ideias que surgirem;
5. **Tome a decisão (presente)**: diante das diversas alternativas, o grupo deve tomar uma decisão que melhor se adeque para realizar a visão de resultado para solucionar o problema. Antes de decidir estabeleça com o grupo os critérios que irão pautar a decisão;
6. **Plano de ação (futuro)**: uma vez definidos os meios de se chegar aos resultados esperados, é importante definir ações, responsáveis e prazos de implementação da mudança.

Além de estabelecer um processo do Modelo Decisório, é importante também criar alguns acordos entre os membros do grupo que garantam um processo horizontal onde todos se sintam convidados e estimulados para dar suas contribuições. Se alguns critérios não forem devidamente estabelecidos e seguidos, dificilmente todos os membros do grupo se sentirão igualmente à vontade para expressarem seus pontos de vista.

A seguir descrevemos alguns desses princípios que podem contribuir para estabelecer um diálogo saudável:

1. **Garanta a participação de todos**: cada membro deve ser incentivado a contribuir com o processo, principalmente aqueles mais introvertidos;
2. **Não critique ou ridicularize nenhuma ideia**: muitas ideias que aparentemente podem parecer sem sentido, muitas vezes podem trazer soluções inusitadas. Perguntas como "por que você propôs isso, qual é sua necessidade ou preocupação?" podem ajudar esclarecer o que motivou tal ideia e contribuir com o processo como um todo. Ouvir e acolher uma ideia não significa concordar com ela;
3. **Incentive os participantes a assumirem responsabilidades**: incentive os diversos membros do grupo a assumirem responsabilidades para implementar as mudanças definidas, conforme suas capacidades e sua alçada;
4. **Crie acordos sobre a execução**: elabore acordos com as equipes. Estabeleça prazos de entrega de cada tarefa, e qual será o procedimento a ser adotado caso alguém perceba que não será possível cumprir determinado prazo, de tal forma que o líder e a equipe possam dar outros encaminhamentos para a questão, caso seja necessário. Deixe claro que o não cumprimento dos acordos abala a confiança dos membros do grupo.

Como construir ou revisar sua *Arquitetura Organizacional*

A complexidade na elaboração de uma arquitetura varia muito conforme o tipo de negócio e o porte da organização. Na construção de estruturas mais complexas, o apoio de um profissional externo, que apoie o grupo a encontrar a melhor forma, pode ser de grande valia. Aqui trataremos apenas de algumas premissas básicas para se desenvolver uma *arquitetura organizacional* saudável:

1. **Finalidade da Arquitetura**
   O desenvolvimento da arquitetura tem como objetivo a implementação da estratégia organizacional, sem comprometer suas operações do dia a dia. Antes de elaborar o modelo, deixe claro para todos o que se busca alcançar com esse processo;
2. **Definir papéis e responsabilidades**
   Defina os papéis e responsabilidades de cada pessoa e de sua respectiva área. Cabe ao líder definir, juntamente com seus liderados, quem é o melhor colaborador para assumir as responsabilidades para execução de cada tarefa da área, deixando claro quais são as suas entregas e como essas entregas serão utilizadas pelos usuários de outras áreas. As pessoas encontram o sentido de sua ação quando compreendem como os beneficiários se utilizam do que a organização entrega como produto ou serviço;
3. **Garanta a Interiorização dos objetivos**
   Crie um processo que garanta que todos os colaboradores, das diversas áreas, compreendam muito bem os objetivos estratégicos da empresa e os objetivos de suas respectivas áreas;
4. **Defina o processo de tomada de decisão**
   Defina com o grupo um processo decisório saudável e delegue a um dos participantes a responsabilidade de cuidar que os acordos e o processo de reunião sejam seguidos por todos;
5. **Avaliação**
   Adote um processo para avaliar a qualidade das reuniões, pontuando o que funcionou, o que não funcionou e se o grupo conseguiu seguir o processo acordado.

Síntese

A *arquitetura organizacional* se estabelece a partir de dois aspectos básicos:

1. **No nível do Empreender**: a arquitetura deve assimilar a identidade e a estratégia da empresa para garantir que todos saibam muito bem o que a organização pretende fazer e como quer servir seus clientes para agir como um organismo único. A divisão

do trabalho — dividir em áreas, projetos e a definição de papéis e responsabilidades — deve ser elaborada visando atender, da melhor maneira possível, a implementação dos objetivos do empreendimento;

2. **No nível do Aprender**: à medida que os colaboradores interiorizam os objetivos estratégicos da organização, é preciso criar os espaços para que todos possam exteriorizar suas ideias e sentimentos para criar um processo de tomada de decisão saudável, que esteja sempre alinhado com a estratégia e a identidade organizacional.

A *arquitetura organizacional*, assim como o modelo de decisão, deve ser desenvolvida para viabilizar operação do negócio e a implementação de sua estratégia para realizar a visão concreta de resultados. O modelo de decisão deve encontrar um equilíbrio entre as forças de verticalidade (a cultura e a estratégia da organização) e a horizontalidade que se dá nos diálogos.

Perguntas para refletir e transformar:

1. Como você avalia a capacidade dos colaboradores de sua área, ou da empresa, para implementarem os objetivos estratégicos?

2. *Todos* os colaboradores, nas diversas áreas, assimilam e compreendem a estratégia do negócio? Que fatos concretos sustentam sua resposta?

3. As pessoas se sentem empoderadas para tomarem decisões em suas áreas de atuação? Que fatos demonstram isso?

4. As pessoas participam do processo de tomada de decisão ou ele está mais centralizado nas lideranças?

5. Em que nível as decisões estão alinhadas com a estratégia da empresa ou da área?

07

Processos

Dando mais um passo no caminho de empreender para materializar um propósito para gerar resultados, chegamos no nível dos **processos** e seus desafios de **integração** com os *stakeholders*, conforme mostra a Figura 25.

Enquanto a *arquitetura organizacional* cuida para que os colaboradores interiorizem a estratégia para implementá-la, os processos devem garantir um movimento fluido para viabilizar uma operação simplificada e saudável dos empreendimentos. Bons processos substituem o "trabalho duro" por um "trabalho prazeroso". Independentemente de ser algo mais planejado e consciente, ou de ser executado de maneira mais autômata, todo movimento que fazemos constitui um processo. É a consciência de como se faz que permite o desenvolvimento dos processos, pois não é possível melhorar algo que não se reconhece.

> Você pode até estar no trabalho para o qual nasceu, mas, se não estiver clara a importância de suas tarefas no esquema maior, você se desconectará. Lá se vai a sua inventividade.
>
> (Matthew E. May)
>
> « »

A revolução dos processos pela qualidade total

Ao observar a história é possível reconhecer que todo o desenvolvimento das organizações e da economia promovido pela Revolução Industrial foi sustentado,

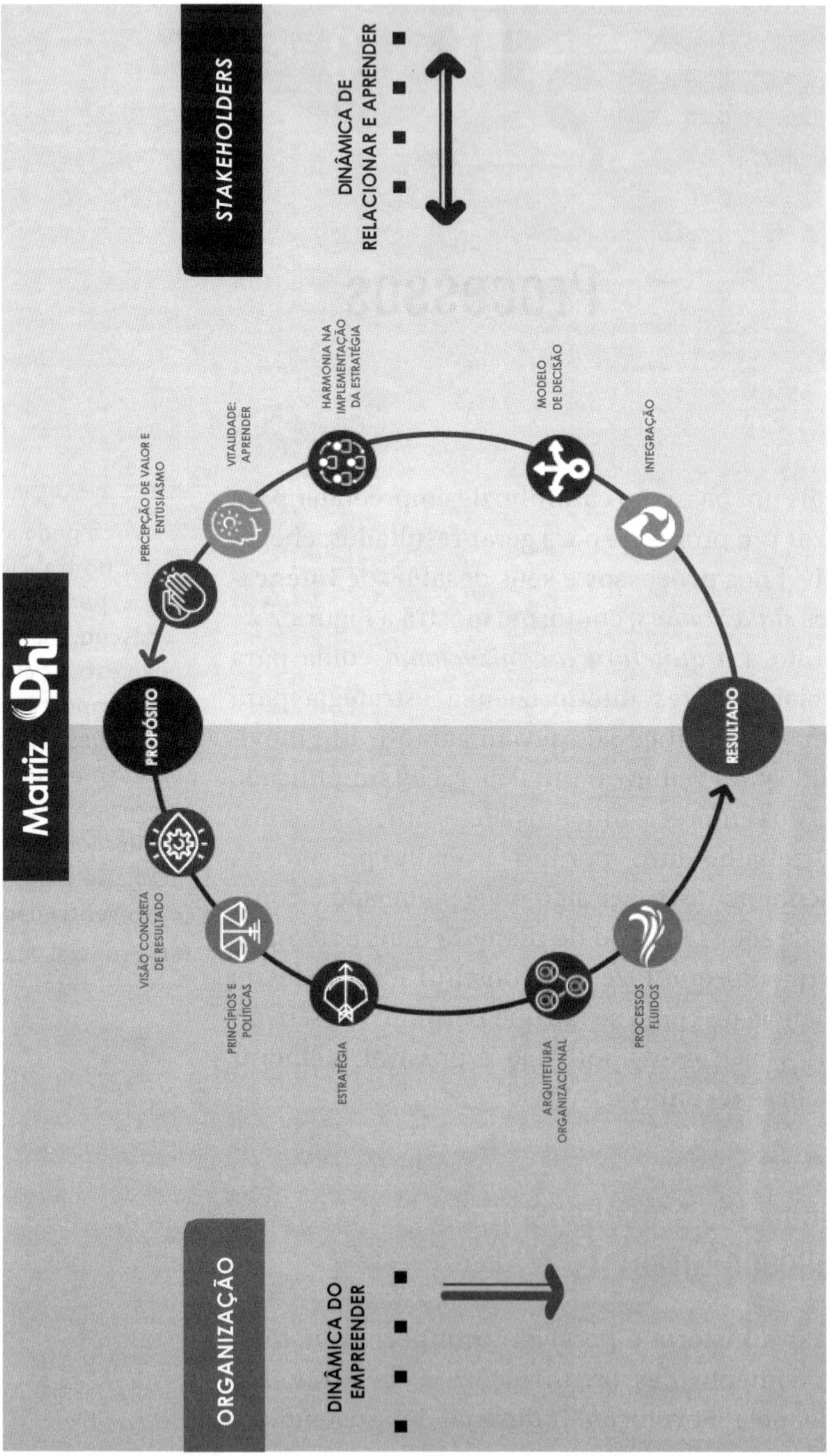

Figura 25
Fonte: Hélcio Padrão e Estúdio Zoombeedo (2022)

principalmente, pelo desenvolvimento das máquinas e equipamentos que viabilizaram uma produção em maior escala. O surgimento das máquinas a vapor, por exemplo, permitiu a geração de energia independente da tração animal ou da força humana. O desenvolvimento tecnológico foi a mola mestra desse progresso.

Mas foi a partir da década de 1950 que um grande número de organizações começou a atentar que, além da tecnologia, o desenvolvimento contínuo dos *processos organizacionais* poderia se configurar como um enorme diferencial competitivo, capaz de gerar um impacto fundamental nos resultados operacionais. Houve então o que pode ser considerado como uma segunda onda no desenvolvimento das organizações, que ficou conhecida como *Qualidade Total*, que foi promovida por diversos pensadores do mundo corporativo como Walter A. Shewhart, Joseph M. Juran, Philip B. Crosby, Kaoru Ishikawa e Dr. William Edwards Deming, sendo esse último seu principal protagonista.

Apesar de todos, com exceção de Ishikawa, terem nascido nos EUA, as ideias revolucionárias do Dr. Deming foram inicialmente acolhidas no Japão. A forte crise econômica, em consequência de sua participação na Segunda Guerra Mundial, muito provavelmente criou um ambiente favorável para incorporar novas ideias, uma vez que o país ansiava soluções que permitissem uma rápida recuperação econômica e a melhoria da qualidade de vida das pessoas.

Dr. Deming treinou e influenciou milhares de engenheiros da indústria japonesa para implementação de um novo modelo de gestão, que foi prontamente aceito e adotado por diversas empresas daquele país, como por exemplo a Toyota e a Sony. Seus ensinamentos foram tão impactantes que ele foi considerado um dos principais responsáveis pela recuperação econômica do Japão do pós-guerra, o que lhe rendeu a condecoração da *Order of the Sacred Treasure, Second Class* (Ordem do Tesouro Sagrado, Segunda Classe) pelo então primeiro-ministro do Japão, Nobusuke Kishi, em nome do imperador Hirohito. Akio Morita, fundador da Sony, em seu livro *Made in Japan*, o chamou de o santo patrono da qualidade do Japão[1].

---

1 Fonte: Deming – O homen que mudou o Japão. <https://gestaoindustrial.com/deming-o-homem-que-mudou-o-japao/>. Acesso: 18/04/2023.

Mais tarde, em 1987, o então presidente norte- americano Ronald Reagan também o condecorou com o prêmio da *Tecnical Medal of Tecnology* (Medalha Nacional da Tecnologia) (NOGUCHI, 1995, p.35-8), dessa vez em reconhecimento aos seus préstimos para o desenvolvimento das empresas dos EUA que, após o sucesso das corporações japonesas, também passaram a demonstrar interesse por suas ideias.

Embora as ideias da *Qualidade Total* de Dr. Deming (1990) abordassem diversos temas, como a psicologia, a dignidade humana e a constância de propósito das empresas, foram as ferramentas para a melhoria dos processos que mais marcaram essa fase na história da evolução das organizações. Os termos *Qualidade Total* e melhoria contínua de processos se transformaram quase que sinônimos. Esse momento histórico ficou marcado por um grande esforço e investimento de tempo e dinheiro, principalmente por parte das indústrias, com foco na melhoria de seus processos e da qualidade de seus produtos. Investir na melhoria contínua tornou-se um fator de sobrevivência.

Como consequência do fechamento do mercado nacional, esse movimento demorou a chegar nas terras brasileiras. Foi no final da década de 1980 que *Qualidade Total* se tornou mais popular no país, ganhando mais força na década seguinte, principalmente devido à abertura do mercado para os produtos estrangeiros a partir de 1990.

Da mesma maneira que a Revolução Industrial provocou uma mudança permanente nas organizações que passaram a investir constantemente na tecnologia, o mesmo aconteceu com a *Qualidade Total,* que sem dúvidas causou uma verdadeira "revolução da administração", conforme sugere o próprio título do livro do Dr. Deming no Brasil (cujo título original em inglês é *Out of the Crisis*). Hoje em dia as organizações continuam investindo muito tempo e recursos para a melhoria de seus processos, desenvolvendo novas ferramentas e culturas de gestão, como por exemplo o modelo *seis sigmas, gestão lean (enxuta), metodologia ágil (ou agile),* entre tantos outros, que surgiram como evoluções na busca da qualidade dos processos.

O papel dos processos no organismo empresarial

O que são processos e por que é tão relevante desenvolvê-los? Toda tarefa, ao ser executada, segue um determinado processo, que se configura como uma sequência de ações. Tarefas simples como o ritual de acordar e levantar da cama, tomar café e ir ao trabalho etc., seguem determinados processos que são únicos para cada pessoa. Um indivíduo, por exemplo, pode acordar em apenas quinze minutos e estar pronto para ir para o trabalho, enquanto outro pode demorar uma hora ou mais: o que difere um do outro é o processo que cada um desenvolveu conforme sua melhor conveniência. Toda atividade empresarial é em si um processo, seja ele organizado/formalizado ou não. As tarefas que cada pessoa executa seguem um processo que lhe fora ensinado, e/ou que ele mesmo tenha desenvolvido.

Os processos estão relacionados às **forças do movimento** que formam o **sistema motor** da organização. Processos conduzidos com qualidade geram dinamismo na empresa, enquanto processos de baixa qualidade, com muitos retrabalhos e gargalos, tendem a gerar estagnação e baixo desempenho. Bons processos também devem garantir a qualidade das informações e controles para que a empresa possa contar com dados que possibilitem uma gestão que se apoie em informações confiáveis, afinal de contas não é possível gerenciar o que não é conhecido.

Os processos impactam fortemente nos custos e a qualidade de mercadorias e serviços. Processos de baixa qualidade, burocráticos ou sem controles, podem causar grandes prejuízos e até serem o motivo da falência de empresas. No sentido oposto, os processos de alta qualidade contribuem para obtenção de melhores resultados. Há poucos anos as pessoas tinham que ir até um banco para pagar suas contas ou sacar dinheiro. Hoje os clientes podem fazer tudo isso através de um celular. Tudo isso é fruto não apenas da tecnologia, mas de processos, pois toda essa tecnologia envolvida para esse fim foi moldada a partir de um processo. A sequência de passos que um usuário precisa executar, até completar uma operação bancária num aparelho celular, também é um processo. Em geral os processos são desenhados para garantir ao mesmo tempo agilidade, simplicidade, segurança e rastreabilidade, visando benefícios para todos os envolvidos.

Embora o trabalho de cada colaborador de uma empresa tenha um impacto sobre o resultado, é a forma como o processo está sendo executado tem um peso bastante superior sobre ele. Por exemplo, Henry Ford conseguiu tornar os carros mais baratos e acessíveis ao mercado, devido ao desenvolvimento de uma linha de montagem inovadora, que alterou de maneira radical seus processos de produção.[2]

Todo desenvolvimento planejado pelas organizações, somente se tornam efetivos quando refletem em melhorias dos processos, como por exemplo, tornar as operações mais fáceis de serem executadas, ou promover a melhoria da qualidade de produtos e serviços, reduzir custos, garantir confiabilidade das informações etc. Se os processos não se alteram, nenhuma mudança realmente ocorreu. Por exemplo, uma organização pode investir milhões em um software sofisticado para melhorar os processos, mas tanto a alimentação das informações no sistema, tanto quanto o uso dos recursos que ele oferece, dependem da transformação dos processos. Muitos gestores sabem que o fato de adquirir um bom software não garante a utilização de todos os recursos que ele oferece, assim como tem muito pouca serventia um software que oferece excelentes recursos e relatórios, se as pessoas não o alimentarem com as informações de maneira correta. O bom funcionamento de uma organização tem uma forte dependência de processos confiáveis.

Quando se fala em criar e desenvolver processos, é muito comum gestores e colaboradores demonstrarem um certo receio e até rejeição, por associarem processos com rigidez e burocracia que possam dificultar e até mesmo engessar a operação. Embora isso possa realmente acontecer, não deveria ser encarado como uma regra. O desenvolvimento de processos pode tanto criar uma burocracia desnecessária e maçante que enrijece a organização, quanto pode simplificar o trabalho e trazer melhorias para todos.

Certa vez recebi uma carta de uma colaboradora de uma empresa, que inicialmente achava que uma consultoria de processos não iria gerar nenhum resultado que justificasse o investimento. Ao final do trabalho, ela escreveu uma carta onde fez a seguinte avaliação: "o trabalho de melhoria

---

2 Isso não diminui a importância das pessoas, que são essenciais na execução dos processos. (N. do A.)

de processos mostrou o quanto desperdiçávamos tempo (tarefas que eram executadas em trinta minutos poderiam ser realizadas em apenas três minutos, por exemplo) e que a logística era essencial para o bom funcionamento. Durante todo o processo, me sentia motivada e satisfeita por estar, agora, desenvolvendo minha função de forma lógica e correta, assim como todo o setor. [...] Foi de extremo engrandecimento profissional participar desse processo."

Processos são meios para se chegar a um resultado pretendido e como já foi dito anteriormente meios e fins estão intimamente ligados entre si, pois um fim alcançado é resultado dos meios utilizados (seus processos). E o que é um resultado? *Todo resultado apurado, nada mais é do que a medição de um determinado processo dentro de um intervalo de tempo.* A comparação de um fim desejado com um resultado apurado determina a qualidade de um processo: quanto mais um resultado se aproxima do fim planejado, melhor será esse processo. Um resultado apurado revela a qualidade de um processo, em relação ao que se espera dele.

Para atingir bons resultados é imprescindível criar uma coerência entre os meios e os fins almejados, mas a pergunta é: como?

Para responder a essa questão se faz necessário lidar com outra pergunta: o que orienta as pessoas quando definem seus próprios processos? A resposta é que, em geral, ou os processos são estabelecidos a partir dos conceitos e crenças de cada indivíduo, ou elas repetem um modelo que lhes foi ensinado. Quando se pergunta a alguém o porquê ela faz algo de determinada maneira, é muito comum ouvirmos uma resposta como "eu sempre fiz assim!". Poucas pessoas investem tempo para compreender e planejar seus processos, levando-as a agirem de maneira autômata e inconsciente.

Partindo de uma visão sistêmica, da mesma forma que os processos dos indivíduos são estabelecidos conforme suas *crenças e conceitos*, o mesmo ocorre nos empreendimentos. Nas organizações, os conceitos apreendidos recebem o nome de *princípios e políticas* de gestão. Por sua vez, os princípios e políticas derivam da imagem da visão concreta de resultados, como já foi dito anteriormente. Sendo assim, a consciência dos processos depende de ter uma *visão concreta de resultados*, que é o fim almejado. Os fins definem os meios para alcançá-los: os processos são orientados pelos princípios e políticas, que por sua vez são estabelecidos a partir da visão de resultado. Sem essa orientação, os processos são criados à revelia e de forma desordenada.

O movimento Qualidade Total é um bom exemplo para esse tema. O Dr. Deming tinha como visão de resultado a qualidade, que ele resume como "um produto ou serviço que ajuda a alguém e usufrui de um mercado sustentável e positivo" (1997, p.2). Partindo dessa imagem, ele concluiu que tal resultado somente seria alcançado se alguns *princípios* fossem adotados pela alta gestão das organizações, o que ficou conhecido como *os* 14 princípios de Deming para a Qualidade Total:

1. Crie uma constância de propósitos para a melhoria;
2. Adote e aplique essa nova filosofia;
3. Cesse a dependência de inspeção em massa;
4. Acabe com a prática de aprovar orçamentos apenas com base no menor preço (e pense no menor custo total);
5. Melhore constantemente o sistema de produção e serviço;
6. Institua treinamento (com foco em aprender e atuar sobre os problemas reais da empresa);
7. Adote e institua uma liderança que promova melhorias em conjunto com as equipes;
8. Afaste o medo das pessoas de se manifestarem;
9. Rompa as barreiras entre os diversos setores de pessoal, de forma que possam pensar em soluções de forma integrada;
10. Elimine "slogans", exortações e metas para mão de obra e em vez disso informe como a alta gestão contribui para o desenvolvimento da qualidade;
11. Suprima as quotas numéricas para a mão de obra e ajude as pessoas a pensarem de maneira mais sistêmica para melhorar os indicadores;
12. Remova as barreiras que privam as pessoas de se orgulharem por seu trabalho;
13. Estimule a formação e o autoconhecimento de todos;
14. Tome a iniciativa e aja para realizar a transformação. (1990, p.19-72)

Um outro exemplo sobre processos orientados por princípios e políticas é o de uma rede de academias de ginástica que tem crescido muito no mercado brasileiro. Eles conseguem oferecer no mesmo local, desde serviços mais simples, com mensalidades mais acessíveis, até os mais personalizados e de maior valor agregado. Para atingir essa finalidade eles oferecem equipamentos de qualidade, porém boa parte do processo foi automatizado através de um aplicativo de *smartphone*. Nele os alunos podem ver suas fichas de exercícios e vídeos curtos demonstrando como executar cada um deles, oferecendo apoio de alguns poucos profissionais, caso algum aluno apresente alguma dúvida. Todo processo é autoexplicativo, diminuindo a dependência em relação a esses profissionais de apoio. Caso alguém opte por um serviço personalizado, eles oferecem a possibilidade de contratação de uma assistência profissional personalizada, serviço que é cobrado à parte.

Toda essa automatização dos processos contribui para que a empresa ofereça um bom serviço, mas com um valor de mensalidade menor do que normalmente é praticado pelo mercado. E de onde eles extraíram esses princípios e processos? A resposta está em sua visão concreta de resultado, que é "pessoas de diversas classes sociais poderem frequentar uma academia com serviços de qualidade". Esse é um exemplo de empresa que demonstra coerência entre meios e fins, ou entre seus processos e sua visão de resultado.

O que difere princípios de políticas

Princípios em geral são poucos e com uma abrangência mais ampla, enquanto as políticas definem a maneira que os princípios serão aplicados na prática, na relação com os diversos *stakeholders*, ou mesmo na produção. Por exemplo, as empresas criam políticas para lidar com acionistas, de RH, políticas comerciais, de compra etc. Os princípios são mais longevos, enquanto as políticas possuem um caráter mais dinâmico.

Na comparação com um país, os princípios funcionam como sua constituição, enquanto as políticas se assemelham com os diversos códigos legais, como o tributário, comercial, penal etc. Princípios tendem a ter a mesma duração que a visão concreta de resultados de uma empresa, já que o primeiro deriva do segundo. No mesmo sentido, a mudança na visão de resultados de uma organização implica necessariamente em sua revisão.

A qualidade do produto (e dos serviços) é de responsabilidade da administração, que deve trabalhar em conjunto com o cliente.

(Dr. William E. Deming)

« »

Por que princípios moldam os processos

Alguns participantes dos famosos "workshops de 4 dias" que Dr. Deming ministrou em vários países do mundo, o procuravam para conversar e diziam que, apesar das investidas, não haviam tido sucesso na melhora dos processos de suas empresas. A resposta do Dr. Deming era que não pode haver melhoria em processos se os gestores não mudarem os princípios de gestão da empresa. E por que é assim?

Podemos imaginar, por exemplo, uma indústria que decide buscar a qualidade e se esforça para melhorar seus produtos e reduzir seus custos de produção, mas que adota o princípio de que toda a compra de matéria-prima seja definida pelo critério do 'menor preço'. Quais são as consequências de tal princípio? Tal critério irá levar o setor de compras a adquirir produtos de baixa qualidade, que trarão sérios problemas para a linha de produção, e consequentemente irão impactar num aumento de custos do processo produtivo. E qual seria a solução para esse caso? Abandonar essa prática e adotar o princípio de comprar pelo 'menor custo total', que leva em consideração o impacto da compra para a organização como um todo.

A compreensão desse conceito faz surgir uma questão importante: quem tem autonomia para estabelecer ou mesmo mudar um princípio de gestão? Certamente é a alta gestão, e não o comprador. Esse é um aspecto relevante que Dr. Deming destacou sobre a gestão das empresas: "os resultados e indicadores dependem muito mais dos princípios de gestão adotados pela alta gestão, do que dos colaboradores do setor operacional, já que é a alta gestão que estabelece a inteligência (os princípios e políticas) que norteiam os processos" (1990). Para aprofundar no entendimento desse fenômeno, se faz necessário compreender alguns conceitos de estatística (esta parte do livro contou com a contribuição do meu amigo e consultor Samir Trad).

Um dos conceitos-chave importante aqui, é que não existe nada do mundo perfeito, assim como nenhuma peça é exatamente igual à nenhuma das outras, mesmo aquelas produzidas em série pela mesma máquina. Isso ocorre porque todo processo está sujeito a inúmeras variações que interferem no produto final, produzindo pequenas diferenças, na maioria das vezes imperceptíveis a olho nu. As variações são inerentes de qualquer processo, que podem ser reduzidas, mas jamais eliminadas.

Da compreensão dessa lei nasceu o método denominado *Six Sigma* (ou seis sigma) para controle da qualidade, que tem como objetivo manter sob controle essas variações. Esse método parte do pressuposto que todo processo tem uma média esperada de variações, que são medidas por meio de blocos de desvio padrão, chamados de *sigma*. Quando um processo está controlado dentro do intervalo dos *seis sigmas* (três acima e três abaixo da média), atinge-se 99,99966% de perfeição, ou seja, quando a qualidade ou o nível de variabilidade previsto atinge o *six sigma*, isso significa que foi alcançado um excelente nível de qualidade, cabendo aos operadores cuidarem para que esse processo permaneça estável e monitorar para identificar qualquer perturbação que possa gerar alguma instabilidade. Um problema que pode ocorrer aqui é que, se um cliente diminuir o nível de tolerância de variação, e quiser peças com maior precisão do que estava sendo entregue até então, isso irá exigir uma mudança estrutural do processo e/ou de máquinas para atingir esse novo coeficiente, pois sem haver mudança no processo e/ou nas máquinas, não é possível produzir um resultado diferente que atenda a nova demanda.

Estados estáveis e instáveis: Um processo pode estar ou não dentro do que é chamado *controle estatístico*. No estado de *controle estatístico* as expectativas de variação do futuro são previsíveis, pois a forma que ele foi concebido tende a seguir um determinado padrão. Shewhart, pai do controle estatístico de qualidade, chamou isso de "estado estável" (1997, p.78). Já os processos considerados instáveis, recebem esse nome porque são imprevisíveis, e por isso não tem como ser padronizados.

Como toda atividade humana é em si um processo, em uma instituição, onde muitas pessoas atuam realizando as mesmas tarefas — como por exemplo uma equipe de vendas, ou um grupo de programadores ou mesmo uma equipe de atendentes —, parte-se do pressuposto de que tais processos estejam devidamente organizados, seguindo determinados princípios. Quando isso ocorre há um certo nível de previsibilidade sobre o que deve ser feito, e em qual sequência: primeiro faça isso, depois aquilo, e assim por diante. Na ausência de um processo estruturado, cada pessoa tenderá a elaborar e seguir o seu próprio processo, dentro de suas próprias convicções e conceitos do que cada um julga ser melhor e/ou mais fácil. Nas instituições em que os processos são estruturados e conhecidos, há de se esperar que os colaboradores sigam à risca os procedimentos definidos, compreendendo que se trata de uma prática necessária para atingir os resultados esperados.

Os princípios e políticas caracterizam o modelo de gestão adotado por um empreendimento, impactando seus resultados. Segundo Dr. Deming, a maioria dos problemas e das possibilidades de melhoria são distribuídos da seguinte forma: 94% dos problemas estão ligados aos processos e ao sistema como um todo, e apenas 6% dependem de outras causas especiais (1997, p.29). Como a qualidade dos princípios e políticas são de responsabilidade da alta gestão, eles igualmente são os principais responsáveis pelos resultados apurados, e não os colaboradores. Nas palavras de William Glasser: "O administrador deve gerir o sistema (de trabalho) de forma a garantir que produza um produto de alta qualidade ao custo mais baixo possível. A diferença é crucial. **Os trabalhadores atuam dentro do sistema, enquanto o empresário atua sobre o sistema**. Ninguém, a não ser o empresário, é responsável pelo sistema como um todo e por seu aperfeiçoamento". (1994, p.24, grifo ao autor)

Para trazer um exemplo, suponhamos que uma equipe de vendas tenha atingido, nos últimos 12 meses, um faturamento médio mensal de um milhão, mas a alta gestão pressiona o líder por melhores resultados, e estabelece uma meta de acréscimo de 20% a mais para o próximo período. Qual seria o efeito dessa meta sobre o resultado? A resposta é: resultado será negativo! (1997, p.50). E por que isso ocorre? Porque qualquer sistema estável tende a gerar um resultado específico, e quando "perturbado" por uma meta, ele se desestabiliza e o resultado piora. Qual a alternativa para melhorar os resultados? **Atuar sobre sistema para transformá-lo**.

O exemplo abaixo demonstra o que ocorre dentro de um sistema organizado. Suponhamos que uma equipe de vendas tenha apresentado os seguintes resultados:

Nome	Jan.	Fev.	Mar.	Abr.	Mai.	Jun.
João	1080	950	980	1200	1250	1100
Roberto	1150	1180	990	1050	1220	1320
Maria	1210	1300	1350	1370	1190	1380
Gleison	1260	1360	940	1430	1480	1360
Fátima	1280	920	1360	1420	1640	1620
James	1330	970	1200	1450	1560	1510
Total	**7310**	**6680**	**6820**	**7920**	**8340**	**8290**

Essa amostragem gera o seguinte gráfico:

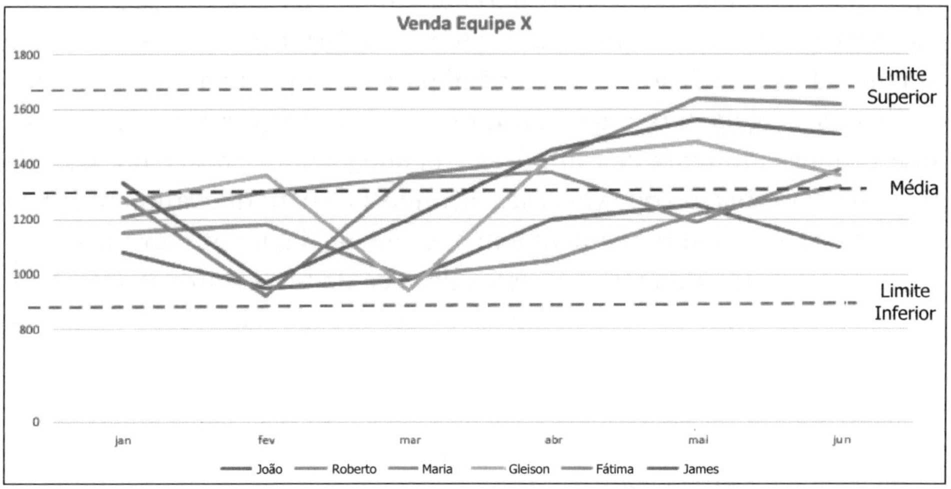

Figura 26

Fonte: Hélcio Padrão (2022)

A linha pontilhada no centro do gráfico traz o cálculo da média das vendas da equipe. O cálculo do desvio padrão estabelece um número que, somado e diminuído da média, definem um limite superior e outro limite inferior da amostragem, conforme demonstrado no gráfico.

No gráfico acima revela que toda essa amostragem se encontra dentro dos limites inferior e superior. E o que isso significa? Do ponto de vista da estatística, o fato de a amostragem estar dentro dos dois limites significa que o processo é organizado e é estável; um sistema que não foi organizado, onde cada pessoa age de maneira aleatória e desordenada, a maior parte da amostragem se apresenta fora dos dois limites do gráfico. E por que isso é relevante? O modelo conceitual que organiza um processo tem um impacto preponderante sobre o resultado que ele apresenta. Em outras palavras, em situações de estabilidade, com poucas variações internas ou externas, um processo organizado tende a apresentar um determinado resultado, com pequenas variações. Os resultados gerados por esse processo determinam a qualidade do modelo adotado, ou de como ele está organizado.

Tomemos um exemplo da própria natureza: enquanto o falcão peregrino é a ave que alcança a maior velocidade de voo no mundo animal, podendo superar a incrível velocidade de 320km/h[3], a galinhola americana é a mais lenta, podendo voar a uma velocidade que varia entre 5 e 8km/h[4]. E por que, apesar de serem tão diferentes, ambas as espécies são bem-sucedidas? Isso ocorre porque cada ave tem uma forma adequada, conforme sua finalidade. O falcão precisa ser ágil para caçar pequenos animais que também são ágeis. É isso que garante seu efeito surpresa. Já a galinhola americana se alimenta de minhocas e pequenos moluscos, e por isso ela anda mais no chão do que voa, escavacando a terra para se alimentar. Seu bico, mais longo e fino, também tem a forma ideal para atingir seus objetivos. Pode-se dizer que os processos de caça de um e outro são também distintos, conforme suas respectivas formas e qualidades. As formas que

---

3 Fonte: Qual é o pássaro mais veloz do mundo?. **Revista Super Interessante**. <https://super.abril.com.br/mundo-estranho/qual-e-o-passaro-mais-veloz-do-mundo/>. Acesso em: 18/04/2023.

4 Fonte: Os 10 animais mais lentos do mundo. **Perito Animal**. <https://www.peritoanimal.com.br/os-10-animais-mais-lentos-do-mundo-21166.html>. Acesso em:18/04/2023.

definem o corpo, a visão, as asas e a força, de cada uma dessas aves, está de acordo com sua finalidade, que por sua vez determinam seus processos de caça.

E por que é relevante compreender essa lei natural da vida? Qual seria o sentido de um criador de galinholas americanas estabelecer uma meta para elas voarem a uma velocidade de 100km/h? Não é difícil concluir que, devido à sua constituição, nenhuma galinhola teria como atingir tal velocidade. A melhoria de sua performance de voo somente seria possível se seu corpo tivesse um outro tipo de organização e formato.

De maneira análoga, qual seria o real efeito de se estabelecer uma meta numérica, ou cotas de produção, acima do limite superior do gráfico, sem alterar os princípios de gestão que dão forma e orientam os processos? A resposta é simples: em se tratando de um processo estável, não é possível atingir tais metas sem mudar sua forma.

Um processo estruturado tende a gerar um resultado específico, conforme demonstrado no gráfico, independentemente do estabelecimento de metas de desempenho (na verdade as metas podem perturbar o sistema e causar uma piora nos resultados). Uma melhoria substancial dos resultados, *capaz de melhorar a média de todo grupo*, somente pode ser alcançada a partir de uma intervenção sistêmica sobre o processo, que é de responsabilidade da alta gestão. Para conseguir melhores resultados sobre esse sistema, a alta gestão teria que lidar com perguntas do tipo: o que precisa ser transformado para aumentar as vendas? O que precisa ser feito para ampliar a carteira de clientes? Como melhorar fidelização dos clientes? etc.

Esses conceitos básicos das estatísticas ajudam compreender que quando "a meta numérica se situa além do limite superior de controle (que aparece no gráfico), ela não será alcançada pelo processo atual." (obtido de um folheto distribuído pelo Dr. Brian L. Joiner, 1987), (1997, p.36). Dessa maneira, nenhuma pessoa pode ser responsabilizada, ou mesmo culpada por um resultado que ela mesma não possa controlar! Resultados insatisfatórios precisam ser estudados para que suas causas sejam identificadas.

Além de não contribuir para melhoria dos resultados, as metas e cotas de número estabelecidas também podem provocar muitos problemas. Em geral elas influenciam as distintas áreas para se preocuparem apenas com suas metas particulares, sacrificando o *senso de unidade* do organismo. Elas também podem gerar uma miopia gerencial e a perda da percepção

Um sistema é uma rede de componentes interdependentes que trabalham em conjunto para tentar chegar ao objetivo do sistema. Um sistema deve ter um objetivo. Sem objetivo, não há sistema.

(William E. Deming)

Os elos do fornecedor significam que a relação com fornecedores não é um jogo de soma zero em que um só ganha à custa do outro, mas sim uma relação em que ambos podem ganhar.

(Michael Porter)

« »

de que um determinado resultado pode ser um reflexo de outras questões da organização, como qualidade de produtos, posicionamento estratégico, processos ineficazes etc. Essas metas também tendem a gerar uma cultura do medo, onde os colaboradores podem temer a perda de seus empregos, ou mesmo serem culpados isoladamente por um resultado ruim, onde muitas vezes a solução não depende deles. Muitas ideias deixam de ser propostas quando os colaboradores se sentem acuados.

A questão de eliminar a cultura do medo afeta tão negativamente que também foi incorporado nos 14 princípios do Dr. Deming. O medo afeta a qualidade e pode incentivar ações nada saudáveis para que as metas sejam alcançadas. Uma questão ainda mais preocupante pode ocorrer quando uma meta de número, acima do limite superior, for atingida por uma pessoa ou uma equipe. Como um processo estável e organizado tende a gerar um determinado resultado, não havendo uma mudança dos princípios que orientam esse processo — que poderia até mesmo ter sido criada pela própria equipe —, uma equipe somente poderá atingir esse tipo de meta sob as seguintes condições:

1. "redefinição de termos" (atalhos para atingir uma meta, mas que na maioria das vezes geram outros problemas muitas vezes com efeitos drásticos);
2. "distorção e mentira";
3. "aumento de custos." (1997, p.36)

Para dar um exemplo, conheci um engenheiro que atuou por algum tempo em uma linha de produção de uma fábrica de automóveis, onde o gerente da área tinha uma postura muito ríspida com seus liderados, que normalmente gritava e os ameaçava de demissão, toda vez que ocorria alguma falha na produção. Resultado: a equipe evitava relatar para ele quaisquer problemas, manipulando as cartas de controle para que o processo aparecesse constante e estável. Assim o líder ficava feliz e parava de importunar a equipe que nada tinha a ver com os problemas.

Num outro caso, uma gerente de uma cadeia de lojas de varejo me relatou que uma vendedora havia conseguido superar todas as metas de ticket médio (valor de vendas por clientes) propostas pela alta gestão. Devido ao sucesso alcançado, ela foi convidada para treinar os vendedores de todas as lojas do grupo. Depois de algum tempo descobriu-se como ela alcançava tal proeza: ela deixava de lançar uma venda no caixa, para lançar junto com uma venda seguinte, fazendo com que o ticket médio dobrasse de valor. Quando treinava os demais vendedores, ela dava a seguinte justificativa para adotar tal "metodologia": "Dê ao diretor o que ele quer, assim ele para de pressionar a gente!'

Um outro exemplo explica o que Dr. Deming apontou como "redefinição dos termos": certa vez o gerente de uma distribuidora de produtos para o varejo me contou que, para cumprir a meta de vendas, eles decidiram fazer uma promoção de alguns itens. Embora essa ação tenha levado a empresa a cumprir a meta daquele mês, as vendas do mês seguinte caíram porque, aproveitando a promoção, os clientes ficaram com um estoque acima dos níveis normais. Resultado: a média das vendas dos dois meses permaneceu inalterada, mas a margem de lucro foi sacrificada.

A cadeia de valor dos processos

Nenhuma organização funciona como uma ilha, isolada do todo. Os processos de todas as áreas, fornecedores, parceiros e clientes são interdependentes, formando um organismo único, onde as ações de cada um impactam os demais. Esse conjunto de atores forma uma ampla cadeia geradora de valor.

Também nenhum processo existe por si só, mas está interligado com o restante da cadeia produtiva. Essa visão ampliada dos processos pode ser simplificada dentro da imagem do que ficou conhecido como SIPOC, sigla em inglês para *Suppliers, Inputs, Process, Outputs and Customers,* ou fornecedores, entradas, processo, saídas e clientes. O SIPOC contribui para formar a imagem em que todo processo está a serviço de seus clientes, que recebem suas entregas ou *outputs*. Do outro lado, eles também são alimentados por seus fornecedores que alimentam os processos (*inputs*), conforme pode ser visto na imagem abaixo:

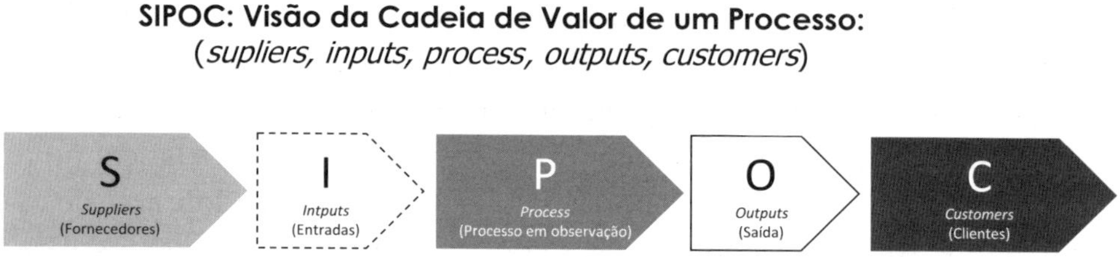

Figura 27
Fonte: Hélcio Padrão (2022)

Expandindo ainda mais a imagem do SIPOC é possível enxergar toda a cadeia de valor formado pelos macroprocessos de uma organização, desde seus fornecedores até os clientes finais, conforme a figura a seguir:

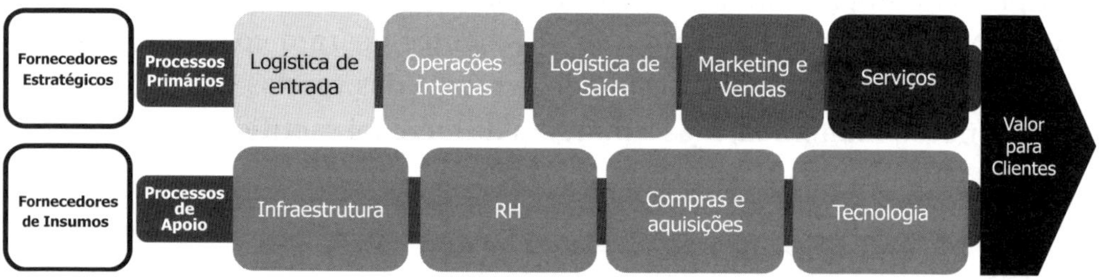

Figura 28
Fonte: Hélcio Padrão (2022)

A cadeia de valor revela um conjunto de atividades interdependentes, reconhecendo as atividades primárias, que correspondem ao *core business* do empreendimento e as atividades de apoio. Com a qualidade dessa entrega depende da atuação entre os diversos atores da cadeia de valor, a pergunta que surge é: como integrar toda a cadeia para oferecer melhores serviços e produtos aos clientes?

Os processos podem ser comparados com uma corrida de revezamento de bastão: cada componente do grupo precisa fazer sua parte e dar o seu melhor, mas o momento da troca de bastões é muito relevante também, e sua precisão depende de muito, muito treino para cumprir o que foi combinado. Cada parte deve buscar fazer o seu melhor na busca da qualidade, oferecendo a melhor entrega no menor custo. Os processos devem fluir da melhor maneira possível, mas sua qualidade depende de como as áreas passam o "bastão" para o outro, ou seja, da qualidade dos *inputs* dos fornecedores de cada etapa de um processo, e de seus *outputs* para os clientes na etapa seguinte. Essa qualidade depende da elaboração de acordos que tornam viável a *integração* de todos os atores, conforme pode ser visto na imagem da Matriz Phi no início do capítulo.

E que qualidade de acordos possibilitam uma melhor integração? Como a cadeia está interligada, os melhores acordos são aqueles onde cada parte busca compreender a necessidade do outro, se ambos se esforçam para encontrar soluções que atendam ambas as partes, sempre com foco em melhorar a qualidade dos produtos e serviços para os clientes. Esses acordos não devem se dar apenas dentro da empresa, mas também junto aos seus fornecedores, parceiros e até clientes estratégicos. Michael Porter ressalta que: "a vantagem competitiva frequentemente provém de elos entre atividades, da mesma forma que provém das próprias atividades individuais" (1989, p.44). Dr. Deming também enfatizava a relevância de fortalecer os elos junto aos fornecedores estratégicos, na busca de uma qualidade superior. Para ele: "uma relação de longo prazo entre o comprador e o fornecedor se faz necessária para assegurar a melhor economia" (1990, p.27).

Um bom exemplo de como os acordos fortalecem os elos entre as partes de uma cadeia geradora de valor, é o processo de logística de fornecimento de materiais conhecido como *just in time*, que se tornou popular a partir do advento da Qualidade Total e *lean manufacture*, ou gestão enxuta. Nesse modelo o fornecedor se compromete entregar a quantidade de peças corretas, no tempo correto, conforme as especificações do planejamento da produção. Uma empresa que não adota esse sistema precisa comprar e manter um estoque capaz de alimentar a linha de produção. No *just in time* há um grande esforço para que as peças sejam fornecidas em prazos menores para atender a linha de montagem, eliminando a etapa de estocagem e reduzindo substancialmente os custos de produção. Seu bom funcionamento depende de um fortalecimento dos elos entre fornecedores e clientes. Tudo precisa funcionar com o máximo de precisão possível, pois qualquer atraso pode causar a paralisação de toda a linha de produção e gerar sérios prejuízos. Um dos pilares da integração entre áreas, fornecedores e clientes é a confiança de que cada um fará de tudo para que tudo funcione bem.

Outro desafio dessas inter-relações é encontrar um ponto de equilíbrio nas negociações de forma que todos possam ganhar. Se uma das partes sacrificar muito o outro, a qualidade poderá correr sério risco. É importante estabelecer uma relação ganha-ganha para que todos possam lucrar, adquirir matérias-primas de qualidade e investir em melhorias.

O fortalecimento dos elos entre as diversas partes precisa ser constantemente gerenciado através do diálogo, onde todos buscam o melhor para os clientes e a manutenção da saúde do empreendimento. Cabe às lideranças, e toda equipe, desenvolver habilidades de diálogo e empatia. O que é bom para o todo é o melhor para as partes, assim como o que não for bom para as partes também não será bom para o todo.

Nessa "dança" entre a fluidez dos processos e a integração entre os diversos stakeholders que compõem a cadeia de valor, se revelam duas outras polaridades: enquanto de um lado, a fluidez dos processos revela as *forças de movimento*, do outro, os acordos, permitem a integração — que definem os diversos requisitos de recebimento e entrega —,e configuram as *forças de forma*.

Síntese

Processos têm a ver basicamente com dois aspectos: *movimento* e *forma*. Se, por um lado, os processos precisam ser fluídos e dinâmicos, sem gargalos e retrabalhos, por outro, eles dependem de bons acordos (forma) para promover a integração entre todas as partes envolvidas para que alcancem a qualidade. Todos os indicadores de resultados apurados refletem a qualidade desses dois aspectos: fluidez e integração.

A qualidade dos processos e da interação entre as partes envolvidas na cadeia de valor são moldados pelos princípios de gestão e políticas adotados pelas organizações e, por esse motivo, uma melhoria significativa dos resultados depende principalmente da alta gestão que tem o poder de alterá-los.

Como desenvolver Processos de Qualidade

Desenvolver processos é uma atividade mais complexa que requer algum conhecimento, paciência e capacidade de observação. Uma observação acurada depende da habilidade de fazer perguntas capazes de trazer luz sobre cada parte do processo. Trazer uma imagem mais detalhada sobre o mapeamento e desenvolvimento de processos exigiria escrever um livro à parte. Para quem quer se aventurar a mapear seus próprios processos sem o apoio de um consultor especializado, seguem algumas recomendações:

Forme uma equipe que irá atuar sobre o processo, envolvendo o líder e alguns liderados responsáveis pela operacionalização desses processos.

Como o foco é atender os clientes — sejam internos ou externos— o desenvolvimento dos processos flui da direita para a esquerda da imagem do SIPOC, ou seja, ele deve partir da compreensão das necessidades dos clientes em direção aos fornecedores.

Primeiro identifique quem são os clientes e usuários desse processo, para saber quais são suas necessidades em relação ao processo que está sendo trabalhado. O ideal é que a entrega para o cliente (o *output*) seja descrita com detalhes.

O próximo passo é mapear o processo dentro do conceito de BPM (*Business Process Management*), como mostra a Figura 29, para formar uma imagem do fluxo do processo nas diversas áreas ou parceiros (fornecedor, cliente etc.); a utilização de um quadro, ou um painel, contribui para que todos possam enxergar o processo.

Depois de mapear identifique as oportunidades de melhorias desse fluxo a partir de três critérios:

- **Retrabalho**: identifique todas as atividades que são retrabalho, como por exemplo uma nota fiscal que foi digitada pelo fornecedor, e quando a entrada da mercadoria precisa ser redigitada;

- **Gargalos**: aponte as atividades que emperram e criam obstáculos para um bom funcionamento do processo, como por exemplo: o atraso de um setor para enviar algumas informações que paralisa outras atividades;
- **Pontos de Controle**: identifique os pontos que impedem o controle e a rastreabilidade do processo, como por exemplo: a entrada de uma nota fiscal sem a devida conferência com o pedido de compra autorizado.

Após a identificação dos pontos de melhoria é possível criar um novo fluxo que corrija os problemas detectados, e seja o mais simples e automatizado possível. À medida que o novo processo é elaborado, o grupo deve ir tomando nota sobre as possíveis alterações dos *inputs* dos fornecedores, para que o processo possa funcionar da melhor maneira possível, como por exemplo: recombinar prazos de envio de informações e documentos, necessidades de automação do software etc.

Na sequência crie um POP, ou *Procedimento Operacional Padrão*, dentro do conceito do SIPOC — vide Figura 30. O POP deve identificar o fornecedor, o *input*, os requisitos do processo (prazo, documentos, condições etc.), os *outputs* e os clientes de cada atividade do processo (cada caixinha do fluxo do BPM). Busque descrever de maneira sintética simples, de maneira que até um aprendiz possa compreender. Evite textos longos e prolixos.

	S Supplier	I Inputs	P Process	O Outputs	C Customers
Atividade	**Fornecedor**	**Insumos**	**Requisitos Do Processo**	**Entregas**	**Clientes**

Figura 29

Fonte: Hélcio Padrão (2022)

Uma vez elaborado o fluxo do processo BPM e o POP, o passo a seguir é criar um plano de ação para a implementação do novo processo, que deve incluir o diálogo com os fornecedores para criar acordos dos novos *inputs*.

Por último crie um ritmo de encontros para acompanhar e apoiar a implementação do plano de ação.

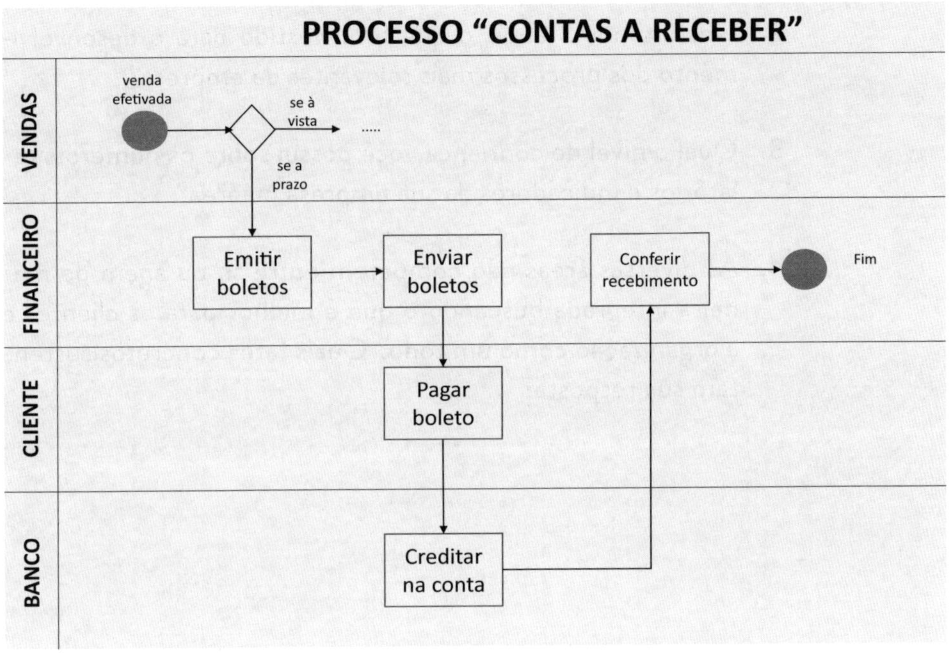

Figura 30 — Imagem de um fluxo de processos simplificado no modelo BPM
Fonte: Hélcio Padrão (2022)

Perguntas para refletir e transformar:

1. Os processos da minha empresa ou área são ágeis, sem gargalos e sem retrabalhos? O que pode ser melhorado? Quais os processos mais críticos?

2. Nos últimos 5 anos, o que foi investido para o desenvolvimento dos processos mais relevantes da empresa?

3. Qual o nível de confiança você possui sobre os números, relatórios e indicadores da sua empresa ou área?

4. As diversas áreas não competem entre si, ou agem de maneira integrada buscando o que é melhor para os clientes e a organização como um todo? Quais fatos concretos sustentam sua resposta?

08

Reprodução e recursos

Chegamos ao aspecto mais abaixo da Matriz Phi, antes de se chegar ao resultado final. Nenhum empreendimento pode gerar resultados, na ausência de uma **ação** capaz de produzir algo. Como ocorre de maneira sequencial e contínua, ao invés de "produção" optamos pelo nome de "reprodução". Partindo desse pressuposto, é preciso lidar com uma pergunta: o que a organização quer reproduzir?

> Agir, eis a inteligência verdadeira. Serei o que quiser. Mas tenho que querer o que for. O êxito está em ter êxito, e não em ter condições de êxito. Condições de palácio tem qualquer terra larga, mas onde estará o palácio se não o fizerem ali?
>
> (FERNANDO PESSOA)
>
> « »

Como todo organismo **se organiza** para atingir sua finalidade, sua ação produtiva busca reproduzir a *visão concreta de resultados*. Quanto mais a sua reprodução se aproximar da sua visão, mais ele terá sucesso em relação ao que se propôs a fazer. A qualidade da reprodução está intimamente conectada aos recursos e conhecimento técnico, o *know-how*.

A longevidade das organizações depende de um investimento constante em recursos e *know-how*. Quando a *visão concreta de resultados* gera *percepção de valor para os clientes* — vide Figura 31 —, esses demonstrarão maior disposição para pagar um valor justo pelos produtos e serviço, garantindo uma lucratividade capaz de financiar tais investimentos.

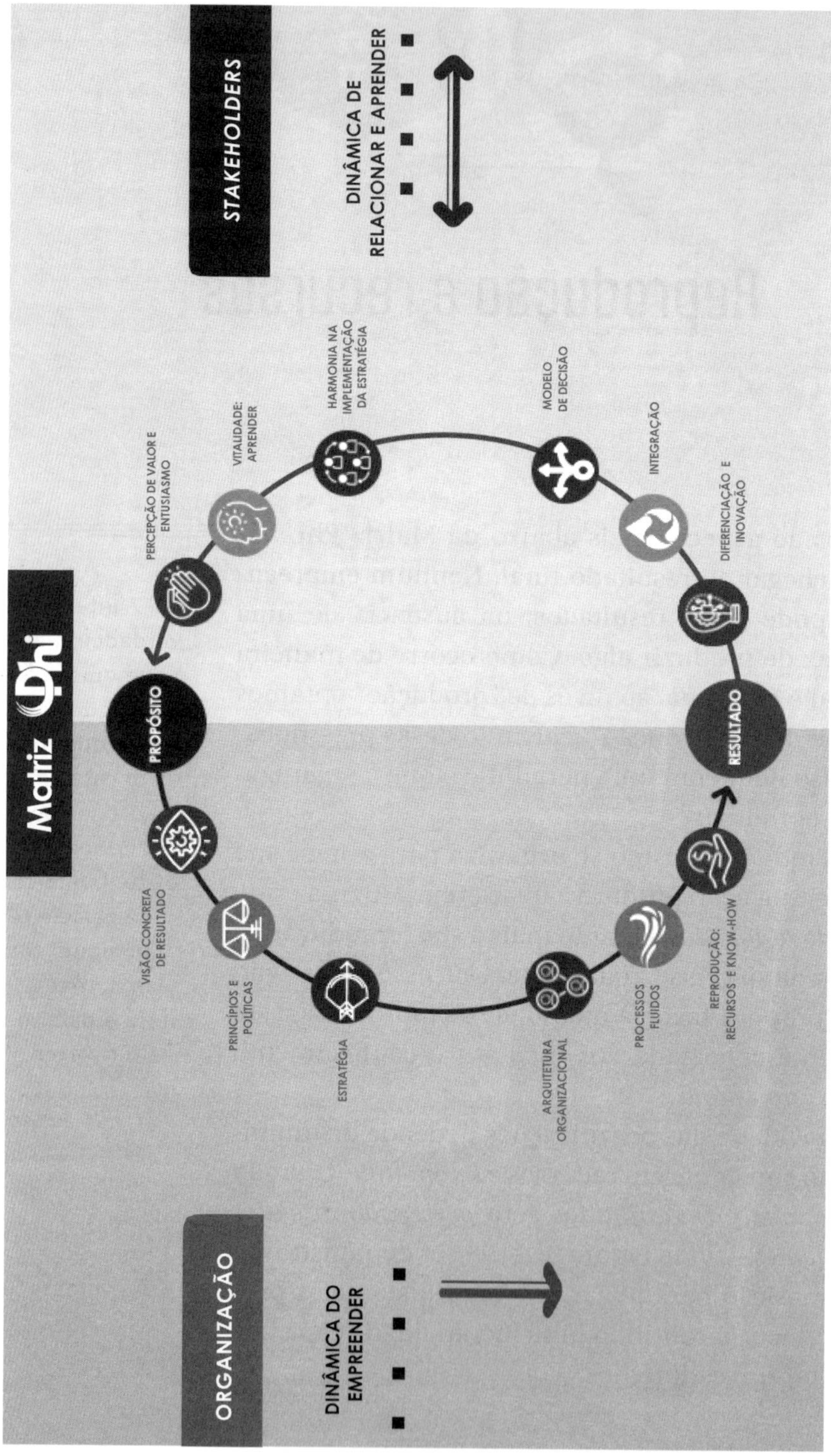

Figura 31
Fonte: Hélcio Padrão (2022)

Obter coerência entre as intenções e suas ações, é um dos grandes desafios na vida de qualquer ser humano e de seus empreendimentos. Para que isso ocorra, o organismo deve concentrar esforços para que suas ações espelhem ao máximo sua visão de resultado. *Aquilo que ela quer realizar no mundo, deve ser vivenciado em internamente.*

A base que sustenta o empreendimento

São os recursos e o conhecimento técnico que proporcionam a *reprodução* dos serviços e produtos de forma continuada com melhor desempenho, eficiência e menor preço. É praticamente impossível a sobrevivência de um empreendimento sem as máquinas, equipamentos, suprimentos, transporte, espaço físico etc., assim como o mínimo conhecimento técnico sobre a área que se quer atuar.

Por menor que seja um negócio, é necessário um capital inicial que viabilize a aquisição de recursos mínimos que garantam a *reprodução* de seus serviços e/ou produtos. O capital de um negócio é formado por seus bens tangíveis (incluindo reservas financeiras), assim como todo seu conhecimento técnico, ou *know-how,* que constituem seus bens intangíveis: uma clínica médica precisa contar com um consultório, equipamentos e médicos formados, assim como uma marcenaria necessita de um galpão, máquinas e marceneiros capacitados e um salão de beleza precisa de

> Ele pensou em todos os problemas possíveis. Pesquisou tudo que conseguira sobre as expedições. Estudou astronomia, ergonometria, mecânica. Redesenhou o formato das latas de mantimentos, para que as tampas ficassem menores e assim todos conseguissem abri-las rapidamente, sem tirar as luvas em temperaturas de quarenta graus negativos. Calculou o desgaste das botas e até mesmo previu quando, a certo ponto da viagem, metade dos cachorros seria morta para virar alimento para a outra metade.
>
> (Amyr Klink)[1]
>
> « »

1 Sobre a expedição de Roald Amundsen, primeira a alcançar o Polo Sul em 1911.

um local adequado, cadeiras, espelhos, equipamentos e profissionais especializados, e por aí vai.

A tecnologia digital e a internet (assim como a Internet das Coisas, tecnologias 3D, IA etc.) têm se tornado diferenciais que podem ser decisivos na sustentabilidade e competitividade de um negócio na atualidade, o que desperta a necessidade de as organizações investirem constantemente em inovação para se manterem no mercado. No início da década de 1980, a maioria das pequenas e médias empresas sequer planejavam fazer uso de um computador para apoiar no gerenciamento de suas operações, enquanto hoje fica difícil conceber um comércio, por menor que seja, sem o uso desse tipo de recurso.

Nessa mesma época fui convidado para dar algumas palestras sobre minhas experiências na informatização de uma pequena empresa familiar, que foi uma das primeiras a lançar mão de um computador para emissão de notas fiscais. A maioria das empresas ainda tinha desconfianças sobre a efetividade desse investimento.

> A primeira regra de qualquer tecnologia utilizada nos negócios é que a automação aplicada a uma operação eficiente aumentará a eficiência. A segunda é que a automação aplicada a uma operação ineficiente aumentará a ineficiência.
>
> (Bill Gates)
>
> « »

Equipamentos, softwares e máquinas tornam as atividades repetitivas, menos maçantes e muito mais seguras, sendo importantes aliados das organizações. Cada vez mais os negócios precisam garantir um orçamento constante em tecnologia e conhecimento para garantir sua longevidade. Todo investimento em recursos *e em know-how* deve ser orientado para a sua *visão concreta de resultados*. A ausência de tal orientação poderá colocar em risco resultados dos investimentos.

Desafios da Tecnologia

Muitas pessoas acreditam que a última palavra em tecnologia também deve ser o melhor investimento, mas de que adianta a melhor tecnologia, se ela não atender às necessidades do negócio? Ou de que adianta uma tecnologia de ponta, se a empresa não apresentar as condições para utilizá-las? O melhor investimento em tecnologia ou em conhecimento é aquele que está em total sintonia com a estratégia organizacional (que por sua vez está orientada para sua visão de resultado). Algumas perguntas devem ser respondidas na hora de investir em *recursos e know-how*:

- Quais as reais necessidades da organização?
- Que resultados concretos se espera desse investimento? (que impactos ele irá gerar na prática);
- Quais serão os critérios para tomada de decisão sobre as alternativas de investimento?
- Qual o prazo esperado para se obter o retorno do investimento?
- Como esse investimento afeta o fluxo de caixa da empresa?

É preciso ter um olhar estratégico sobre os investimentos. Tomemos por exemplo uma empresa de locação de produtos para festas, que pretende adquirir uma máquina de lavar louças. Em geral, as operações de limpeza dos produtos locados, assim como sua logística de entrega e recolhimento de produtos, fazem partes das competências *core* do negócio. A eficiência e o baixo custo desses serviços são cruciais para a sua sobrevivência. Além de sua capacidade produtiva, os custos de operação e manutenção devem ter um grande peso no processo decisório, muito mais do que o preço da máquina. Uma máquina barata, mas com alto custo de operação, irá encarecer o preço final para os clientes e pode até inviabilizar o negócio.

Outro desafio que quase toda empresa tem que lidar é a escolha do investimento em um software de gestão: além do alto custo, sua implementação costuma mobilizar muito trabalho e traz muito desgaste e estresse para toda equipe. É muito comum as empresas tomarem decisões a partir do que cada empresa oferece como vantagens, mas poucos levam em consideração quais são as reais demandas da própria empresa. Muitos gestores querem encontrar soluções sem compreender a fundo seus próprios problemas. Antes de investir em um software, algumas perguntas podem contribuir para direcionar uma tomada de decisão, como por exemplo:

- Quais são os processos que precisam ser informatizados?
- Quais os gargalos dos processos que precisam ser eliminados?
- Quais as funcionalidades necessárias para eliminar o retrabalho e melhorar o desempenho do processo?
- Quais as funcionalidades essenciais e as secundárias na escolha de um fornecedor?

Sem responder a perguntas como essas, as organizações terão dificuldades de tomar decisões conscientes. Investir em máquinas, equipamentos ou softwares inadequados podem trazer muitos prejuízos para todos.

O dinheiro gasto em treinamento, retreinamento e formação não aparece no balanço patrimonial; não aumenta o patrimônio líquido tangível da empresa. Já o dinheiro gasto em equipamentos consta no balanço e aumenta o valor patrimonial líquido atual da empresa.

(Brian L. Joiner)

« »

Os ativos intangíveis

O *know-how* também é um fator determinante na qualidade da *reprodução de produtos e serviços. Know-how* não engloba apenas o conhecimento técnico, mas também o desenvolvimento das habilidades de relacionamento e liderança, as chamadas *soft skills*[2]. A saúde das relações interpessoais afeta diretamente os resultados das organizações. Equipes participativas, criativas e que prestam serviço de qualidade exigem uma liderança e uma cultura que promovam esses valores. Onde impera o medo e a punição as pessoas tendem a se retrair e cooperar menos, trazendo resultados muito aquém de suas potencialidades. É preciso cultivar uma relação de confiança com os colaboradores, de forma que possam reconhecer que as decisões da alta gestão buscam

2 *Soft skills:* habilidades individuais e de relacionamento, como comunicação, *feedback*, lidar com conflitos, negociação, gestão de equipe, processos de tomada de decisão, equanimidade, empatia etc. (N. do A.)

o melhor para o organismo como um todo. Nas palavras do psiquiatra William Glasser, que estudou profundamente a produtividade das pessoas no trabalho: "para criar essa confiança o administrador precisa aprender a ser caloroso, amigável e apoiar seus empregados. E só atingirá este objetivo se desistir das prerrogativas tradicionalmente concedidas aos patrões: 'a crítica e a correção'" (1994, p.21)

Segundo a diretora de pesquisas da *Harvard Business School*, Teresa Amabile, e o psicólogo Steven Kramer, as pessoas que possuem uma rica vida interior no trabalho, geram melhores resultados para as organizações. Segundo suas pesquisas, "A vida interior no trabalho influencia o desempenho das pessoas em quatro dimensões: criatividade, produtividade, compromisso com o trabalho e espírito de coleguismo" (2013, p.14). Como as pessoas é que são responsáveis pela implementação da estratégia das empresas, esses quatro fatores são essenciais. Cabe à alta gestão vivenciar e promover essas quatro dimensões, para que as pessoas possam cultivar uma vida interior saudável e alcançar melhores resultados para todos.

Os treinamentos devem favorecer o desabrochar do potencial das pessoas para promover a qualidade de produtos e serviços. Eles devem ser capazes de gerar mudanças nas práticas das organizações. Conhecimento que não se aplica na prática é conhecimento perdido! Algumas perguntas são cruciais para o investimento em desenvolvimento humano, como por exemplo:

- Quais as reais necessidades de desenvolvimento humano da organização?
- Que resultados concretos se espera desse investimento? O que muda na prática?
- Como esses resultados serão mensurados?
- Qual o prazo esperado para se obter o retorno do investimento?

O reflexo da reprodução nos *stakeholders*

Se um processo reprodutivo continuar produzindo o mesmo produto ou serviço, por melhor que tenha sido de qualidade no passado, após um certo tempo ele ficará ultrapassado. Mesmo nos casos de produtos ou serviços de maior longevidade, a forma de produzi-los deve ser continuamente aprimorada. O mercado é muito dinâmico e está constantemente oferecendo melhores alternativas para atender as necessidades dos clientes, que também anseia por inovações.

Toda inovação, quando desconectada das necessidades dos clientes, será malsucedida. As melhores inovações nascem do real interesse e compreensão das dores dos clientes e usuários de um empreendimento. Por esse motivo a *diferenciação e a inovação* consta na Matriz Phi como um reflexo do processo reprodutivo nos *stakeholders*. As grandes inovações dependem de um processo de observação e aprendizagem.

O preço de um produto deve contemplar não apenas os investimentos em recursos e *know-how*, mas também em inovação. Como já foi dito, uma visão concreta de resultados de qualidade gera valor para os clientes, que por sua vez pagam o valor esperado pelo que é ofertado ao mercado. Seguindo um fluxo que pode ser observado na Matriz Phi, um processo de diferenciação e inovação sistematizado irá proporcionar *insigths* sobre o mercado e as dores dos clientes, trazendo luz para que a organização possa reconhecer a qualidade de sua *visão concreta de resultados*, e se ela precisa ou não ser revista (lembrando que a visão tem um prazo de validade). O isolamento de seus *stakeholders* irá provocar uma "miopia" do empreendimento sobre as necessidades de seus clientes.

Os colaboradores devem ser incentivados a promover a inovação de suas áreas para oferecer melhores entregas. As inúmeras ferramentas de análise e solução de problemas, assim como *benchmark*, são poderosas ferramentas que podem ser utilizadas nas empresas de maneira sistematizada. Os diversos colaboradores das áreas devem ser incentivados a pesquisarem soluções para as diversas questões que eles vivenciam no seu dia a dia.

Algumas ferramentas podem ser de grande valia para o desenvolvimento contínuo. O "Ciclo PDSA" (ou PDCA) de Shewhart, que se tornou popular em todo mundo, continua sendo uma opção poderosa e simples de ser utilizada. Esse processo se dá em 4 passos:

- **P** - (do inglês "*plan*"): planeje uma modificação ou teste para aperfeiçoamento; esse passo inclui a *observação*, a *identificação do problema* para poder *planejar* uma intervenção;
- **D** - (do inglês "*do*"): implemente a mudança e faça testes para ver se sua ideia funciona;

- **S** - (do inglês "*study*"): estude os resultados: o que aprendemos? O que deu certo e o que deu errado?[3]
- **A** - (do inglês "*act*"): aja para adotar a mudança ou abandoná-la e recomeçar o ciclo se necessário. (1997, p.104)

A montadora Toyota desenvolveu uma metodologia similar, que na língua portuguesa foi divulgada como "I.D.E.A.", que consiste em:

> I: Investigação — Localizar problema e fatos, analisar — *questionamento*;
>
> D: Design — Produzir Ideias e soluções com base na pesquisa — *resolução*;
>
> E: Execução — Teste para estabelecer uma solução ou protótipo do projeto — *experimentação*;
>
> A: Ajuste — Avaliar os resultados e melhorias do projeto com base no *feedback* do usuário -—*reflexão*. (2007, p.79)

Todas essas metodologias têm como objetivo incentivar a incorporação de um forte processo de aprendizagem nas organizações. Na minha experiência como executivo e consultor percebo que, ao lidarem com problemas, muitos líderes tendem a buscar soluções de maneira rápida, sem aprofundar na compreensão de suas verdadeiras causas. Ao atuar sobre os sintomas, ignorando as causas, os problemas irão persistir, trazendo muitos prejuízos para todos. Quando perguntadas sobre o motivo de agiram dessa forma, muitos respondem que sua vida é muito corrida e não possuem tempo para parar e pensar. O que eles não percebem é que é justamente o fato de não pararem para refletir e atuarem nas causas raízes dos problemas, que as acorrentam nesse processo de "*fazeção*" permanente.

A moldura do templo

Matthew May, sócio comercial da Toyota e conselheiro da *University of Toyota*, alerta para a importância das organizações recuperarem uma "arte perdida" para lidar com problemas: a arte de estabelecer uma "moldura",

[3] Quando se adota o nome de PDCA, o "C" significa *check*, que é uma outra tradução de estudar, analisar. (N. do A.)

ou seja, desenvolver a "capacidade de enquadrar devidamente a questão ou problema." Segundo o autor, essa moldura "é fundamental para evitar as armadilhas típicas que limitam nossa capacidade de alcançar a solução elegante[4]. "A moldura é tão arte quanto a arte em si" (2007, p.158).

Uma solução elegante exige interesse e paciência para que se possa *contemplar* a questão que se apresenta. A palavra *contemplar* deriva da palavra "templo", que nos remete a um "espaço sagrado", como uma casa de orações. Na sua etimologia, a palavra "templo" não tem a ver como um espaço físico, mas com "espaço quadrangular", como uma moldura, que os *algures* (antigos sacerdotes na Roma antiga) traçavam imaginariamente no céu para observavam o voo dos pássaros para consultarem os deuses[5]. Conforme seu significado original, o templo é um determinado espaço de observação, uma *moldura* onde as pessoas dedicam sua atenção. É exatamente o fato de um ser humano observar um fenômeno que o torna "sagrado", digno se sua atenção. Não é à toa que May denomina a "moldura" como uma "arte perdida".

Diante dessa imagem, vem uma pergunta: como criar uma boa moldura para acentuar a apreciação? O próprio May responde:

> Para ser um grande moldureiro de problemas, procure a pergunta certa e não a resposta. Resista ao impulso de ser prescritivo logo de cara. Primeiro pense no diagnóstico. Não se obtém ideia indo de cara para soluções. Segure a tensão, domine-a. (2007, p.158-9)

Síntese

O último estágio da materialização de um empreendimento se dá a partir do seu processo reprodutivo. De uma maneira alegórica, pode-se dizer que a materialização de um empreendimento se concretiza quando ela emite as notas fiscais, que comprovam que algo foi produzido e devidamente entregue ao mundo. A qualidade do processo de reprodução depende da qualidade dos recursos e *know-how* que a empresa disponibiliza.

---

4 Solução elegante é o nome que se dá para uma solução que resolva o problema de forma simples e objetiva, atuando na sua causa.

5 Fonte: <http://etimologias.dechile.net/?templo>. Acesso em: 18 de abr. de 2023.

O processo reprodutivo deve espelhar ao máximo a *visão concreta de resultados da empresa,* que juntamente com seu posicionamento estratégico, devem direcionar seus investimentos em recursos e *know-how*.

A longevidade dos negócios depende de um constante investimento em diferenciação e inovação na busca da melhoria da produtividade para atender as reais necessidades dos fornecedores e clientes. Essa inovação corresponde não apenas aos recursos tangíveis, mas também ao conhecimento. Uma empresa que não inova está parada no tempo, é como um ser que dorme num sono profundo e nunca desperta.

Perguntas para refletir e transformar:

1. Os colaboradores que atuam em sua empresa (incluindo você) possuem os recursos e conhecimentos técnicos adequados para executarem suas tarefas? Tem algo a ser melhorado. Se sim, o quê?

2. Como despertar na sua equipe o interesse pelo conhecimento técnico do seu negócio ou de sua área?

3. Observe as últimas entregas recentes para seus clientes e avalie, com uma nota de “0 a 10”, o quanto elas estão em ressonância com essa visão concreta de resultados?

4. Quanto foi investido de tempo e recursos para a inovação dos produtos e/ou serviços? O que você pode fazer para estimular a inovação das diversas áreas e da organização como um todo?

09

Governança

Nos capítulos anteriores foram abordados os três aspectos superiores da Matriz Phi, *visão concreta de resultados, princípios, políticas e estratégia,* que trazem forma para o empreendimento, e os inferiores onde ocorrem o movimento (operação), compostos pela *arquitetura organizacional, seus processos e a reprodução.* Enquanto a parte superior define a "personalidade" do empreendimento, esse se realiza na parte inferior. Em outras palavras, tudo que ocorre abaixo, é reflexo do que foi planejado acima.

Nesse capítulo será abordado um aspecto central, que busca trazer equilíbrio e coerência entre a forma e o movimento, ou o planejamento e a operação, conforme pode ser visto na imagem baixo: a *Governança.*

A palavra "governar" vem do latim *gubernare,* que significa "dirigir um navio, aguantar o leme"[1]. Governar um navio demanda conhecer o próprio barco, as marés, conhecer os instrumentos, definir um norte, traçar uma rota, orientar- se pelas estrelas e saber lidar com as intempéries da jornada. Também inclui planejar, medir e corrigir o rumo para evitar as tempestades mais severas. É preciso não apenas ler os sinais, mas compreendê-los para tomar a decisão correta.

Governar um empreendimento, (ou mesmo um projeto) é uma tarefa similar: é preciso conhecer o próprio empreendimento — pontos fortes e fracos —, definir o que quer realizar, traçar uma rota, corrigir os rumos, definir seus instrumentos de navegação, compreender o mercado, ter

[1] MACHADO, José Pedro. *Dicionário Etimológico da Língua Portuguesa.* Vol. II, Ed. Confluência - Livros Horizontes, 2ª edição, Lisboa, 1967, p.1161.

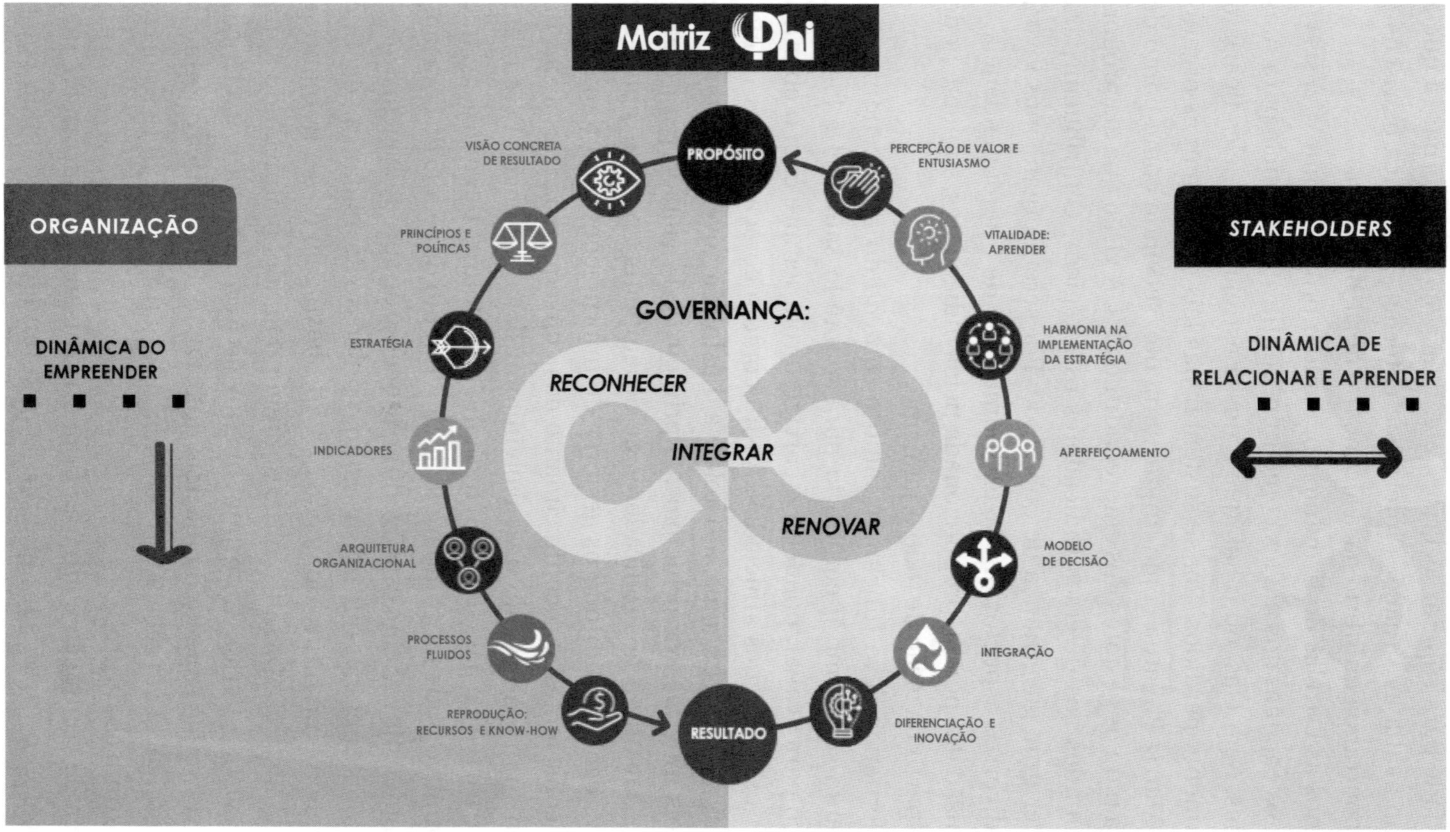

Figura 32

Fonte: Hélcio Padrão e Estúdio Zoombeedo (2022)

tranquilidade para superar as crises, etc. É através da governança que a alta gestão avalia as situações internas e externas, identifica os riscos e busca encontrar o equilíbrio para alcançar o norte desejado.

Por anos as estrelas do firmamento, como o próprio nome diz, serviram para os capitães dos navios como uma confiável referência para suas navegações. Sem elas, ou o Sol, que é nossa estrela maior, eles ficariam completamente perdidos. Por se sustentar nas leis que regem as organizações a Matriz Phi atua como um firmamento, servindo como ponto de referência para os gestores dos empreendimentos. A visão que ela proporciona, somados aos diversos indicadores estratégicos, contribuem para estabelecer uma governança de qualidade. Por serem organismos vivos, onde os diversos aspectos interagem numa rede de interdependência, a compreensão das partes, proporcionada pelos indicadores, somente pode ocorrer a partir da visão de todo organismo.

A governança deve funcionar como o *coração* do empreendimento, que sustenta seu ritmo e equilíbrio para mantê-lo saudável e longevo. É o espaço para avaliar, ponderar e corrigir a rota sempre com o objetivo de atingir os resultados almejados. Assim como o coração do ser humano contém dois movimentos, a sístole e a diástole, a governança também possui dois movimentos principais. O primeiro está voltado para o passado, que, ancorado nos indicadores de desempenho, permite conhecer o próprio negócio, munindo os gestores de informações para tomada de decisões conscientes: o reconhecimento das consequências das ações de um organismo, é a base do desenvolvimento da consciência. Esse olhar para dentro e para o passado é um trabalho mais "duro", de *contração,* que por este motivo pode ser comparado ao movimento da sístole do coração.

O segundo movimento está ligado ao processo de aprendizagem e *aperfeiçoamento* de pessoas que irá sustentar o processo de mudança, focando o desenvolvimento futuro do negócio. A aprendizagem do ser humano se dá quando alcança um outro olhar sobre a realidade, renunciando a um ponto de vista anterior. É um movimento de *expansão* da consciência, comparável ao movimento da diástole do coração. Enquanto a contração traz a consciência em relação ao passado, a expansão possibilita a aprendizagem rumo ao futuro.

A força de contração é olhar para dentro, visando compreender suas ações e como o organismo interage com o mundo, funcionando como um processo de autoconhecimento. O processo de expansão e aprendizagem se dá na relação com o mundo exterior, já que não é possível aprender nada no isolamento. Uma organização que dialoga com clientes, parceiros e com o mercado está mais aberta para aprender e se desenvolver.

A governança também é um importante espaço para o alinhamento dos gestores sobre os grandes temas das corporações, constituindo um espaço vital para o amadurecimento das individualidades e do grupo para atingir a excelência de todo o organismo.

Os indicadores da Governança: medir, definir, entender e gerenciar

A primeira função do processo de governança pode ser resumida na célebre frase do oráculo de Apolo, em Delfos, "conheça-te a ti mesmo". O conhece-te a ti mesmo está ancorado na observação das ações de um organismo e suas consequências. Somente pode se conhecer aquele que mede os resultados através de seus diversos indicadores de resultados. Os desafios de desenvolvimento de um ser humano ou de uma organização se encontram na tensão entre o que foi planejado e os resultados apresentados, reconhecendo tanto os sucessos quanto os insucessos.

> Não se gerencia o que não se mede, não se mede o que não se define, não se define o que não se entende, e não há sucesso no que não se gerencia.
>
> (William Edwards Deming)
>
> « »

O primeiro passo para se desenvolver um processo de governança sadio é definir quais são os indicadores mais relevantes para dar suporte a um processo de tomada de decisões mais assertivo. São eles que possibilitam enxergar o que está acontecendo. Administrar sem indicadores é como navegar no escuro, sem as referências das estrelas do firmamento. Tanto a falta quanto o excesso de indicadores e números podem confundir e retirar o foco do que é mais relevante para toda a organização ou para cada setor.

Tudo que acontece nos processos, somente podem ser reconhecidos quando são medidos e revelados na forma de indicadores. Como o próprio nome diz, eles *indicam* o que está acontecendo. O que não é definido ou medido permanecerá na inconsciência. Além dos indicadores tradicionais e comum a todo negócio — como DRE (*Demonstrativo dos Resultados do Exercício*), o balanço contábil, a visão do orçado e realizado, fluxo de caixa, os níveis de endividamento, investimentos etc. — um bom processo de governança exige novos olhares para compreender os fenômenos.

Empresas do varejo, por exemplo, a cada dia lançam mão de novos tipos de indicadores que permitem compreender melhor seu negócio e tomarem decisões mais assertivas. Nos dias atuais, é cada vez mais difícil competir num mercado tão dinâmico sem a medição das taxas de conversão de vendas, ticket médio de compra por cliente, número de trocas e devoluções, curva ABC de produtos e fornecedores etc. Já as indústrias precisam medir a efetividade das máquinas em tempo real, número de produtos defeituosos, peças que mais demonstram problemas etc. Uma área de RH pode optar por obter números que demonstram o nível de absenteísmo, *turnover*, satisfação dos colaboradores, entre outros. Medir e observar exige esforço e cada empreendimento precisa definir quais são os indicadores mais relevantes que podem servir de apoio para nortear seus processos decisórios e sua gestão.

Os desafios da percepção ativa

Devido a acelerada velocidade das mudanças na vida e no mundo corporativo, os líderes, em geral, são muito cobrados para trazerem soluções de maneira cada vez mais ágil. O modelo ágil tem suas qualidades, mas quando se tenta utilizá-lo de forma generalizada em todos os processos decisórios, pode trazer sérias consequências. Por exemplo, um dos pontos fundamentais do processo de governança é a observação acurada, fazer boas perguntas e promover a reflexão para compreender as origens dos problemas, onde as soluções surgem naturalmente. Uma pseudo agilidade, que busca resolver tudo muito rápido e sem a devida análise, contribui mais para perpetuar os problemas do que resolvê-los.

Um dos principais pilares do processo de governança é o desenvolvimento do sentido da percepção, que permite um novo olhar para enxergar o que até então não era percebido. Uma observação mais acurada exige uma postura contemplativa e imparcial — isenta de juízo de valor — sobre o fenômeno observado. O simples fato de concordar ou discordar com o que se observa, significa que o observador está relacionando com seus próprios conceitos e se afastando do objeto de observação. O sentido da percepção é paralisado quando o sistema neural, onde se formam os conceitos, é acionado. Existe um estado de atenção plena, e uma forma de sustentá-lo é desenvolver o hábito de fazer perguntas que contribuam para descortinar e compreender o próprio fenômeno.

Um observador atento consegue frear esse impulso de julgar, mantendo o foco de sua atenção no objeto observado. Em algum momento ele terá que fazer um julgamento, mas apenas depois de uma observação mais aprofundada. O desafio de silenciar os julgamentos, para manter a atenção, exige um aquietar-se do próprio eu. Nas palavras do filósofo Rudolf Steiner, uma pessoa que busca o conhecimento:

> tem de ser capaz de vivenciar esse perder-se a si mesmo, ao menos como disposição anímica. Por isso, é necessário salientar, repetidamente, que jamais alcançaremos um conhecimento superior se atuarmos à maneira da ciência comum ou do pensar cotidiano. (2022, p.34)

Por mais que possa parecer difícil esse exercício, um processo de governança saudável depende dessa qualidade.

O cientista Albert Einstein abordou a importância da contemplação com verdadeiro interesse pelo mundo para a prática da ciência e da arte. Segundo ele:

> o mistério da vida me causa a mais forte emoção. É o sentimento que suscita a beleza e a verdade, cria a arte e a ciência. Se alguém não conhece essa sensação ou não pode mais experimentar espanto ou surpresa, já é um morto-vivo e seus olhos se cegaram. (2011, p.11)

Einstein destaca a importância do "não saber", que permite esse senso de mistério e desperta o interesse do observador. É esse senso que nos faz abrir os olhos e os demais sentidos na busca do conhecimento. Sem essa sensação e emoção, o ser humano se encerra em seu pequeno mundo, se transformando num "morto-vivo". O ser humano que deixa de aprender, se mantém limitado em sua pequenez e desperdiça a oportunidade de se abrir para o infinito universo das possibilidades.

O primeiro passo da governança nas organizações é o incentivo para as pessoas se abrirem para contemplar os dados que se apresentam, como um mistério que quer se revelar. É preciso desapegar-se dos velhos conceitos, e se permitir adentrar no desconhecido. A "verdade" sobre o fenômeno observado somente se revela ao observador disposto a cultivar em si essa disposição de alma de reconhecer o que não sabe, permitindo se colocar nesse espaço de vulnerabilidade. O compromisso desse observador deve ser com a própria verdade, caso contrário poderá cair na tentação de tirar conclusões desconectadas com a própria observação: é preciso aceitar as coisas como elas são, e não como gostaria que fosse.

O Processo da Governança

No centro da circunferência da imagem da Matriz Phi há uma lemniscata, dando destaque para a governança, que se desmembra em três ações principais: *reconhecer, integrar e renovar*, respectivamente. E o como isso se dá na prática?

Em primeiro lugar se faz necessário *reconhecer* o passado, aquilo que se manifesta através dos indicadores. É o ato de observar e reconhecer a realidade como ela é, e que forma a consciência sobre "como" as diversas forças — que atuam no organismo— estão interagindo, e o que está em desequilíbrio provocando resultados indesejados. Daí a importância de reequilibrar e *integrar* essas forças no presente, para que algo de novo possa acontecer. Quando duas forças polares atuam de forma harmônica, cria-se as condições para *renovar* e transformar o futuro.

Em todos os aspectos da vida, existem forças polares complementares atuando. Quando ocorre um desequilíbrio, quando uma força predomina sobre a outra, isso acarretará uma disfunção no organismo. Na imagem da Matriz Phi da Figura 33 é possível observar dois conjuntos de forças atuando em todos os aspectos: as forças estruturantes de contenção e frio, que se contrapõem às forças complementares de ativação e calor, responsáveis pelo movimento do empreendimento.

Nessa imagem, a *visão concreta de resultados*, os *princípios e políticas* e a *estratégia*, atuam como forças estruturantes (de contenção e frio). A *arquitetura organizacional*[2], os processos e a reprodução, que são forças de calor e ativação, são responsáveis pela operacionalização do organismo. No lado dos *stakeholders* é possível ver também esse mesmo par de forças atuando, só que de maneira espelhada: a *geração de valor*, a *aprendizagem e a harmonização da estratégia* atuam como forças de calor e ativação, enquanto o *modelo de decisão*, os acordos de *integração* e as novas formas oriundas da *diferenciação*, atuam como forças estruturantes de forma e contenção.

Quando as forças de frio e contenção predominam, o organismo se torna muito rígido, com excesso de forma e protocolos, comprometendo os resultados e se transformando como um local árduo para se trabalhar. As mesmas disfunções ocorrem quando há um excesso de forças de calor e ativação, dessa vez pela falta de forma, trazendo insegurança para as pessoas que se sentem perdidas e sem referências.

O ritmo da governança está localizado exatamente no centro, que deve atuar como mediador desses processos, buscando compensar o que está em desequilíbrio para promover a saúde do organismo. Ao abordar a função do coração humano, Dr. Victor Bott salienta que “esse ritmo, que gostaria de corrigir sempre o excesso, é o grande curador do organismo” (2018, p.227). De maneira análoga é possível afirmar que a governança atua como o coração dos empreendimentos.

As Empresas como um Organismo Vivo

O que caracteriza um organismo vivo é seu processo de nascimento, crescimento, florescimento e fenecimento, pois a vida se manifesta nesse movimento. Uma organização segue esses mesmos estágios, se caracterizando como um organismo vivo.

2 A *arquitetura organizacional* está relacionada ao movimento, pois ela precisa assimilar a estratégia e se moldar constantemente para implementá-la.

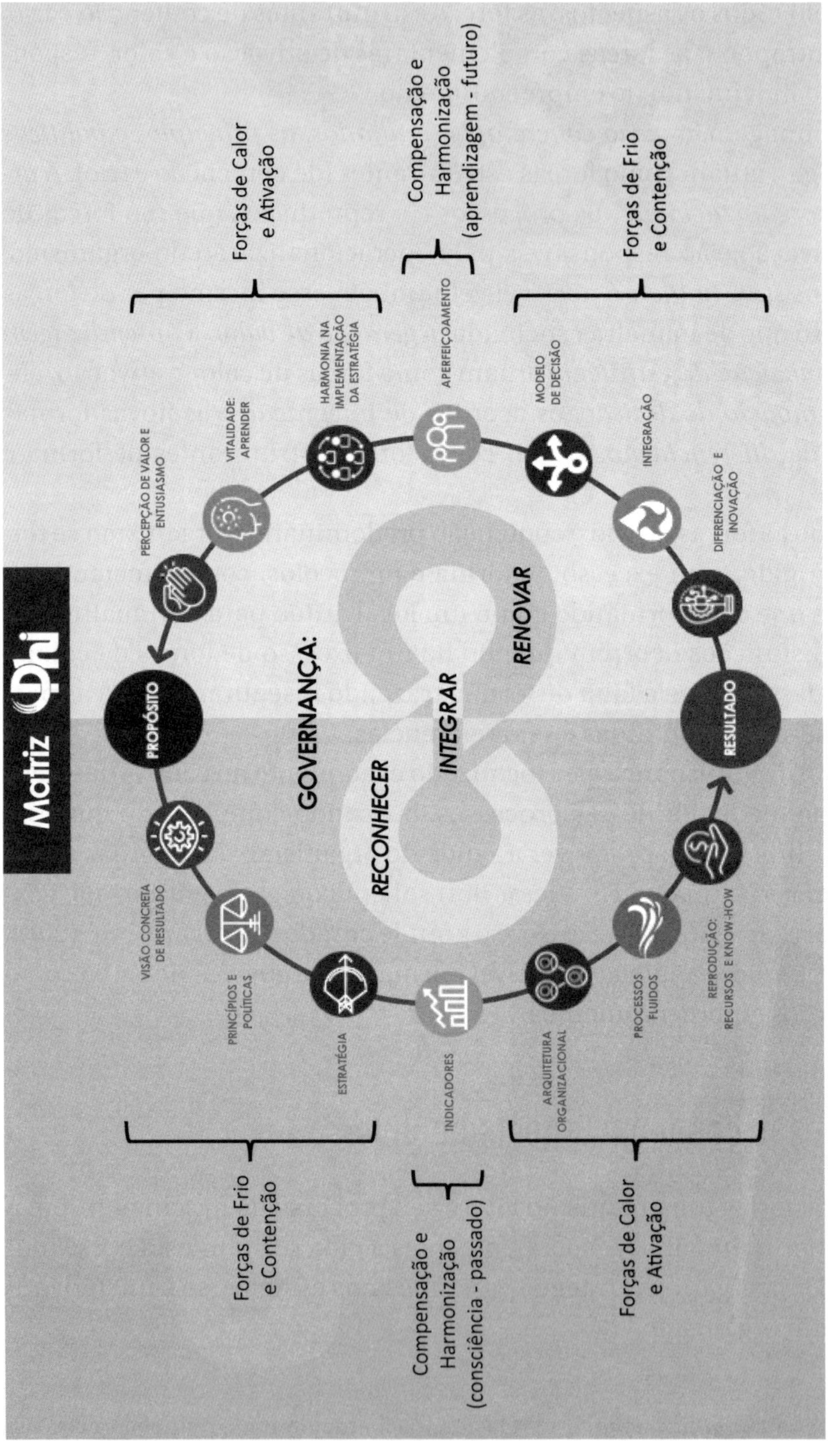

Figura 33
Fonte: Hélcio Padrão e Estúdio Zoombeedo (2022)

Como a vida se dá no movimento, uma organização, ou mesmo um ser vivo, não pode ser compreendido por meio de única fotografia estática, a partir de um único resultado apurado. É na observação de uma sequência de resultados que é possível perceber o movimento e compreender a essência de um organismo.

Enquanto uma fotografia revela uma imagem estática, a sequência de imagens revela o movimento, e é a observação dos movimentos de uma empresa que possibilita formar uma imagem do "ser organizacional" e compreendê-lo com profundidade. O processo de governança deve ser capaz de captar essa essência para atuar como um polo de compensação e harmonização.

> Só mudando nossa forma de pensar é que podemos modificar políticas e práticas profundamente enraizadas. Só mudando nossa forma de interagir poderemos estabelecer visões e compreensões compartilhadas, novas capacidades de ação coordenada. [...] A aprendizagem que altera os modelos mentais é altamente desafiadora. Pode ser assustadora ao confrontarmos crenças e pressupostos consagrados. Não pode ser feita solitariamente. Só corre dentro de uma comunidade de aprendizes.
>
> (Peter Senge)
>
> « »

Aprender é manter-se vivo!

Não aprender é cristalizar-se em uma forma única onde a vida é freada. Uma pessoa que não aprende, que perdeu o senso de mistério e curiosidade para com a vida encerrou-se em si mesmo, diminuindo sua capacidade de ampliar os limites de sua própria consciência. Uma organização que não aprende não é diferente: ela se mantém estagnada numa forma sem vida. Mas aí nasce uma pergunta: como as empresas aprendem? Uma organização aprende quando as pessoas, que dela participam, estão inseridas num processo de aprendizagem. E tal constatação nos leva à próxima pergunta: como as pessoas aprendem?

Ao longo da vida os seres humanos criam conceitos que estruturam sua maneira de pensar e se relacionar com o mundo. Por sua vez, o processo de aprendizagem surge a partir de um novo olhar, sobre uma nova perspectiva capaz de gerar novos conceitos, estimulando a plasticidade do próprio pensar. Olhar o mundo de outra perspectiva é salutar, e traz um certo "frescor" para a vida. Apesar desse efeito benigno, aprender traz diversos desafios que faz com que muitos resistam a se entregar a esse caminho. E por que isso ocorre?

Em geral, as pessoas se identificam com sua maneira de pensar e agir que, de uma certa maneira, constituem sua personalidade. Surge um sentimento do tipo: "Eu sou assim e esse sou eu". Muitas delas defendem uma certa ideia e pensam que mudar pode ser interpretado como um sinal de fraqueza. Mas se pensarmos bem, aprender exige coragem para se colocar num espaço de vulnerabilidade e, assim, demonstrando muito mais força, do que o contrário.

No processo de governança, duas forças polares estão constantemente atuando: de um lado o conhecimento e a consciência do que "é", daquilo que se manifesta nos indicadores de gestão, e de outro o não saber, que surge de tudo que afasta o empreendimento de obter os resultados almejados. É o reconhecimento do "não saber" que pode abrir espaço para uma ideia criativa capaz de transformar o empreendimento para gerar melhores resultados. E aí surge outra pergunta: como criar as condições para que os participantes possam se sentir seguros para expor suas perguntas e suas vulnerabilidades, sem serem julgados ou ridicularizados?

Em geral, as reuniões de governança são utilizadas para cobrança de metas estabelecidas para as lideranças e suas respectivas equipes. Um dos problemas dessa metodologia é que o cumprimento de uma meta de uma área costuma ser tratado de forma isolada, desconsiderando uma visão "organísmica", em que um sintoma que se manifesta nos indicadores de uma área, pode ser resultado de outras questões mais profundas de toda a organização, como a qualidade da *visão concreta de resultados*, ou os *princípios e políticas*, ou mesmo a *estratégia da organização*. Pensar que uma meta não alcançada é consequência apenas daquela área, parte de uma visão fragmentada do empreendimento, que por sua vez alimenta uma desintegração dos próprios líderes, que podem passar a se preocupar apenas com bons indicadores de suas respectivas áreas, sem se preocupar com o todo: "se os números da minha área estão bons, mesmo que o que fazemos possa comprometer negativamente outras áreas, eu ficarei bem na reunião." Dr. Deming também alertou para esse risco de segregação e a perda da visão sistêmica, onde uma equipe pode se transformar num "centro de lucro independente e egoísta" (1997, p.42).

Para trazer um exemplo, imaginem um diretor comercial que não tenha atingido uma meta de vendas e que seus pares cobrem dele um melhor desempenho. Ninguém se preocupou em questionar o que teria gerado a diminuição das vendas, ou talvez nem tenham tido tempo para explorar o problema, devido a uma pauta de assuntos deveras extensa. Pressionado, o diretor comercial então lança mão de muitas promoções e descontos que ajudam a elevar as vendas e, no mês seguinte, ele exibe seus números, orgulhoso por ter atingido sua meta. Embora ninguém tenha compreendido o problema ou criado alternativas de melhoria que pudessem fomentar mais vendas, todos o parabenizam pelo aumento do desempenho. Mas ninguém pergunta: o que fez as vendas aumentarem e a que custo?

É muito fácil aumentar as vendas sacrificando as margens de lucratividade, mas quais as consequências desse tipo de ação para o organismo como um todo no médio e longo prazo? Ao observar as metas por áreas de forma isolada, as pessoas perdem a consciência do todo e buscam defender apenas seus interesses localizados, desconectados dos objetivos do grupo. Num processo de governança saudável o grupo de gestores deveriam lidar com perguntas como: por que a organização não bate suas metas de vendas? O que isso tem a ver com a visão, princípios ou o modelo de negócio? Quais as necessidades dos clientes e como elas podem ser atendidas? O que a organização precisa fazer diferente para obter melhores resultados? O que o grupo gestor não está enxergando e precisa desenvolver?

A contribuição da Matriz Phi na Governança

A compreensão das leis que regem as organizações revelada pela Matriz Phi é essencial para um processo de governança saudável, pois essas leis demostram como os diversos aspectos da organização se relacionam entre si, desenvolvendo uma visão mais ampliada e, principalmente, a compreensão de que aspectos precisam ser trabalhados para que se possa chegar aos resultados almejados. É impossível compreender as partes sem uma visão do organismo como um todo.

Nesse sentido, é muito importante reconhecer também que os três aspectos inferiores do modelo Phi, *Arquitetura de Pessoas, Processos e Reprodução*, são determinados pelos aspectos superiores: a *Visão Concreta de Resultados, Princípios e Políticas e Estratégia*. Enquanto esses últimos estão mais relacionados ao planejamento, os primeiros compõem a operação. De maneira geral, quando ocorre uma atuação em um aspecto, superior ou inferior, faz-se necessário atuar no seu correspondente.

Já ouvi muitos gestores dizendo que sabem que existe um problema, mas não sabem como resolver, ou em outros casos, quando afirmam que as pessoas sabem o que deveriam fazer, mas não fazem. Ora, se elas realmente soubessem, elas fariam. Mas a pergunta que leva a uma solução é outra: o que a organização está fazendo que faz com que as pessoas não façam o que precisa ser feito? Ou em relação a primeira pergunta, por que não conseguimos enxergar a origem dos problemas que sabemos que existem? Com certeza uma visão do todo irá contribuir na resposta.

Observar constantemente os resultados e indicadores, ao mesmo tempo que se observa a Matriz Phi, certamente irá contribuir para que os gestores assimilem essas leis gerais das organizações, despertando neles um novo olhar para o empreendimento.

Síntese

A governança é um aspecto fundamental para o desenvolvimento saudável de uma organização, de uma área ou de um projeto e se configura como um processo de avaliação (*reconhecer*), compreensão (*integrar*) e decisão (*renovar*), que por sua vez se relacionam respectivamente com os tempos passado, presente e futuro. Não se trata de algo complexo e aplicável apenas de grandes corporações. Qualquer empreendimento, de qualquer porte, pode (e deve) adotar esse processo de aprendizagem e desenvolvimento.

A governança é um processo que contribui, de maneira surpreendente, ao mesmo tempo para a maturidade da gestão e o alinhamento de seus gestores. Mas como em qualquer tipo reunião, ela tenderá ter mais sucesso se adotar uma metodologia simples e eficaz e se o grupo demonstrar comprometimento. O processo de governança, como tudo na vida, deve ser constantemente aperfeiçoado para ser mais efetivo. Para manter a qualidade da reunião é importante que pelo menos um dos membros assuma a responsabilidade de ser o guardião desse processo, para que o grupo atue seguindo as regras e mantendo o foco do encontro.

A governança se apoia em três aspectos básicos:

- O primeiro está voltado para a ampliação da *consciência* do grupo gestor sobre o empreendimento e tem como foco a observação dos números e indicadores. Na ausência do estudo dos indicadores, o grupo gestor irá navegar no escuro, ou na inconsciência;
- Segundo a compreensão aprofundada dos fatos geradores dos sintomas apresentados pelos indicadores, somente poderão ser compreendidos a partir das leis gerais das organizações, reveladas na Matriz Phi, que proporcionam a visão do organismo como um todo;
- Por último, é preciso estabelecer um processo de aprendizagem e aperfeiçoamento do grupo e de cada um de seus membros, para que possam promover e sustentar as mudanças necessárias.

A governança funciona como o coração do empreendimento e, da mesma forma que esse órgão vital mantém a saúde do corpo humano através de um sistema rítmico, ela também deve ocorrer dentro de um ritmo bem definido, com o compromisso de todos para que seja mantido. Na ausência do ritmo irá enfraquecer ou mesmo matar o processo, também como ocorre com o corpo humano.

Como fazer — Ritos para uma Governança saudável

Muitas reuniões de governança se perdem por falta de um processo a ser seguido. Na ausência de um modelo, as pessoas tendem a falar de diversos temas de maneira desordenada e caótica, muitas vezes tornando a reunião cansativa e pouco profícua. Na página a seguir descrevemos um processo simples e eficiente que pode ser praticado em qualquer organização ou na avaliação de um projeto:

1. **Ritmo**: estabeleça um ritmo de encontro de governança, seja mensal, bimestral etc., e crie uma agenda anual para que todos possam se programar;
2. **Preparação**: é importante que um ou mais participantes do processo analisem os números e indicadores estratégicos e preparem uma síntese para ser apresentada na reunião, contendo as devidas observações que possam contribuir com o entendimento de todos. É importante ter não apenas a medição de um único período, mas também lançar mão de gráficos que demonstrem a evolução dos números e o movimento do empreendimento durante um intervalo de tempo. Os relatórios analíticos e sintéticos devem ser compartilhados com antecedência com todos para que possam ler e se preparar para a reunião;
3. **Reconhecer (passado)**: o primeiro passo da Governança é olhar para o passado e observar os números, indicadores e fatos relevantes. As pessoas devem ser incentivadas a fazerem perguntas de entendimento sobre o que está sendo apresentado. Se nesse momento, alguém tiver alguma ideia sobre alternativas futuras, o coordenador do encontro deve solicitar que anote essa ideia para que possa trazê-la no momento oportuno: no momento que se explora o passado, é importante manter o foco do grupo, cuidando para não desviar a discussão para as soluções no futuro. Haverá um tempo destinado para isso;
4. **Integrar (presente)**: entre o passado (resultados) e o futuro (aprender para transformar) é necessário encontrar um lugar de reflexão, provocar um vazio para que possa emergir a pergunta do grupo: qual é a moldura onde o problema se enquadra? Nessa etapa é preciso garantir que todos compreendam e estejam alinhados sobre qual é a essência do problema. Esse alinhamento é vital para evitar a armadilha de atuar fora do problema;

    ***Observação**: fazer uma retrospectiva sobre os principais pontos observados pode ajudar no entendimento sobre a essência da questão.*

5. **Renovar (futuro)**: uma vez emoldurada a questão, é preciso criar uma visão concreta de resultado que soluciona o problema. O que o grupo quer que ocorra? O que será diferente no futuro? Incentivem as pessoas imaginarem com detalhes como eles querem que seja, e busquem sintetizar numa imagem única:
   5.1. Uma vez que se sabe o que se quer, é preciso descrever os meios para atingir essa visão. O *brainstorming* é uma ferramenta poderosa para que o grupo se abra para as possibilidades que podem pavimentar o caminho para alcançar o resultado esperado. As ideias devem estar em sintonia com a visão de resultados, onde o grupo define as melhores alternativas, orientadas por critérios claros para a tomada de decisão;
   5.2. O passo seguinte é elaborar um plano de ação, com os devidos responsáveis, visando colocar o plano em prática.
6. **Aperfeiçoamento**: não se pode transformar uma realidade se as pessoas mantiverem o mesmo estágio de consciência que gerou o problema. A verdadeira mudança depende da transformação dessas pessoas. Sugerimos algumas perguntas que podem orientar essa etapa:
   - Qual é a questão de desenvolvimento da organização (e consequentemente do grupo gestor) para alcançar os resultados esperados?
   - Para alcançar a mudança de todo grupo qual a questão de desenvolvimento de cada participante? O que cada um reconhece que precisa aprender para implementar as mudanças pretendidas?
7. **Avaliação:** avalie o encontro de governança a partir de dois aspectos:
   - A qualidade dos temas e das decisões;
   - A qualidade do processo da reunião em si: se foi fluída, se todos se sentiram à vontade para se manifestar, se sentiram ouvidos etc.

Não nos perguntemos se estamos totalmente de acordo, mas sim, se podemos agir em consenso.

(Goethe)

« »

A qualidade do diálogo na governança

Além da necessidade de estabelecer um processo, a qualidade das reuniões de governança também depende do estímulo de diálogos que incentivem os participantes a contribuírem com seu melhor. Abaixo listamos alguns cuidados que, se seguidos, podem corroborar nesse sentido:

1. **Valorize a Contemplação e as Perguntas**: a contemplação e o senso de mistério são as portas de entrada do processo de aprendizagem. Fazer perguntas podem ser essenciais para quem quer ampliar sua percepção sobre a realidade. Priorizem as perguntas abertas, que provoquem o pensamento do interlocutor que vai responder. Perguntas abertas não sugerem nenhuma alternativa de resposta, como por exemplo "você não acha que isso deveria ser assim?". Perguntas que levem o respondente a responder "sim" ou "não", são perguntas fechadas que também não estimulam uma reflexão. Por exemplo, ao invés de perguntar "se algo está correto", onde o interlocutor poderia responder "sim" ou "não", ou mesmo uma pergunta do tipo "você não acha que deveríamos fazer isso ou aquilo?", uma pergunta aberta poderia ser: o que fez com que esta decisão fosse tomada? Quem participou? Quando foi? Perguntas abertas são investigativas e buscam revelar o que ainda não foi percebido;
2. **Evite os julgamentos prematuros:** todos os participantes do processo devem ser estimulados a se colocarem e fazerem perguntas. Tudo que eles falam deve ser valorizado: uma ideia que pode parecer ridícula à primeira vista, depois de burilada pode se mostrar incrível;

3. **Confrontar ideias ao invés de julgar pessoas:** é salutar ter um confronto de ideias, mas deve-se evitar a todo custo julgar ou mesmo comparar pessoas;
4. **Manter o foco do grupo**: é importante o grupo manter o foco em cada etapa do processo, quando se fala do passado, do presente ou do futuro. Ao levantar um problema e iniciar a investigação sobre suas causas, é natural que ideias de soluções comecem brotar na imaginação das pessoas, mas isso pode tirar o foco do grupo. Ao investigar as causas de um problema, é importante concentrar nas perguntas sobre o passado, que contribuem na compreensão do problema. Se nesse estágio do processo, alguém tiver alguma ideia, ela deve ser incentivada a tomar nota, para que possa trazê-la no seu devido tempo. Por sua vez, quando o grupo estiver discutindo a visão de resultado do problema, ou mesmo alternativas para atingir essa visão, é importante focar o futuro e não retornar ao passado. É claro que se um fato novo e relevante surgir, o grupo deve ter a sabedoria para decidir se o foco do diálogo precisa ser alterado.

A governança é um espaço de horizontalidade, onde o questionamento é incentivado e as pessoas possam expor suas vulnerabilidades[3]. A dominância de uma pessoa nesse processo poderá levar muitas pessoas a se omitirem ou evitarem dizer o que pensam, para falarem apenas o que os outros querem ouvir. O mais importante na Governança é abrir um espaço para lidar com o não saber e o aprender, e talvez esse seja também o seu maior desafio. Como disse Goethe, "aprender a dominar é fácil, mas a governar é difícil."

[3] A horizontalidade da equipe não deve ser confundida com as alçadas de decisões. Embora todas as pessoas devam poder se expressar em liberdade, isso não significa que todas as decisões devam ser compartilhadas. Algumas cabem a um ou outro membro do grupo, conforme suas funções e responsabilidades. (N. do A.)

Perguntas para refletir e transformar:

Diagnóstico da Governança (passado):

1. Qual é a visão clara sobre os resultados que queremos com o processo de governança?
2. Quais os *indicadores estratégicos* precisam ser observados para possibilitar uma compreensão do que ocorre na operação?
3. Os dados contábeis e financeiros são confiáveis?
4. O que temos que fazer para garantir reuniões objetivas com foco no que é mais relevante (e não nos perder em temas operacionais)?
5. O que devemos fazer para garantir a compreensão das causas raízes dos problemas?
6. O que temos que fazer para ancorarmos as melhorias não nos números (que são consequência), mas em visões claras do que precisa ser transformado para alcançar melhores resultados?
7. Qual o ritmo de governança que você quer adotar e quem deve participar? (Considere alguém de fora da organização que possa fazer perguntas desafiadoras)
8. Quem prepara as reuniões de governança? (Estabelecer pauta com os principais temas, processo da reunião, tempo de reflexões etc.)

PARTE 2

10

Os Fundamentos do Phi

Na primeira parte do livro foram abordados os diversos aspectos de um empreendimento e como eles se relacionam entre si, revelando as leis que regem as organizações.

> O belo é a manifestação de leis naturais secretas, que sem ele, sempre, se nos manteriam ocultas.
>
> (GOETHE)

Essa segunda parte do livro é dedicada àqueles que demonstram interesse em compreender as forças por trás da Matriz Phi, a partir das fontes multidisciplinares de pesquisa que permitiram a compreensão dessas leis, que também se revelam em outros aspectos da vida. Esse é o convite para as mentes inquisitivas que buscam ir além das aparências da vida cotidiana.

Esse livro não tem a pretensão de esgotar o tema, muito pelo contrário, ele visa despertar a criatividade de cada individualidade que sinta o impulso de ir além, para contribuir com o desenvolvimento do empreendedorismo humano. Assim como os diversos conhecimento das leis da física, química, matemática etc., têm servido de pilar para o desenvolvimento de tantos inventos fabulosos, a compreensão das leis que regem os empreendimentos poderá contribuir para uma vida social próspera e mais humana em nosso planeta.

Embora num primeiro momento possa parecer uma visão muito ampla e desconectada da realidade, o leitor que se propor a ler essas linhas com a mente aberta e sem preconceitos, com certeza irá se surpreender ao perceber como tudo se conecta e se harmoniza perfeitamente com a vida prática. E tenho a certeza de que o domínio dessas leis será, cada vez mais, um fator determinante para a longevidade dos negócios, principalmente porque não é possível compreender as partes de um organismo, sem a percepção do todo que constitui o próprio organismo.

Dependendo de seu estado de consciência, os empreendimentos criados pela força empreendedora dos seres humanos podem promover tanto a saúde quanto o adoecimento social. Quando um age como um ser autômato, como parte de um sistema fechado em si mesmo, ele caminha para a sua própria destruição. Quando age em liberdade, consciente de que a organização é parte de um sistema maior e sem fronteiras, ele percebe que tudo que fizer para o mundo, ele também faz para si mesmo, e quando busca servir em prol do bem desse organismo, do qual ele faz parte, melhores serão suas chances de obter melhores resultados. Muitas pessoas poderão contrapor dizendo que, apesar de uma boa intenção, seus negócios são malsucedidos. A questão é que, felizmente, uma boa intenção não é suficiente para obter sucesso num empreendimento. É preciso desenvolvê-lo constantemente para ir em direção a uma necessidade real do mundo, e não uma necessidade que o empreendedor julga ser essencial. Digo "felizmente" porque, é no esforço de gerar bons resultados, que um empreendedor encontra as possibilidades de se desenvolver como um ser humano melhor, capaz de construir um empreendimento que promove o bem-estar social.

Albert Einstein, afirmava que perseguia, incansavelmente, os ideais do "bem, a beleza e a verdade" na arte e na ciência para que ele encontre sentido em sua vida (2017, p.9-10). Em suas palavras:

> sou realmente um homem quando meus sentimentos, pensamentos e atos têm uma única finalidade: a comunidade e seu Progresso. Defino uma sociedade sadia por esse laço duplo. Somente existe por seres independentes, mas profundamente unidos ao grupo. [...] As organizações humanas, caso não se apoiem e se equilibrem sob a responsabilidade das comunidades, são impotentes. Devo despertar e sustentar esse sentimento de responsabilidade moral; é um dever em face da sociedade. (2017, p.13-15)

O bem-estar social também está atrelado à capacidade de um empreendimento de gerar resultados e se sustentar. Quando uma organização não se sustenta econômica e financeiramente, a sociedade terá que arcar com o ônus de sua ineficiência, invertendo os papéis: ao invés de servir, ela passa exigir que a sociedade a sirva.

A grande intenção desses estudos é inspirar pessoas que possuam um espírito empreendedor livre, capazes de atuar com amor, coragem, conhecimento e determinação, como no convite proposto por Goethe:

> Não nos deixe levar uma vida banal, já que nos reunimos de um modo tão prodigioso! Atuemos juntos e de maneira digna! É incrível o que um homem culto pode fazer por si mesmo e pelos outros quando, sem querer dominar, tem o ânimo de ser tutor de muitos, prepará-los para fazer no momento propício o que de bom grado todos desejariam fazer, e conduzi-los aos objetivos que em geral têm diante dos olhos, e só tomam o caminho errado. Façamos uma aliança entre nós; não é nenhum delírio, é uma ideia extremamente viável e realizada com frequência pelos homens de bem, embora nem sempre com clara consciência. (2006, p.573)

> Quem se aprofundar no assunto verá que os mitos e lendas levam mais profundamente à essência real do mundo e da formação dos órgãos do que é possível à abordagem científica exterior. Se deixarmos essas imagens, espalhadas por todos os cantos da Terra sob a forma de mitos e lendas maravilhosos, agir cada vez mais sobre nós, ao investigarmos carinhosamente essas imagens poderíamos notar a transformação de sabedorias profundas no sentir e no pensar dos povos, nas representações pictóricas dos homens.
>
> (Rudolf Steiner)
>
> « »

Organizações, Medicina e a Antroposofia

Muitos feitos dos grandes gênios da humanidade foram reconhecidos e bastante celebrados, mas poucas pessoas se prontificaram a investigar como eles alcançaram tamanhos feitos. Para Albert Einstein esses gênios se distinguiam dos demais porque seguiam princípios livres de dogmas, mas com profundo interesse em "revelar a mecânica celeste", o que ele chamava de "religião cósmica". Einstein não acreditava num Deus punitivo e concebido à imagem do homem (2017, p.17). Para ele:

> o papel mais importante da arte e da ciência consiste em despertar e manter desperto o sentimento dela (a religião cósmica) naqueles que lhe estão abertos. Estamos começando a conceber a relação entre ciência e a religião de um modo totalmente diferente da concepção clássica." [...] "Eu afirmo, com todo o vigor, que a religião cósmica é o móvel mais poderoso e mais generoso da pesquisa científica." [...] "O espírito científico, fortemente armado com seu método, não existe sem a religiosidade cósmica. [...] Sua religiosidade consiste em espantar-se, em extasiar-se diante da harmonia das leis da natureza, revelando uma inteligência tão superior que todos os pensamentos humanos e todo o seu engenho não podem desvendar, diante dela, a não ser seu nada irrisório. (2017, p.17-9)

Embora Einstein tivesse a coragem de falar sobre esse difícil tema, infelizmente tais ideias foram muito pouco consideradas ou difundidas. Mas esse é um tabu que precisa ser definitivamente quebrado, pelo menos para aqueles dispostos a buscar a verdade acima de suas próprias crenças.

Posso também afirmar que as leis que regem as organizações, reveladas na Matriz Phi, somente foram possíveis de ser reconhecidas através de uma pesquisa mais ampla, daquilo que Einstein chamou de religiosidade cósmica. Os próximos capítulos irão revelar o caminho de minhas pesquisas para compreender essas leis. Trata-se de um convite às mentes abertas e munidas de um espírito realmente científico, que anseiam por adentrar nos mistérios da *religião cósmica* da arte e da ciência, capaz de trazer sentido para a vida de todos os seres humanos. Aqueles que se predispuserem a observar como esse conhecimento se aplica e funciona na prática conseguirão alcançar a profundidade e seu alto grau de aplicabilidade e veracidade.

A pesquisa que será apresentada tem como principal fonte o livro do médico alemão/francês Dr. Victor Bott[1], intitulado *Medicina Antroposófica, uma Ampliação na Arte de Curar,* volume II, publicado pela Associação Beneficente Tobias em 1982, e reeditado em 2018 pela Ad Verbum Editorial com o nome *Medicina Ampliada, Princípios da Antroposofia nos Cuidados Interativos da Saúde.* Os ensinamentos do Dr. Bott, como o próprio livro diz, são fundamentados pela Antroposofia, criada pelo filósofo austríaco Rudolf Steiner, e a medicina antroposófica desenvolvida em parceria com a Dra. Ita Wegman, médica formada em Zurich, nascida em Java e filha de colonos holandeses.

Na visão da Antroposofia o corpo físico é formado por forças, que embora sejam invisíveis aos sentidos, mantém o funcionamento de todo o organismo durante sua vida. Essas forças são análogas às forças que atuam nas esferas planetárias, que na realidade dão forças cósmicas que foram interiorizadas pelo corpo humano. Os grandes sábios da Grécia antiga também compreendiam essas forças, que foram descritas em formas de imagens através de sua mitologia[2]. O estudo mais aprofundado dos mitos pode revelar, *com nitidez,* como essas forças estão presentes na vida das organizações.

Para compreender como cada aspecto das organizações se relacionam entre si, possibilitando chegar a uma visão "organísmica"[3] dos empreendimentos, eu precisava de referências que permitissem me orientar e funda-

---

1 Dr. Victor Bott nasceu em Colmar em 1918, então pertencente à Alemanha e atualmente pertence à França. Se formou em medicina e terminou seu doutorado em Clermont- Ferrand em 1945. Esse livro foi publicado primeiramente em 1970 e foi traduzido para vários idiomas. Em seus estudos Bott demonstrou grande interesse nas práticas meditativas e a disciplina interior para o desenvolvimento da prática profissional. (N. do A.)

2 A mitologia romana é muito similar à grega. Embora essa última disponha um material muito mais amplo de pesquisa, muitas vezes citaremos os nomes equivalentes dos deuses nas duas mitologias, pois os nomes dos planetas adotados pela nossa língua adotam os nomes dos deuses da mitologia romana (Saturno, Júpiter etc.). As diversas mitologias, como a germânica, egípcia, indígena brasileira etc. também apresentam símbolos semelhantes e quem tiver familiaridade com esses estudos poderá fazer outras associações. (N. do A.)

3 Conceito criado pelo neurofisiologista Kurt Goldstein, aplicado na biologia por Ludwig von Bertalanffy.

mentar essas *leis universais*, minimizando o risco do julgamento a partir de minhas próprias convicções ou preconceitos. Tal resultado foi alcançado a partir do cruzamento de três conhecimentos distintos:

1. **O corpo humano (por meio da leitura da medicina de base antroposófica)**: as organizações são reflexo de seus criadores, e as leis que as regem são análogas as do corpo humano;
2. **A mitologia**: por trazer uma simbologia repleta de significado que expressa as energias psíquicas do ser humano, assim como as forças e as leis que atuam e organizam a própria vida;
3. **Gestão**: é claro que não poderia faltar as próprias organizações e seus diversos pensadores, que têm realizado estudos para compreender como elas funcionam e geram melhores resultados, como por exemplo, Dr. Deming que abordou o tema princípios e processos, Jan Carlzon que falou sobre visão (que ele chamou de objetivos) e tomada de decisão, Chris Zook que fala de *core business* e estratégia, Peter Senge que levantou o tema da aprendizagem, Henry Mintzberg que escreveu sobre estratégia e *arquitetura organizacional* etc.

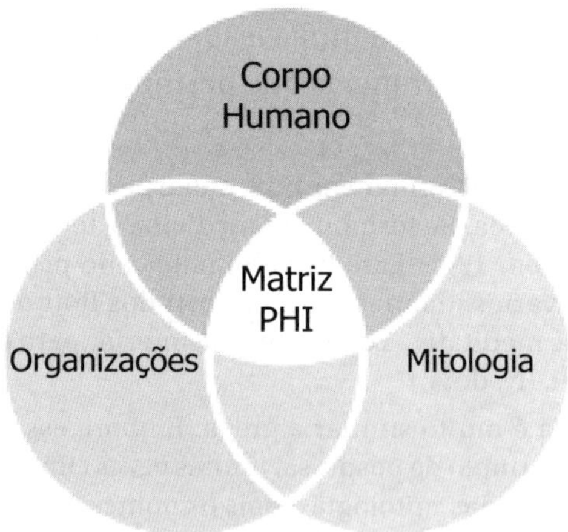

Figura 34
Fonte: Hélcio Padrão (2022)

A Mitologia nos Empreendimentos

Ao longo do tempo a sabedoria sobre as leis que regem a fisiologia e a psicologia humana, que são análogas às leis dos empreendimentos, foram expressas através dos símbolos ou mitos. As diversas mitologias consideram como "seres viventes" todas essas forças e dimensões que atuam no universo, e por isso as personificaram como *deuses imortais*, uma vez que elas sempre existiram e sempre irão existir. Do ponto de vista humano, é muito difícil compreender certas atitudes dos deuses que podem ser consideradas desumanas e até antiéticas, mas quando se observa os deuses como representação de forças, a compreensão se torna mais fácil, pois elas simplesmente são o que são e atuam conforme sua própria natureza. Por exemplo: tanto a brisa, quanto o tornado são qualidades do vento, representado pelo deus Éolo. O vento, ou o deus Éolo, não tem a intenção de praticar o bem ou o mal, apenas segue seu fluxo na intensidade imposta pelas condições de pressão e calor.

Um dos aspectos que difere a linguagem mitológica da linguagem cotidiana, é que a compreensão do significado de seus símbolos depende de um grande esforço de quem pretender retirar os véus de sua aparência fantasiosa. Os mitos somente se revelam para os observadores dispostos a contemplá-los com interesse genuíno. A linguagem mitológica tem uma outra qualidade significativa, que a difere da linguagem objetiva: cada mito pode carregar inúmeras possibilidades de interpretação, que também se modificam no tempo. A mesma pessoa pode fazer uma leitura de um mito em algum momento da vida,

As metáforas (e os mitos) [...] serviam a sociedades inteiras como as principais bases do pensamento e da vida. Os padrões culturais foram moldados a elas. Os jovens foram educados, e os anciões se tornaram sábios, por intermédio do estudo, da experiência e da compreensão de suas efetivas formas iniciatórias. Pois essas metáforas na realidade tocam e põe em jogo as energias vitais de toda a psique humana. Elas servem de vínculo entre o inconsciente e os campos da ação prática – e não de modo irracional, à feição de uma projeção neurótica, mas de maneira tal a permitir uma compreensão madura, ponderada e prática do mundo dos fatos...

(Joseph Campbell)

« »

e em outro ela descobre um significado ainda mais profundo. O mito se transforma e evolui no tempo.

> A busca pelas nossas origens é aquele doce suco de fruta que mantém a satisfação nas mentes dos filósofos.
>
> (Luca Pacioli)
>
> « »

As principais mitologias que serviram de fonte de pesquisa para esse livro foram a greco-romana e os estudos das imagens simbólicas da Bíblia (muitos ensinamentos bíblicos foram repassados sob forma de imagens, numa linguagem simbólica, como as parábolas contadas por Jesus Cristo).

As Leis que regem os Organismos Vivos

Ao observar um ser inanimado, é correto afirmar que sua forma futura será determinada pela junção de dois aspectos básicos: o primeiro está relacionado a sua própria constituição física/mineral, que está ligado ao passado, e o segundo são as condições externas de temperatura, pressão e outras intervenções ao qual ele será submetido no tempo.

Por outro lado, os organismos vivos multicelulares complexos seguem leis diferentes: embora também estejam sujeitos à sua constituição física e ao meio ambiente, eles se comportam buscando realizar uma *intenção e uma finalidade*. A intenção ocorre no âmbito do espírito, e a finalidade no corpo físico. Por exemplo: uma semente de maçã tem como finalidade ser uma macieira, assim como um embrião de um animal a de adquirir sua forma adulta. O embrião humano tem como finalidade formar um corpo humano, mas seu espírito carrega em si uma intenção que é algo mais profundo e complexo que transcende a finalidade corporal. Esse princípio ligado ao corpo físico, também chamado de *equifinalidade* e que rege esses organismos vivos, garante que todas as partes do organismo não ajam por si[4], conforme suas propriedades particulares, mas que se organizem para realizar sua finalidade enquanto organismo.

Essa concepção foi comprovada pelo biólogo e filósofo alemão Hans Driesch em suas pesquisas sobre a embriologia com ouriços do mar. O embrião de um ouriço começa a se desenvolver a partir de uma única célula, que se divide em duas, depois em quatro, em oito e assim sucessivamente até formar uma larva. Em suas pesquisas, quando o embrião era composto de apenas duas células, Driesch separou-as dividindo o embrião em dois. A partir disso pensava-se que cada parte iria se desenvolver e formar a metade da larva de um ouriço, já que era isso o que aconteceria se ele não fosse dividido. Mas para sua surpresa, durante seus testes, aconteceu algo bem distinto: as células separadas formaram duas larvas de ouriços completas, só que menores do que seria o tamanho normal, se não houvesse a divisão. Depois ele repetiu a experiência quando o embrião continha quatro e oito células, separando-as em mais embriões e o resultado continuou sendo o mesmo: sempre se formavam larvas, embora menores. Foi então que ele constatou que o comportamento das células obedece determinadas leis (1963, p.5-6) e chegou a conclusão de que as partes do organismo atuam a partir da *equifinalidade*, e mesmo que as condições externas sejam alteradas, seu princípio organizador irá sempre atuar sobre as partes para realizar sua finalidade.

Esse mesmo fenômeno também foi observado em embriões de outras espécies, inclusive o ser humano, onde nascem gêmeos a partir da divisão de um único ovo. Segundo Hans, isso somente pode acontecer por "um fator vitalista semelhante a uma alma, que governa o processo na previsão da meta final" (apud BERTANFLY, 2013, p.66). Essa alma seria uma força não perceptível que faz com que os organismos atinjam seu fim. Essa descoberta foi um choque para muitos cientistas, pois ela confronta com a concepção determinista de que a vida é algo aleatório.

Ainda sobre o tema, o biólogo e filósofo Ludwig von Bertalanffy, criador e principal expoente da Teoria Geral dos Sistemas, que ele também

---

4 Quando separadas do corpo, as células apresentam um comportamento diferente de quando constituem o organismo.

chamou de visão "organísmica", afirma que é legítimo dizer que existem *princípios universais* aplicáveis *de forma geral aos sistemas*, que incluem as ciências que tratam de "todos organizados", ou seja, de organismos vivos onde as partes estão vinculadas e organizadas com objetivo de realizar sua finalidade. Para ele, essa teoria integra as ciências naturais e sociais e desenvolve "princípios unificadores que atravessam 'verticalmente' o universo das ciências individuais", de tal forma que ela os aproxima da meta da unidade da ciência" (2013, p.57). Em outras palavras, existem diversos princípios universais ou leis que regem o mundo e esses princípios que ocorrem nas ciências naturais também se manifestam nas ciências sociais, constituindo uma unidade, pois são as mesmas leis atuando nos diversos âmbitos da vida.

A observação fenomenológica nos permite afirmar, assim como antecipou Bertalanffy, que os empreendimentos também se enquadram no espectro do "todo organizado" da Teoria Geral dos Sistemas, que são regidos por leis análogas às leis dos organismos. Apesar disso, como o próprio autor alerta, é preciso cuidar para evitar o risco de analogias vagas e imprecisas que possam trazer falsas concepções, daí a necessidade de uma pesquisa multidisciplinar criteriosa.

Algo comum entre os organismos complexos é que suas partes atuam de forma "orquestrada" segundo as determinadas leis que os regem. Quando uma parte age de maneira dissonante do todo, o organismo adoece. Isso é o que acontece, por exemplo, em uma célula cancerígena que se multiplica de maneira desordenada, formando um tumor. De maneira análoga, uma organização também pode "adoecer" quando as partes que a compõem não agem de maneira harmônica. A compreensão de uma simples lei como essa traz luz para a importância do desenvolvimento e assimilação de toda equipe sobre a identidade de um negócio (*propósito* e *visão concreta de resultados*), seus *princípios* e sua *estratégia*, como condição *sine qua non* para que todos possam atuar como um organismo único. Por isso é possível afirmar que, num futuro próximo, as organizações mais longevas serão aquelas que compreenderem e atuarem em harmonia com tais leis.

A história e o significado do "Phi"

Segundo o astrofísico Livio, chefe da divisão científica responsável pelo telescópio espacial Hubble e autor de diversos livros, a razão áurea, que é um padrão encontrado em várias formas da natureza, também conhecida pela letra grega (φ) Phi, somente recebeu esse nome devido ao matemático americano Mark Barr, já no início do século XX. Antes de Barr, ela era chamada de τ (Tau), última letra do alfabeto hebraico (2011, p.16).

Interessante refletir que, do ponto de vista filosófico, o que se apresenta no fim (como no caso do *tau* que é a última letra do alfabeto) também tem o significado de recomeço, num conceito de morte e renascimento, assim como na música, a última nota "si" não representa o fim, mas um recomeço, já que a oitava nota é o "renascimento" da primeira nota — dó —, só que uma oitava acima. O Tau também ficou conhecido, por ser a cruz utilizada por Francisco de Assis. Segundo Mariano Bigi, que foi presidente nacional e vice-presidente internacional da Ordem Franciscana Secular, o Tau simboliza exatamente "a vida nova" e "um convite à renovação" (2004, p.75).

A razão áurea, ou Phi (ou número áureo, ou a divina proporção), é um número irracional 1.6180339887... e sua descoberta é atribuída ao fundador da geometria Euclides de Alexandria (300 a.C.). Leonardo de Pisa, mais conhecido como Fibonacci, criou uma espiral logarítmica baseado na razão áurea, resultante da união de uma sucessão de quadrados, cuja medida dos lados vai crescendo conforme sua sequência, onde a sequência de cada número é resultante do último número, somado ao resultado da adição dos dois números anteriores, formando a seguinte sequência: 1, 1, 2, 3, 5, 8, 13..., ou seja: 1+1=2; somando o último número com o resultado da soma dos dois, temos: 1+2=3; seguindo esse mesmo padrão sequencial temos: 2+3=5; 3+5=8; 5+8=13, e assim por diante. (Vide imagem a seguir):

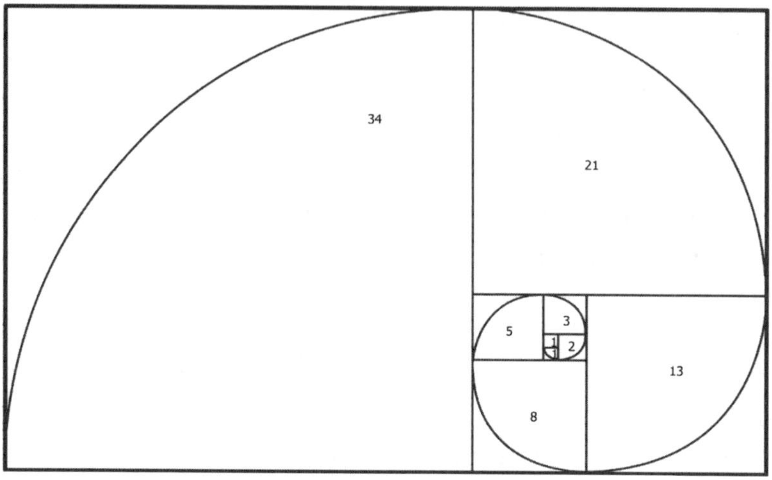

Figura 35

Fonte: https://br.freepik.com/vetores-gratis/fibonacci-sequencia-matematica-numeros-de-fibonacci_30924199.htm#query=fibonacci&from_query=fibonaci&position=40&from_view=search&track=sph> no Freepik

Segundo o arquiteto romano Vitrúvio "para que um espaço dividido em partes desiguais seja agradável e estético, deverá haver entre a parte menor e a maior a mesma relação que existe entre a maior e o todo." (ZATÓN, 2017, p.40-1). Ele demonstrou que a constituição do corpo humano também se dá a partir da proporção áurea, e essa descoberta ficou muito conhecida através do célebre desenho de Leonardo da Vinci nominado o *Homem de Vitruviano*. A razão áurea também ficou conhecida como a divina proporção[5], porque revela um padrão encontrado em inúmeras criações da natureza, como nas constituições de uma flor, de uma concha, dos favos das abelhas, do esqueleto de um ouriço do mar, dos cristais de gelo, das galáxias, do formato de um ovo, das formas dos redemoinhos, entre uma infinidade de outras formas, demonstrando que o universo foi criado a partir de um padrão e uma ordem.

Essa "proporção é considerada, desde a antiguidade, a mais bela e harmoniosa" e foi utilizada por Leonardo da Vinci em suas imagens, incluindo a célebre obra *Monalisa*. Essa proporção é ainda muito utilizada na atualidade, principalmente nas criações dos profissionais de publicidade e propaganda (ZATÓN, 2017, p.41). O fato de tenderem a achar mais

---

5 Referência ao livro *Divina Proportione* de Luca Pacioli e com ilustrações de Leonardo da Vinci.

harmônicas essas formas comprovam que, mesmo que inconscientemente, vive nos seres humanos um anseio pela beleza e harmonia, que reconhece nelas o reflexo do próprio criador. Para Luca Pacioli, a divina proporção se revela através de um número irracional — número com infinitas casas decimais — porque Deus é o todo e infinito, e por isso não pode ser concebido por nenhum número inteiro racional, já que sua concepção não pode ser compreendida pela mente humana (LIVIO, 2011, p.155).

Tudo isso também revela a importância de os seres humanos encontrarem harmonia e o senso de unidade em seus empreendimentos e criações. O fato de as organizações estarem sujeitas a essas mesmas leis universais, que atuam como um elemento unificador e ordenador, serviram de inspiração nomeá-las com o nome "Phi".

Outro aspecto que motivou esse nome é que o Phi é a 21ª letra do alfabeto grego. O número 21 também se relaciona com a Matriz Phi, que tem sete aspectos de cada lado, atuando como forças polares. Assim como a propriedade da água nasce do encontro do hidrogênio com o oxigênio, do encontro de duas forças polares nasce o terceiro elemento. Então temos os sete aspectos da organização de um lado, os sete do lado dos *stakeholders*, mas do encontro quando as organizações e os *stakeholders* atuam em harmonia, surge esse terceiro elemento, e 3 x 7 = 21.

> A dependência voluntária é a mais belas das situações, e como ela seria possível sem o amor?
>
> (GOETHE)
>
> « »

A desafiadora relação entre o indivíduo e o social (ou a organização e os *stakeholders*)

Certa vez assisti uma palestra com o biólogo João Felipe Toni, que ao explicar como determinadas flores atraiam determinados insetos para que pudessem se reproduzir, levantou uma pergunta incrivelmente instigante: Qual é o limite da flor? Ou seja, se a sua reprodução se dá pelos insetos, onde termina a flor ou a própria planta? Seria certo dizer que a planta é um ser em si, isolado dos demais seres? Ou os insetos compõem seu sistema reprodutivo, assim como a flor é parte do sistema metabólico dos insetos que se alimentam dela? Fica extremamente difícil definir onde termina a individualidade e onde começa o conjunto.

Como as organizações dependem de seus *stakeholders* para sobreviver, é necessário lidar com a mesma pergunta: qual é o limite das organizações? Embora cada organização seja considerada como uma individualidade, com uma identidade própria, ao mesmo tempo elas também pertencem a um organismo maior que envolve todos os seus *stakeholders* diretos, e numa visão mais ampliada, todo o planeta. Por outro lado, é relevante reconhecer que o desenvolvimento social somente pode ocorrer a partir de uma iniciativa individual: mesmo que muitas pessoas se envolvam em uma mesma causa, toda iniciativa nasce no pensamento de um indivíduo.

Esse aspecto duplo cria um grande desafio nessa relação entre o indivíduo e o social, que estão separados e unidos ao mesmo tempo. Até mesmo o corpo humano é totalmente dependente dos outros seres, pois sem os vírus, bactérias, plantas e animais, não poderia sequer sobreviver. Olhando por esse ponto de vista, pode-se afirmar que o corpo humano é uma individualidade coletiva.

Diversas histórias e contos descrevem, através de imagens e mitos a desafiadora jornada do ser humano para se individualizar e, em seguida, reconectar-se com o Todo. Em seus estudos sobre as mitologias de diversas civilizações em todo mundo, Joseph Campbell reconheceu um padrão que se repetia nessas diversas narrativas, que ele chamou de *monomito*. A unidade nuclear desse *monomito*, que ele mesmo denominou como "a jornada do herói" pode ser sintetizado em três etapas:

1. Separação;
2. Iniciação;
3. Retorno.

Segundo Campbell, "um herói vindo do mundo cotidiano se aventura numa região de prodígios sobrenaturais; ali encontra fabulosas forças e obtém uma vitória decisiva; o herói retorna de sua misteriosa aventura com o poder de trazer benefícios aos seus semelhantes" (1997, p.36).

Os passos dessa jornada têm sido retratados em histórias e mitos que buscam descrever a própria concepção do ser humano em suas origens. Na mitologia grega por exemplo, Zeus criou os homens, e esses viviam no "paraíso" — que aqui representa a noção de *unidade* —, pois na Terra ainda não existia a concepção da dualidade: não existiam doenças nem a percepção do bem ou do mal. Esses homens eram seres andrógenos, sem a noção de sexualidade (separação). Contrariando uma ordem do próprio Zeus, Prometeu rouba o fogo do Olimpo (que simboliza a vontade criadora) e o entrega aos homens, por amor a eles. Para vingar a desobediência de Prometeu e a conquista do fogo pelos homens, Zeus envia à Terra Pandora — o feminino, ou o conceito de dualidade[6] — junto com um "presente": a famosa caixa de Pandora, que contém todos os males do mundo. Além de significar a dualidade, Pandora continha os dons dos deuses (pan = todos + dora = deuses)[7]. Sua chegada trouxe, de um lado, a dualidade e a concepção de bem e mal, a saúde e a doença, mas por outro foi portadora dos dons divinos, permitindo o ser humano ser como os próprios deuses. Outra consequência da chegada da Pandora é que os seres humanos se tornaram seres sexuados, tendo seus corpos físicos diferenciados em feminino e masculino.

Essa história retrata, de maneira poética, uma lei da própria vida: a vontade criadora é a fonte geradora das transformações, mas essa vontade de transformação somente pode nascer da consciência entre o bem e o mal. O despertar da vontade de transformar nasce do julgamento e do inconformismo sobre a realidade, se o que se apresenta é bom ou ruim, que por sua vez irá despertar uma vontade de mudança. Não faz sentido a força de vontade sem um julgamento. É a esperança de mudar o futuro que move o ser humano.

O poder criativo surge como uma "desobediência" de uma individualidade, de alguém inconformado que quer mudar a sociedade, mesmo

6 Com Pandora, a noite e o dia visitam os mortais... com ela inicia a degradação da humanidade (início das cinco idades de Hesíodo, com o afastamento das divindades, até chegar à idade de ferro (ouro, prata, bronze, heróis e ferro).

7 Na história do mito, Zeus pediu que cada deus a presenteasse com um dom, dando origem ao seu nome.

quando muitos querem manter tudo como está. Essa individualidade precisa se separar e agir, e com isso ele conquista o conhecimento e a consciência de si e sobre o mundo. Prometeu queria mudanças, contrariando o próprio Zeus, o senhor do Olimpo, que queria a manutenção da ordem. Daí, considerar a concepção do bem e do mal, advindo com Pandora, como um "castigo" de Zeus, seria uma visão superficial do mito. Os deuses representam forças que são amorais. Na verdade, o mito revela sobre as consequências naturais, ou o preço a pagar pelo ser humano, para que pudesse experimentar a consciência de sua individualidade e ser criativo como os deuses. Os animais e as plantas, por exemplo, vivem a partir de uma alma de grupo, não individualizada, sem a consciência do bem e do mal. Um predador, por exemplo, não sente nenhuma compaixão por sua presa, pois para ele isso não faz o mínimo sentido, como não também faz sentido querer mudar o mundo.

Retornando ao mito, Zeus castiga também Prometeu por sua desobediência: além de retirar sua imortalidade, ele é acorrentado ao monte Cáucaso, onde um abutre comia o seu fígado durante o dia, todos os dias, se regenerando à noite. O fígado corroído pelo abutre significa que o preço da individualidade é o desgaste físico que consome sua vitalidade[8], que com o tempo o levará à morte física. Já o abutre é um ser que se alimenta de restos das carcaças dos animais, daquilo que está morto. Essa ave simboliza a cobiça, pois as pessoas que colocam os bens materiais acima de qualquer coisa, estão também se vinculando com o que é morto e sem vida. Da mesma forma, aquele que empreende apenas pelo dinheiro, e os bens materiais que ele pode comprar, não se importando se faz o bem ou mal, está acorrentado na matéria como Prometeu. E como ele pode se libertar desses grilhões?

Conforme descreve o mito, a autorização para libertar Prometeu, e devolver-lhe a imortalidade, foi dada por Zeus a Hércules (ou Herácles). E por que Hércules? Definitivamente essa escolha não ocorre por um mero acaso. Hércules foi aquele que realizou a "jornada do herói" quando empreendeu os chamados 12 trabalhos. Aqui a história de Hércules e Prometeu se fundem, revelando uma outra lei da vida: quando um ser humano empreende essa jornada, superando a cobiça e a morte, e utilizando

8 O fígado é também considerado como órgão da vitalidade. (N. do A.)

seu poder criador para promover o bem, ele recupera sua imortalidade, assim como aconteceu com Prometeu[9]. O herói supera a morte, ou o apego pelo que é morto, para promover o bem e perpetuar sua existência a partir do seu legado. A cobiça, fruto do egoísmo, é em si uma prisão, pois cria obstáculos para o próprio desenvolvimento individual, já que o processo de aprendizagem depende de uma relação de interesse verdadeiro com o mundo externo. O egoísmo aprisiona o indivíduo em si mesmo, retirando dele a possibilidade de assimilar em si todo o universo. Aquele que supera o egoísmo não sente mais à vontade de tomar para si o mundo, mas carrega o impulso de se conectar com ele por amor.

Uma imagem muito semelhante ao mito de Prometeu, foi revelada através da história de Adão e Eva, retratada em Gênesis do Velho Testamento da Bíblia, descrevendo o complexo caminho do ser humano para se tornar uma individualidade consciente e criadora.

A história conta que, ao desobedecer às ordens de Deus e comer do fruto proibido, os olhos de Adão e Eva se abrem e passam a reconhecer o bem e o mal, exatamente como foi previsto pela serpente quando tentou Eva: “Então disse o Senhor Deus: Eis que o homem é como um de nós, sabendo o bem e o mal”[10]. O fruto da Árvore do Conhecimento abriu seus olhos, permitindo-lhes reconhecer a dualidade, levando-os a se esconderem do próprio Deus, pois a partir daí também reconheceram que também eram desprovidos de virtudes (2003, p.39-40). Sobre esse trecho, vale ressaltar que a busca pelo conhecimento somente pode ser impulsionada pelo reconhecimento da falta dele, já que só faz sentido querer algo, quando não o possui: somente aquele que reconhece que não sabe, busca o conhecimento. Assim como no mito de Prometeu, o fruto da Árvore do Conhecimento (que aqui se equivalente ao fogo do Olimpo) que despertou a consciência do ser humano sobre o bem e o mal, a saúde e a doença, também os tornou criativos, como os próprios deuses.

Outro aspecto que coincide com a mitologia grega, é que ao experimentar desse fruto, Adão e Eva — e todos os seus descendentes — perdem a imortalidade, tendo que experimentar a morte: “dele (do fruto da

---

9 BRANDÃO, Junito. *Dicionário Mítico-Etimológico*. vol II, Ed Vozes: Petrópolis, 1991, p.234-5 e 328-9 e STEINER, Rudolf, *La Leyenda dell Templo y la Leyenda Dor Petróada,* Ed Antroposofica: Buenos Aires, p.37 a 47, 2006.

10 Gênesis 3:22.

árvore do conhecimento) não comereis, nem tocareis nele, para que não morrais"[11]. Vivenciar a morte é outra consequência do conhecimento de outras dualidades, como "tempo e espaço" e "forma e movimento". Sem o movimento tudo se tornaria eterno e fixo. A consciência sobre o tempo é possível pelo reconhecimento da impermanência das coisas no espaço: a vida se revela no movimento, e o futuro somente será diferente do passado, se houver um processo de morte e renascimento.

Um outro aspecto dessa passagem bíblica que merece destaque é a expulsão de Adão e Eva do Jardim do Éden. A palavra "Éden" significa "delícia", "paraíso"[12], ou seja, trata-se de um local de conforto e segurança onde impera a unidade, sem o confronto com outros seres que surge com a consciência da dualidade e o senso de separação. Como havia previsto a serpente, ao experimentar do fruto proibido, os olhos de Eva se abriram, e ela percebeu que comer daquela árvore era *"desejável para dar entendimento"*[13]. Então surge uma nova pergunta: que pai iria querer que seu filho permanecesse cego e ignorante? Não faz sentido que essa fosse a vontade divina, mas o que a história quer revelar, assim como no mito de Prometeu, que o desenvolvimento da consciência depende da vontade individual, que precisa desobedecer para romper com o Todo, para aprender a partir de suas próprias vivências, assim como na história do Filho Pródigo contada por Jesus Cristo.[14]

Em qualquer relação, onde prevalece apenas o sentido de unidade não há conflitos e tudo é lindo a "paradisíaco", mas esse estado somente pode permanecer na ausência da liberdade individual. Imaginem uma família onde um pai ou uma mãe ordenam e todos obedecem às suas ordens sem questionar: é certo que num ambiente assim tudo funcionaria como previsto, dentro da ordem estabelecida, mas ao custo do sacrifício da liberdade individual que estaria impedida de questioná-la.

Esse tipo de sociedade foi muito bem retratada pelo livro *O Doador de Memórias* de Lois Lowry, que também se transformou em filme. *O Doador*

---

11 Gênesis, 3:3.

12 Fonte: <https://michaelis.uol.com.br/moderno-portugues/busca/portugues-brasileiro/eden/>. Acesso em 19 de abr. de 2023.

13 Gênesis 3:6.

14 Lucas 15:11-32.

de Memórias conta a história de uma sociedade regida por um conselho de anciãos, onde tudo, incluindo o clima, é totalmente controlado. Não há surpresas e tudo ocorre como previsto. Para que tudo funcione tão bem, os moradores da cidade são impedidos de fazer questionamentos e para evitar surpresas eles são diariamente anestesiados para serem impedidos de sentir ou mesmo demonstrar qualquer tipo de sentimento que pudesse despertar a consciência do bem e do mal.

O que esses mitos revelam é que a consciência e o entendimento somente podem ocorrer a partir da liberdade do ser humano para questionar e lutar contra a ordem social que muitas vezes lhe é imposta. A verdadeira consciência não ocorre através de uma desobediência pela desobediência, que não tem nada ver com consciência, mas uma desobediência que quer romper com os costumes e dos velhos hábitos em nome da busca pela compreensão do que é verdadeiro.

Uma pessoa que não despertou para sua individualidade tende a se comportar de maneira mais adequada para ser aceita pelo grupo, obedecendo ordens e evitando manifestar suas opiniões e o seu próprio querer. Quando uma pessoa não se permite falar o que realmente pensa a respeito de algo, sua tendência é se calar ou, quando disser algo, terá como objetivo agradar a todos. A repressão de si mesma, movida pelo temor do confronto ou de um conflito, irá levá-la à renúncia de sua própria consciência.

Porém, a bíblia também relata que no Éden existe uma outra árvore, a da Vida, mas Deus ordenou que seu acesso fosse guardado por Querubins munidos de uma espada inflamada (Gênesis 3:24). É apenas no novo testamento que Jesus Cristo aponta para o caminho de retorno, para quem quiser obter acesso à árvore da vida eterna e superar a morte: agir por amor ao próximo, ou seja, faça aos outros o que você gostaria que fizessem a você mesmo[15]. Pelo amor o ser humano se desvencilha dos grilhões que o prendem à morte na matéria, para se reconectar com a vida e com o mundo. A árvore da vida é a árvore da liberdade, que desperta o caminho para os seres humanos *agirem seguindo seu próprio coração, livre as convenções que o aprisionam*, assim como fez Hércules, o herói grego que superou a si mesmo para devolver a imortalidade a Prometeu.

---

15 Mateus 22:37-39.

A história de Adão e Eva, assim como o mito de Prometeu, revela as leis do caminho do despertar (nascimento) do ser humano para a consciência. Cada uma do seu jeito, ambas revelam alguns passos que são comuns dessa jornada:

- ***A desobediência***: (de Prometeu e de Adão e Eva) que permite que os humanos acessem o conhecimento e se tornem conscientes;
- ***A consciência do bem e do mal***: que traz o sentimento de separação e a dualidade, como ocorreu na queda do paraíso e no surgimento da Pandora com sua "caixa";
- ***Usar a inteligência para suprir suas necessidades***: ao se apropriarem dos dons dos deuses, os humanos devem saber utilizá-los para tirar seu próprio sustento na vida da matéria;
- ***Agir em Liberdade***: ao atender suas necessidades, o ser humano terá que decidir se irá utilizar sua capacidade criadora para agir por amor e em liberdade para promover o bem, ou apenas com foco em ganhar dinheiro, não se importando com as consequências de seus atos;
- ***A reconciliação com o todo***: a necessidade do ser humano que se individualizou de se reconectar com o todo, ensinando aos demais o que aprendeu em sua jornada.

Esse é o roteiro do monomito, a jornada do herói que se repete em várias mitologias, contos e parábolas. Ao contrário do que muitos possam pensar, essas não são histórias moralistas que queiram impor um comportamento, mas buscam revelar as consequências de quem atua em harmonia ou em desarmonia com as leis do universo. Ser livre ou um prisioneiro é opção de cada um. Aquele que se encontra acorrentado na sua própria cobiça, preso na matéria, é impedido de ser livre para aventurar e empreender sua própria biografia e seu propósito de vida.

Em sua entrevista dada a Bill Moyers, publicada em DVD com o nome de *O Poder do Mito* (que posteriormente foi transformada em um livro homônimo), Joseph Campbell relata que, quando lecionava na Universidade de Princeton, tinha um encontro com cada um de seus alunos onde ele aconselhava: "faça da sua vida o que você quer e ama fazer, siga seu coração e seja feliz!" Rudolf Steiner também atentou para a importância do ser humano se tornar um protagonista no mundo e levantou a seguinte questão: "que impressão há de produzir em qualquer pessoa o fato de que todas as gerações de deuses, todo o poder do universo, têm como missão fazer do homem o centro de sua atividade criativa" (1992, p.8).

Quando um ser humano desperta para a jornada da consciência, ele precisa se libertar dos grilhões da matéria e do social e se conectar e agir conforme sua própria essência. Existe, dentro de cada ser humano, um Prometeu acorrentado aguardando para ser liberto, o que ocorre cada vez que um ser se torna criativo e empreende seu propósito, superando suas paixões e agindo por amor ao mundo e aos seres. Nas palavras de Goethe "O amor e a vontade são as asas do espírito das grandes façanhas. O autêntico, o verdadeiro grande talento descobre as suas maiores alegrias na realização, [...] Quem não sente amor, deve aprender a adular; caso contrário, não consegue viver."

O processo de individuação é, literalmente, uma tarefa 'hercúlea'. Para prosseguir nesse caminho o postulante precisa confrontar o *status quo* da cultura predominante para criar e empreender algo novo. Não raro, ele não será compreendido, como pode ser observado nas biografias de tantos empreendedores geniais, como Mohandas Gandhi, Martin Luther King, Steve Jobs, Walt Disney, Albert Einstein, Nise da Silveira, Nelson Mandela, Rudolf Steiner, Francisco de Assis e o próprio Cristo. O empreendedor de sua história é aquele que se aventura sair do conforto e viver a sua própria experiência e os desafios que a vida lhe impõe. A trilha do autoconhecimento só se abre para aquele que se individualiza e que demonstra disposição para criar e empreender algo a partir de sua própria essência. Não basta imaginar e ter uma ideia criativa, mas para conseguir o pão com seu próprio suor ele terá que ser capaz de gerar resultados no mundo material, gerar lucro e sobreviver sem nenhuma segurança na existência. É nesse caminho de idas e vindas, certezas e incertezas, que o indivíduo se fortalece para se transformar num verdadeiro Ser Humano, como na bela história de Pinocchio, de Carlo Collodi: somente quando Pinocchio passa agir guiado pelo seu coração e sua própria consciência, cultivando o amor pela verdade, ele deixa de ser uma marionete para se transformar num verdadeiro ser humano.

> O organismo social foi planejado com sete membros, como se forma no tempo, numa escala musical. E só pode prosperar se é construído de acordo com a lei do número sete, do qual se baseia tudo na natureza. O arco-íris também tem sete cores... Assim também as sete notas musicais... e, além disso, como também as cifras dos pesos dos átomos na química, seguem a periodicidade do número sete. E isto se sucede em todo mundo. É por isso que para aqueles que observavam as sabedorias ancestrais, a constituição da sociedade humana naturalmente devia regular-se de acordo com leis semelhantes.
>
> (Rudolf Steiner)
>
> « »

O número da Vida

Segundo Rudolf Steiner, no sentido pitagórico, é importante "estudar os números e aprender a compreender o Universo a partir dessa simbologia" (2007, p.47). E chama a atenção de que o número "7" é uma lei que se manifesta em tudo que é vivo. O corpo humano contém 7 sistemas distintos (o sensorial, o neural, o respiratório, o circulatório, o metabólico, o motor e o reprodutivo).

Também os sábios da Grécia e Roma antigas, concebiam o sistema solar a partir dos 7 planetas que compõem o sistema solar, entre a Terra e o firmamento: Saturno, Júpiter, Marte, Vênus, Mercúrio, Lua e o Sol (os antigos designavam o Sol e a Lua também como planetas). Embora muitos possam objetar que no sistema solar existem outros planetas que ultrapassam esse número, como Plutão e Netuno, a explicação é que esses últimos não faziam parte do sistema solar original, mas se acoplaram ao sistema depois da sua formação inicial, e que esse fato era conhecido pelos 'astrônomos' da época.

No mesmo sentido, ao longo do tempo diversos pensadores sobre os empreendimentos e gestão identificaram a existência de 7 aspectos distintos no caminho do empreendedorismo entre o propósito e o resultado, que são:

1. Visão Concreta de Resultados (ou visão de futuro);
2. Princípios e Políticas;
3. Estratégia;
4. Governança;
5. Arquitetura de pessoas (ou estrutura);
6. Processos;
7. Reprodução (ou produtividade) que está atrelada aos recursos e *know-how*.

Os capítulos seguintes têm o objetivo de demonstrar, de forma bastante lógica, a relação entre a lei dos 7 aspectos nos empreendimentos, com os 7 sistemas e os órgãos que constituem o corpo humano e a mitologia dos 7 planetas. Que o ser humano possa experimentar em si a sua própria individualidade, que somente estará completa quando sentir que ela é parte de toda a beleza que constitui o Todo.

11

O papel da Governança e a fisiologia das organizações

> Notamos a modificação psicológica naquelas classes da sociedade que tinham sido até então as criadoras da cultura. Seu poder e energia criadores secaram. Os homens tornaram-se enfastiados e perderam o interesse pela criação, deixando de valorizá-la. Estão desencantados. Não se esforçam mais no sentido de um ideal criador para o benefício da humanidade, mas seu espírito se ocupa ou com interesses materiais ou com ideais sem ligação com a vida na Terra e realizados em outra parte.
>
> (Mikhail Rostovtzeff)

« »

Nesse capítulo serão abordadas como as forças que atuam nos processos de governança foram representadas pela mitologia e como elas se manifestam no corpo humano. Como já foi dito, a governança é uma força que atua como um polo de compensação e harmonização das forças de contenção (e frio) e de ativação (e calor), para que o empreendimento possa ser bem-sucedido em seu intento. A governança é um espaço que tem como objetivo tomar decisões conscientes, o que somente pode ocorrer a partir da consideração dos diversos pontos de vista que compõem a realidade, somada a abertura para aprender e transformar o futuro. Ela deve criar as condições para que as pessoas possam atuar com criatividade, para que a organização possa oferecer os melhores benefícios para a sociedade. Quando se enxerga que o empreendimento e seus *stakeholders* formam um organismo único, é possível compreender que o bem de todos é, ao mesmo tempo, aquilo que pode promover o bem de todas as partes envolvidas.

Na primeira parte do livro, a governança foi o último aspecto da Matriz Phi a ser abordado, mas na segunda parte optamos por inverter essa ordem, já que os demais capítulos serão abordados os pares de forças que atuam nas organizações e encontram a governança como polo de harmonização.

Apenas para relembrar, essas são as forças polares que compõem a Matriz Phi:

- Espaço e Tempo (ligados à *visão concreta de resultados* e a reprodução);
- Forma e Movimento (que se manifestam nos princípios, políticas e nos processos);
- Exteriorização e Interiorização (que encontram eco na estratégia e na *arquitetura organizacional*).

Apolo, o deus guardião da Governança

Aprender a dominar é fácil, mas a governar é difícil.

(Goethe)

« »

Os diversos planetas orbitam ao redor do Sol, que é o coração do sistema Solar, que como tal, pulsa, num movimento rítmico de contração e expansão. Como descreve Dr. Bott a "observação da coroa solar revelou alternância de fases de concentração e expansão sincrônicas com a aparição e desaparição das manchas solares" (1982, p.60), num ciclo rítmico de onze anos. É o Sol que torna possível a vida na Terra.

Na mitologia grega o Sol é representado pelo deus Apolo[1], irmão gêmeo de Ártemis (a Lua), símbolo da perfeição que se manifesta através do equilíbrio dinâmico entre as polaridades:

1 O deus Hélio é uma divindade antiga que também está associado ao Sol, mas que, segundo Junito Brandão, aos poucos foi sendo substituída por Apolo. Fonte: BRANDÃO, Junito de Souza. **Dicionário Mítico Etimológico: Mitologia Grega**. vol. I, Ed Vozes: Petrópolis-RJ, 1991, p.509.

> o novo deus-sol, todavia, iluminado pelo espírito grego, conseguiu, se não superar, ao menos harmonizar tantas polaridades, canalizando-as para um ideal de cultura e sabedoria. Realizador do equilíbrio e da Harmonia dos desejos, não visava suprimir as pulsões humanas, mas orientá-las no sentido de uma espiritualização progressiva, mercê do desenvolvimento da consciência. (BRANDÃO, 1991, p.89, grifo do autor).

Apolo se transformou na grande divindade da purificação e da medicina, deus da luz, que vence as forças terrenas (o materialismo) que se opõem às divindades olímpicas. Apolo busca orientar o impulso criador dos seres humanos para agirem com consciência e promover o bem-estar de todos.

O deus Apolo está relacionado ao número *sete*, o número da perfeição que simboliza a "totalidade do tempo e do espaço". Seu nascimento ocorreu no dia *sete*, na ilha de Delos, quando cisnes, de uma brancura imaculada, deram *sete* voltas em torno da ilha. Sua lira também possui *sete* cordas e "sua doutrina se resumia em *sete* máximas, atribuídas aos *sete* sábios." Na concepção dos gregos, o sistema solar é composto por seis planetas — além da Terra —, sendo o sétimo o Sol como um eixo que traz o ritmo da vida e o equilíbrio. As seis direções do espaço (em cima, embaixo, esquerda, direita, frente e trás) contêm um ponto central como sétimo elemento.

> As 7 cores do arco-íris e as 7 notas da escala diatônica mostram o setenário como regulador das vibrações, as quais traduziam para muitas tradições primitivas a própria essência da matéria. Sete, já se observou, é o fecho de um ciclo e de sua renovação. (BRANDÃO, 2012, p.109-11)

Uma semana (do latim *septima*) possui *sete* dias, e Deus criou o universo em seis dias, e no sétimo Ele doou a Vida: "(Jeová) inspirou em seu entendimento uma essência exalada das Vidas, e depois Adão, o Homem universal, se transformou em um símile da Alma viva e universal" (apud D'OLIVET, 2003). Para Santo Agostinho "o 'seis'" designa uma parte, porque o trabalho está na parte; só o repouso (sete) significa o todo, porque traduz a perfeição.[...] o que é parte, um dia, se dissipará e o sete há de coroar o seis (De Civitate Dei, 11,31)" (BRANDÃO, 2012, p.111).

Essas imagens sobre a mitologia podem contribuir para compreender as forças por de trás dos processos de governança dos empreendimentos. Como tudo que se manifesta no mundo físico é imperfeito, além de estar sempre em movimento, sempre haverá uma lacuna entre o propósito e aquilo que o empreendimento realmente entrega como resultado. Uma organização que permanece estática, sem mudanças, apressa sua morte, pois tudo que é estático está morto.

Enquanto a capacidade de criar e empreender permite que o ser humano se individualize e revele a si mesmo a partir da expressão de suas capacidades, a expansão de sua consciência se dá pelo processo de aprendizagem. A absorção do conhecimento depende do interesse do observador e da qualidade de sua interação com o mundo. Esse interesse se intensifica à medida que se maravilha com a beleza do Universo e se torna consciente, quanto mais age em harmonia com suas leis, caminhando para se tornar um Ser Universal, perfeito como o próprio deus Apolo.

Um processo de governança se dá no encontro de pessoas com interesse em ampliar seu olhar sobre um fenômeno, a partir de diversos pontos de vista, que permite a ampliação de sua visão da realidade para alcançar uma ação diferenciada. Quando o ser humano faz uso do diálogo na busca pela verdade, ele pode se transformar *"em um símile da Alma viva e universal"*, como descrito em Gênesis de Fabre d'Olivet. Um processo de governança saudável, assim como o deus Apolo, não tem como objetivo satisfazer as pulsões humanas, mas compreender o que não está funcionando bem e atuar em suas causas, contribuindo para que o organismo se mantenha sempre fiel a seu propósito de servir. Para isso o grupo precisa aprender a discernir que tipo de decisão trará bons ou maus resultados.

A qualidade dos cisnes, companheiros de Apolo, também estão presentes na governança. A brancura imaculada dessas aves se contrasta com os cisnes negros: os primeiros simbolizam a luz do dia, a força masculina e a individualidade, enquanto os últimos significam a Lua e a luz da noite, que são o símbolo do feminino e do social. Como a individualidade e o coletivo se complementam formando um Todo, também "o cisne se torna andrógino, carregando-se mais ainda de mistério sagrado." Para o filósofo e químico Gaston Bachelard (apud BRANDÃO, 2012), a imagem do cisne é hermafrodita, já que ele é feminino na *contemplação* das águas e masculino na *ação*. Como um processo de aprendizagem, a governança traz em si a qualidade feminina contemplativa, que se expressa no cisne negro. Quando se torna mais ativa e cria alternativas para provocar a renovação do empreendimento, ela se aproxima das qualidades masculinas do cisne branco.

Apolo é símbolo da ponderação que gera o equilíbrio. É também o deus da luz, da harmonia e da purificação. Quando num grupo de pessoas, alguém age a partir de um ponto de vista dominante, se negando a ouvir outros pontos de vista, não pode haver aprendizagem nem renovação. Por isso governança é um espaço horizontal de diálogo, onde as pessoas devem se apoiar para ampliar sua consciência sobre o negócio. Todo ser humano é passível de erros e acertos. Mesmo os empreendedores, que em algum momento foram muito bem-sucedidos, também irão cometer erros. A arrogância alimentada por um sucesso passado, que leva um empreendedor a pensar que está acima do bem e do mal, é o princípio de sua própria decadência.

A simbologia de Apolo revela toda a beleza e, ao mesmo tempo, os impactos positivos que podem ser gerados pelos processos de governança como uma força de revitalização das organizações. Não é por acaso que, nos dias de hoje, muitos fundos de investimento têm exigido a implementação de um processo de governança formal, como condição para investirem capital nos diversos empreendimentos, como forma de mitigar os riscos e potencializar melhores resultados. A governança será cada vez mais utilizada por todas as organizações que anseiam por uma maior longevidade de seus negócios.

As forças da governança na Fisiologia Humana

Todas essas diversas forças descritas na Matriz Phi, também estão presentes na vida dos seres humanos. Porém, toda vez que há um forte desequilíbrio na atuação dessas forças, o organismo adoece. Por exemplo, as pessoas onde as forças de *contenção e frio* predominam sobre as forças de *vida e ativação*, tenderão sofrer as doenças chamadas esclerosantes, que enrijecem o corpo, como nos casos das artrites, câncer, cirroses etc. Quando ocorre o inverso, e as forças de *ativação e calor* predominam sobre as de *contenção e frio*, as consequências serão as manifestações das doenças inflamatórias, como no caso da asma, osteoporose, miocardites etc.

O mesmo desequilíbrio, quando observado nas organizações, poderá causar uma série de disfunções que irão afetar seriamente seus resultados. Por exemplo: empresas que contam com processos muito rígidos e uma disciplina muito férrea, criam ambientes muito "duros e frios", com excesso de protocolos e formalidades e pouco diálogo. Já o excesso de calor e ativação, combinado à escassez de forças estruturantes, terá como consequência processos pouco definidos, falta de clareza quanto aos papéis e responsabilidades das equipes, objetivos abstratos etc., onde as pessoas tendem a fazer muitas coisas, porém de maneira inconsciente e aleatória, trazendo insegurança (pela falta de referências) e exaustão.

Os próprios colaboradores costumam expressar sobre suas próprias percepções sobre o equilíbrio (ou desequilíbrio) na dinâmica dessas duas forças, ao se referirem ao seu ambiente interno das organizações como mais *frio* ou mais *caloroso*, mais *rígido* ou mais *flexível*. A saúde de uma organização, assim como de um corpo humano, não ocorre a partir de um equilíbrio estático, até porque esse equilíbrio não é natural do que é vivo. Da mesma forma que um equilibrista precisa tender levemente para um e outro lado para andar sobre a corda bamba, uma organização saudável é aquela que está sempre desequilibrando para se equilibrar: ora tendendo em direção à forma, ora em direção à flexibilidade, ora afrouxando, ora tensionando, buscando se manter saudável dentro de um mercado instável.

No corpo humano, o órgão responsável por essa função rítmica que atua para equilibrar e harmonizar esses dois polos é o coração, atuando como ponto central do sistema circulatório. É a partir do ritmo do coração que o corpo alcança a harmonia (BOTT, 1962, p.62). Já nas organizações, essa função central é desempenhada pela governança que funciona como o coração do organismo. Esse é o espaço onde se analisam os indicadores de resultado para se obter o entendimento sobre como as diversas forças atuaram para gerar tais resultados, oferecendo subsídios para reconhecer os desequilíbrios que irão relevar as questões de aprendizagem (forças restauradoras de vida) que podem trazer a cura e o desenvolvimento do empreendimento. Vale lembrar que os processos de governança podem ser implementados também nas diversas áreas e nos diversos projetos.

Assim como através do sistema circulatório o coração está em permanente contato com todo o organismo, um processo de governança, capaz de harmonizar e trazer saúde para a organização, somente poderá ocorrer a partir da compreensão das leis que regem as organizações, que permitem compreender como as partes se relacionam entre si e com todo organismo. Como escreveu Goethe:

> Sofremos e nos regozijamos de acordo com leis eternas; nós as realizamos e elas se realizam em nós, quer as conheçamos quer não. O bolo não agrada a criança sem que ela saiba coisa alguma sobre um confeiteiro, e as cerejas, ao pardal sem que ele reflita sobre a maneira que elas chegaram? (HADOT, 2019, p.63).

No Ritmo do Coração

O corpo humano possui seu ritmo estabelecido pelo batimento de seu órgão central, o coração, que age a partir de um movimento contínuo de *contração e expansão*, chamados respectivamente de *sístole e diástole*. Segundo Dr. Bott, a sístole pode ser associada às forças de materialização (que nas organizações estão relacionadas com sua capacidade de *empreender*), enquanto a diástole às forças de espiritualização (que na Matriz Phi foram descritas como a capacidade de *aprender*).

É possível fazer uma analogia da coluna do empreender com a palavra "negócio", que na sua etimologia significa "sem ócio", ou "sem inação"[2], enquanto o processo de aprendizagem segue num sentido oposto, exigindo um freio na atividade constante e o cultivo da *contemplação, do entendimento e da inovação.*

Um corpo saudável busca estabelecer um ritmo que permita equilibrar essas duas correntes. Uma organização não é diferente, ela deve estabelecer um ritmo de governança para equilibrar essas forças e manter seu corpo saudável. O equilíbrio dinâmico entre sua capacidade de materialização, e de expansão para além de si mesma, irá promover sua saúde e sua longevidade.

---

2 Fonte: <http://etimologias.dechile.net/?negocio>. Acesso em: 18 de abr. de 2023.

As disfunções organizacionais das forças do Sol

> A administração de um sistema, portanto, exige conhecimento da inter-relação entre todos os componentes existentes no sistema e as pessoas que nele trabalham.
>
> (Dr. Deming)
>
> « »

Como pode ser observado na Matriz Phi, a força de materialização de um empreendimento, que vamos chamar de *corrente I,* parte de um pensamento (sutil e invisível) até a sua materialização (concreta e visível), enquanto o caminho de aprendizagem, que vamos chamar de *corrente II,* segue um caminho oposto, partindo da observação do que foi materializado como resultado, até o pensamento que poderá ser absorvido como forma de aprendizagem. O primeiro é um processo de condensação e contração (da ideia até a matéria), enquanto o segundo de sutilização e expansão (da matéria até a ideia).

A corrente I está relacionada com a disposição física e a capacidade de um organismo de superar os desafios e se firmar no mundo. Segundo Dr. Victor Bott, quando a corrente I de um ser humano está enfraquecida, a pessoa irá manifestar problemas de encarnação — ela se conecta pouco com a vida terrena e a matéria — e pode desenvolver doenças típicas desse excesso como, por exemplo, a anorexia, palidez e a falta de iniciativa.

Nas organizações, o excesso das forças de espiritualização, com um baixo nível das forças de materialização, irá comprometer sua capacidade de realização, levando o organismo a um estado onírico. A ausência de números e indicadores sobre os seus resultados compromete a consciência sobre o próprio negócio, pois qual será a qualidade do processo de aprendizagem que não se ancora na compreensão da realidade? Empresas que apresentam essa disfunção tendem a ser ineficientes e a viver em um mundo de fantasias.

Já o excesso dessa corrente I, em detrimento da corrente de espiritualização, poderá causar nas pessoas problemas como um apetite exagerado pelas coisas materiais, uma grande tendência em aquisições, além da dificuldade de valorizar a aprendizagem e em conceber o espiritual. Haverá uma tendência para um apego desproporcional às coisas terrenas em relação às do espírito (autoconhecimento e aprendizagem).

O excesso de força de materialização, desprovida da capacidade de aprendizagem e desenvolvimento, poderá levar pessoas e organizações a se tornarem cada vez gananciosas e focarem apenas nos números de maneira fria. Quando muito acentuada, mais comprometida será sua capacidade de lidar com as transformações necessárias para promover o desenvolvimento constante do empreendimento. Haverá uma tendência de fazer qualquer coisa para atingir o número desejado, mesmo que os meios utilizados possam colocar em risco a saúde da empresa no longo prazo.

O quadro abaixo traz a síntese das forças de Apolo, assim como as disfunções dos excessos de uma e outra força:

Forças de Apolo nos Empreendimentos	
Força Primária: Materialização / Contração - Consciência	**Força Secundária: Sutilização – Aprendizagem / Espiritualização**
Exteriorização: características ▫ Capacidade de empreender e materializar; ▫ Desperta a consciência sobre a realidade: apura os indicadores relevantes; ▫ Capacidade de vencer dificuldades; ▫ Ancoragem na Terra: empreendimento com os pés no chão.	**Interiorização: características** ▫ Sutilizar: transformar dados observados em aprendizagem; ▫ Ressurreição (metamorfose) a partir do que é morto (o que foi materializado); ▫ Desapegar de conceitos antigos.
Sintomas: excesso da Força de materialização e baixa sutilização: ▫ Obstáculos à aprendizagem; ▫ Ganância excessiva e apego aos bens materiais; ▫ Dificuldade de lidar com as transformações necessárias: o que precisa morrer para renascer.	**Sintomas: excesso da Força de sutilização e baixa materialização:** ▫ Pensamentos abstratos desconectados da realidade; ▫ Medo causado pela fuga da realidade; ▫ Delírios por não compreender a realidade; ▫ Perda da vivacidade.

12

As forças da Visão Concreta de Resultados e da Reprodução das Organizações expressos na fisiologia humana e na mitologia

Uma vez observado o ritmo da governança, neste capítulo serão abordadas as forças por trás da *visão concreta de resultados*, a reprodução (ou produtividade), a geração de valor para os clientes e a inovação, identificando como elas foram representadas pelas mitologias greco-romana e como elas atuam para manter o funcionamento do corpo humano.

Enquanto não tivesse compreendido/ Esse 'morre e vem a ser!'/Não passas de hóspede obscuro/Na Terra tenebrosa.

(Goethe)

A eternidade ama as criações do tempo.

(William Blake)

« »

A relação da eternidade com as dimensões do espaço-tempo: do firmamento até o sistema solar

Como já foi dito, o propósito de uma organização normalmente é descrito a partir de um verbo no infinitivo que lhe assegura essa qualidade de perenidade: o propósito de uma organização é eterno enquanto ela durar. Por outro lado, como a *visão concreta de resultados* está ancorada numa imagem finalizada, ela morre quando se realiza. Isso ocorre porque a visão de resultado, diferente do propósito, adentra a dimensão do espaço e do tempo. Esses dois aspectos carregam em si duas dimensões polares: a da eternidade e a do tempo.

Essas mesmas dimensões podem ser sentidas a partir da relação do firmamento com o Sistema Solar. A imagem do Universo, a partir do ponto de vista da Terra, traz uma relevante experiência no nível da psique humana: nos referimos às estrelas do céu como o "Firmamento", como algo fixo e eterno, fora da dimensão do espaço-tempo, já que elas aparentam estar numa posição fixa em relação ao nosso planeta. Através do céu e das estrelas, o ser humano pode vivenciar o sentimento do eterno.

Ao deixar para trás as estrelas fixas, para adentrar no Sistema Solar, as primeiras dimensões que precisam ser vivenciadas são o espaço e o tempo, sem as quais seria impossível conceber qualquer conceito de existência da vida como a conhecemos. Não por acaso, o primeiro planeta que surge para quem penetra no Sistema Solar é Saturno, (ou Cronos na mitologia grega). Saturno ou Cronos é representado pela imagem de um velho sábio e está relacionado ao tempo (daí o nome "cronologia" e "cronômetro" que derivam de Cronos). Em algumas imagens esse deus aparece com uma ampulheta, em outras com uma foice, o que ilustra um princípio da existência temporal: para que o presente possa acontecer, o passado deve ser ceifado e morrer. O conceito de tempo está ligado a uma imagem de algo concreto que se move de maneira sequencial no espaço. Onde tudo é estático, o conceito de tempo perde o sentido. Não obstante, costuma-se dizer que algo ficou 'parado no tempo' quando muda muito lentamente ou permanece num estado aparentemente inalterado.

Algo semelhante acontece com os empreendimentos: enquanto ele existe somente como propósito, ele permanece como uma "estrela guia" no pensamento de seu idealizador; mas enquanto permanecer ali, nada ocorre nas dimensões do espaço-tempo. Para um propósito deixar de ser um sonho e ganhar vida, ele precisa trilhar um caminho rumo à sua materialização. O primeiro passo nesse sentido é adentrar nas dimensões do espaço e tempo, o que ocorre quando se estabelece uma visão concreta de resultados, que permite ao pretendente "ver" como esse propósito pode se materializar, através da imaginação do impacto futuro de seu empreendimento. Através da visão de resultado a *intenção*, expressa pelo propósito, estabelece uma *finalidade*: o que é eterno ganha a forma que no espaço irá ocupar no futuro.

Essa visão de um resultado é também a imagem da "morte no espaço", já que o resultado, quando se realiza, se torna algo acabado e morto. Mas se a realização da visão carrega consigo a ideia da morte no espaço, faria sentido dizer que uma empresa morre quando realiza sua visão? De uma certa forma sim, principalmente se essa visão não for renovada. É aí que entra o propósito com sua característica de perenidade: quando uma empresa percebe que está próxima de realizar sua visão de resultados, ela pode recorrer ao propósito para criar uma nova imagem de visão. Para ilustrar esse processo, imaginem um barco que tem como visão de resultado alcançar o porto de uma determinada cidade. Pode-se dizer que essa visão de resultado termina quando esse ponto é alcançado. Sem uma nova imagem de futuro, o barco permanecerá no mesmo local até apodrecer e desaparecer. Mas como o propósito de um barco é navegar, ao definir um novo ponto de chegada o seu capitão, traz uma nova finalidade para ele. Assim, é correto dizer que o propósito de uma organização serve como uma referência, ou podemos dizer, um "firmamento" para que, quando necessário, uma nova visão de resultado possa ser estabelecida.

Essa é uma lei que nem sempre é bem compreendida, principalmente porque, para muitos, não é nada fácil lidar com as forças da morte. Mas o fato é que tudo que adentra no espaço será corroído e morrerá com o tempo, mas vale lembrar que a vida se mantém quando renasce numa nova forma.

A visão concreta de resultados é a definição do *espaço* que uma determinada individualidade pretende ocupar no mundo físico através do que ele cria e empreende. *Aquele que não possui uma visão concreta, não tem consciência do espaço que quer ocupar no mundo.* Uma organização terá melhores resultados à medida que a materialização dessa visão de resultados no espaço gere calor para todos os *stakeholders* no tempo. É exatamente esse calor que mantém uma visão de resultados viva. Quando ela deixa de gerar a vida, ela se aproxima da morte no tempo.

As forças do Espaço no Corpo Humano

Assim como na semente de uma maçã contém em si a imagem de toda a macieira, um embrião humano carrega em si a imagem do corpo do ser que deverá se formar. A parte mais concreta e dura desse corpo físico que será desenvolvido é o seu esqueleto, constituindo a primeira imagem do *espaço* que um indivíduo irá ocupar no mundo sensível. Sem os ossos, o corpo seria um monte de pele e carne amorfa. Por esse motivo a medicina antroposófica associa com o deus Saturno essas forças dos ossos que definem o espaço que um indivíduo irá ocupar no tempo.

Apesar de ser a parte mais dura e "morta" do corpo físico, dentro dos ossos ocorre um interessante fenômeno que vai no sentido oposto ao da morte: aqui se forma a medula óssea responsável por produzir um sangue novo que será fornecido para todo corpo durante sua vida. Fonte de renovação da vida, a medula possui uma força oposta e complementar à força de materialização que constitui os ossos: enquanto a materialização está relacionada com a dimensão da morte no espaço, o sangue novo que é produzido atua como uma força de ressurreição: é a vida que se renova no tempo.

Para completar esse ciclo de renovação, um outro fenômeno precisa acontecer: a contínua produção de hemácias poderia trazer um excesso dessas células no corpo. Para compensar, aproximadamente 120 dias após terem sido criadas, as hemácias são destruídas por outro órgão ligado a Saturno: o baço[1]. Em outras palavras, Saturno elimina aquilo que ele mesmo criou, como um processo necessário para a manutenção da vida. A mitologia representou a atuação dessa força com a terrível imagem de Saturno devorando seus próprios filhos, como foi expressa no famoso quadro do pintor espanhol Francisco Goya. Embora essa imagem possa parecer brutal aos nossos olhos, quando se atenta para o seu real significado, ela apenas retrata as forças que precisam atuar para que o corpo humano possa manter-se vivo.

---

1 Rudolf Steiner também "assinalava o papel do baço no entusiasmo", relacionado ao equilíbrio entre essas duas forças saturninas, de frio e calor. Ver: BOTT, Victor (1982) vol. II, p.27-8.

Saturno também está relacionado com o *sistema sensorial* do ser humano, que é responsável por perceber o mundo externo. Essa percepção pode estar ligada tanto ao mundo físico, quando um indivíduo observa um objeto no espaço e no tempo, como a capacidade de captar imagens do mundo das ideias, a chamada capacidade imaginativa. Isso ocorre, por exemplo, quando uma pessoa se interessa e se envolve com um tema e, num determinado momento, uma imagem lhe surge à mente e ela diz: Eureca!, Entendi! É por meio da imaginação que as pessoas têm os *insights* sobre suas descobertas, ou sobre suas visões de algo novo para o futuro.

De maneira análoga, essas mesmas forças representadas por Saturno observadas no corpo humano também ocorrem nas organizações. O que é morto e mais antigo é que gera um calor, um "sangue novo" que sustenta a vida. A imagem da visão de resultado deve ser capaz de gerar valor e entusiasmo para os investidores, clientes, fornecedores, colaboradores e demais *stakeholders*, criando as bases para a manifestação da vida do próprio empreendimento. Quando isso não ocorre, é sinal de que o espaço que a organização quer ocupar não gera valor (calor) para os impactados. A falta de entusiasmo e reconhecimento de sua proposta de valor irá comprometer sua disposição de pagar um preço justo pelos serviços e/ou produtos.

Quando o único critério de aquisição de produtos e/ou serviços passa ser o preço, e não o valor gerado aos clientes, a empresa terá dificuldades de estabelecer um valor justo que sustente o investimento em recursos e *know-how* que garantam um processo produtivo de qualidade, capaz de se aproximar ao máximo da visão de resultado almejada. O preço baixo também irá afetar os investimentos em diferenciação e inovação, que por sua vez irá comprometer a longevidade do negócio. E os problemas não param por aí: se a organização não investe em inovação ela terá dificuldades de acompanhar as novas tendências do mercado, ficando mais difícil perceber se a visão concreta de resultado estabelecida está atualizada, ou se precisa ser renovada em algum aspecto.

Conforme pode ser observado na Figura 36, esses quatro aspectos formam um ciclo dentro da organização que atuam na polaridade das dimensões do espaço e do tempo: enquanto a *visão concreta de resultado* e a inovação se apresentam como formas no *espaço*, a geração de valor nos

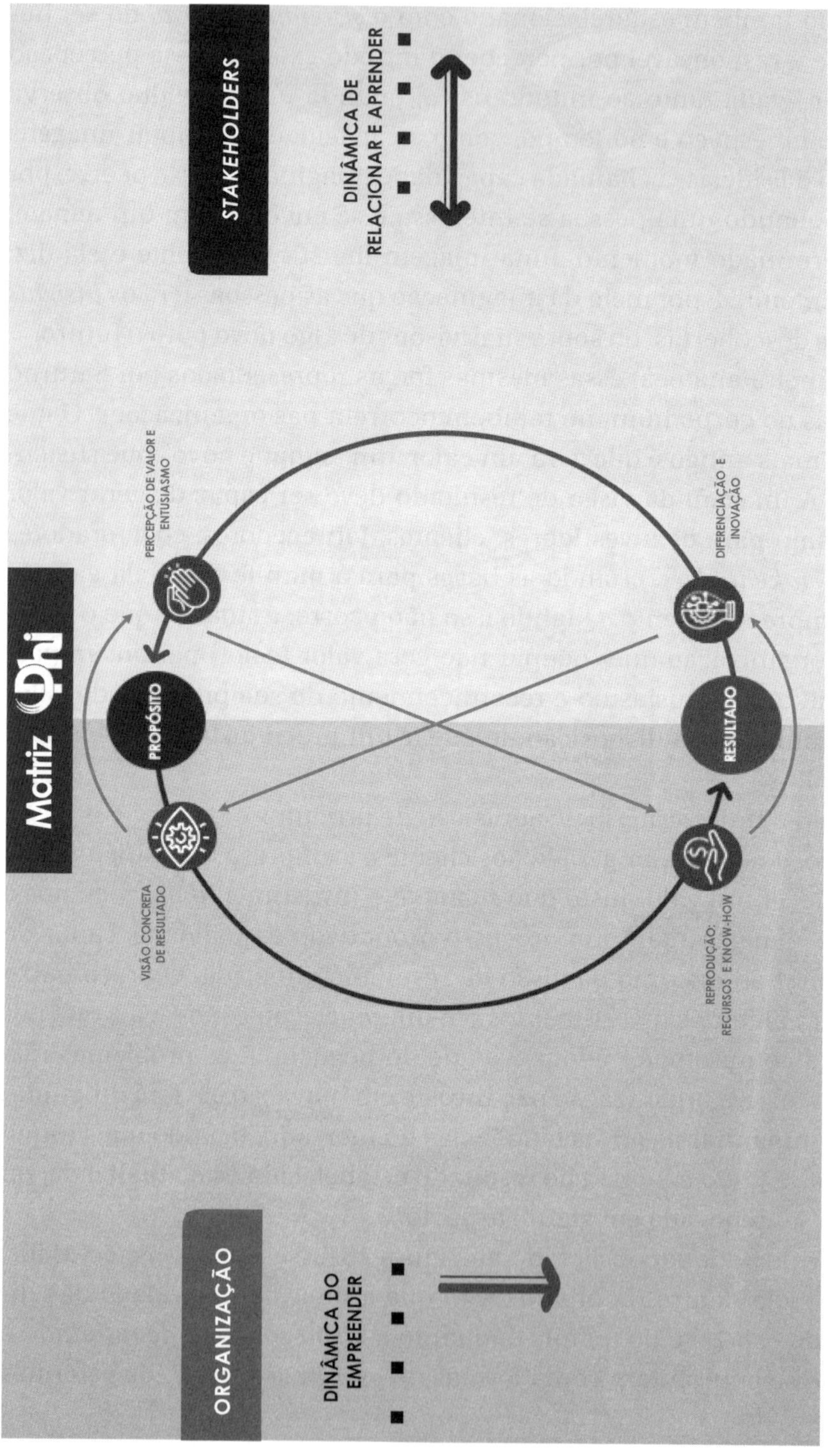

Figura 36
Fonte: Hélcio Padrão e Estúdio Zoombeedo (2022)

stakeholders e a reprodução ocorrem no *tempo*. O *espaço* que a organização quer ocupar no mundo irá impactar a dimensão do *tempo*, através da reprodução (abaixo lado esquerdo) e a percepção de valor nos clientes (acima lado direito). A continuidade da percepção de valor nos clientes no *tempo* depende de um processo de inovação e diferenciação (abaixo no lado direito), que renova a imagem do *espaço*, que por sua vez irá afetar a dimensão *tempo* na reprodução.

A relação entre esses diferentes aspectos demonstra que, por exemplo, quando um empreendimento sofre com uma possível escassez de recursos, seja para manter o fluxo de caixa de sua operação, ou para sustentar investimentos em máquinas, equipamentos e *know-how*, pode estar sinalizando que sua visão concreta de resultados esteja fraca, incapaz de despertar uma percepção de valor nos clientes e demais *stakeholders*.

Muitas vezes ocorre que, uma visão de resultado que tenha sido muito impactante para os clientes no passado, tenha "envelhecido" e haja necessidade de ser revisitada. Ao perceber esse desgaste, o grupo gestor deve ter coragem de deixar morrer a visão antiga para revitalizá-la com uma nova imagem: para que uma nova visão possa nascer, a antiga precisa morrer. E para que possam gerar valor e entusiasmo nos clientes, essa nova visão deve ir de encontro às suas necessidades reais. Uma boa visão de resultado é a tradução das necessidades de resultados dos clientes, que muitas vezes eles mesmos sequer perceberam.

A diferenciação é um aspecto importante nas organizações, que deve ser capaz de criar e manter um processo sistematizado de inovação para sustentar o seu desenvolvimento contínuo. Incentivar pesquisas e diálogos com outras empresas pode trazer importantes resultados para a melhoria das diversas áreas e de todo empreendimento.

Já existem organizações que incentivam a inovação como forma de superar o próprio negócio. Certa vez ouvi de um gestor de um fundo de investimentos dizer a seguinte frase: "é melhor nós mesmos gerarmos um negócio capaz de matar o principal, do que um concorrente externo." É certo que a mudança irá ocorrer, a questão é definir quem irá ser o autor da inovação.

As Disfunções do desequilíbrio das forças de Saturno

No corpo humano, o excesso da força *contenção e frio* de Saturno *(espaço)*, com um correspondente enfraquecimento da força de *calor e ativação (tempo)*, irá causar um processo intenso de endurecimento e ossificação desse organismo. Esse tipo de desequilíbrio poderá provocar escleroses, sobretudo a arteriosclerose, em idades mais avançadas, afetando o sistema cardiovascular: "o processo de ossificação tende a transbordar do seu sítio, invadindo o sistema cardiovascular; ele invade os vasos sanguíneos como se quisesse transformá-lo em ossos" (BOTT, 1982, p.25).

A memória é um processo de cristalização, onde ocorre o registro de uma representação mental sobre algo observado e também está ligada a essa corrente de *contenção e frio* de Saturno. O excesso dessa força poderá gerar também um excesso de intelectualidade, com um forte apego às lembranças do passado, sacrificando sua capacidade imaginativa: a imaginação é uma força de rejuvenescimento, pois é através dela que as pessoas se conectam com imagens que despertam sua vontade de transformar o mundo externo. Quando a imaginação é enfraquecida, as pessoas deixam de sonhar. Outro sintoma que pode surgir desse desequilíbrio é a hipocondria, que está relacionada ao baço: ocorre uma certa paralisia e frio, e o medo predomina em detrimento do calor e do entusiasmo pela vida.

Assim como ocorre com os indivíduos, as organizações que se prendem muito a uma imagem de sucesso passado pode se tornar arrogantes e se fechar para as mudanças que constantemente estão ocorrendo no mundo externo. Os gestores se fixam às memórias de um passado bem-sucedido e se convencem que tudo que fazem é bom e não necessitam mudar. A origem dos problemas vivenciados é atribuída exclusivamente ao cenário externo: o mercado, os clientes, os fornecedores, o governo etc. Uma vez que as causas dos problemas estão sempre do lado de fora, eles não conseguem imaginar as mudanças que poderiam tirá-los das crises que eles mesmos criaram. Sua capacidade imaginativa sobre o futuro fica comprometida, e eles passam a desacreditar de sua capacidade de renovação e superação. O medo passa a tomar conta e a ausência de perspectivas vai gradativamente minando seu entusiasmo. A falta de perspectivas e de renovação contribuem para gerar um resfriamento de todo organismo e causando "escleroses" (endurecimentos) e a perda de sua jovialidade.

Quando o desequilíbrio ocorre de maneira inversa, e a força de calor e vida (tempo) de Saturno se sobrepõe sobre à força de frio e contenção (espaço), haverá um comprometimento da consciência do organismo sobre si mesmo. Outro sintoma que poderá ocorrer desse desequilíbrio é o enfraquecimento do esqueleto, que poderá criar dificuldades para o indivíduo permanecer na posição vertical, ou mesmo desenvolver doenças como a osteoporose e o raquitismo.

Nos empreendimentos o excesso da força temporal em detrimento da espacial, poderá levar até um certo fanatismo, gerado por um excesso de entusiasmo, que se manifestam através de discursos calorosos, mas sem nenhuma sustentação no mundo físico, como por exemplo, uma pessoa que se entusiasma demais com uma ideia, mas que carece de argumentos que a sustentem. Projetos ou organizações com essas características também enfrentam dificuldades para manterem-se de pé por muito tempo (falta um esqueleto físico que os sustentem). Esse tipo de desconexão com a realidade, ou com o mundo espacial, faz com os empreendimentos percam a consciência sobre si mesmos e tenham dificuldades de lidar com os problemas do dia a dia.

Abaixo um quadro com a síntese das forças de Saturno nas organizações:

Forças de Saturno nos Empreendimentos	
Força Primária: Espaço – Visão Concreta de Resultados	**Força Secundária: Tempo – Gerar Valor e Entusiasmo**
Características ▫ O "Eu" adquire forças para manifestar-se no mundo (ocupar seu espaço); ▫ Demonstra interesse pelas coisas terrenas; ▫ Mineralizar: sem essa força nada se materializa.	**Características** ▫ Entusiasmo para um novo; ▫ Sabedoria para descongelar o tempo; ▫ Libertar-se do passado; ▫ Despertar: ressurreição no tempo pela vontade do Eu.
Sintomas: excesso da Força de Espaço e baixa de Tempo: ▫ Perda da capacidade criativa; ▫ Arrogância; ▫ Medo; ▫ Perda do entusiasmo.	**Sintomas: excesso da Força de Tempo e baixa de Espaço:** ▫ Enfraquecimento; ▫ Dificuldade de se manter firme perante os desafios da vida; ▫ Falta de interesse sobre as coisas terrenas e de materializar os projetos.

As forças da Reprodução e da Inovação no corpo humano e nos mitos

A reprodução é o último estágio do caminho para a materialização do propósito de um empreendimento. Sem a produção não há entrega e sem entrega não há empreendimento. É através da reprodução que uma organização se concretiza no mundo. A força de reprodução é responsável por "dar à luz" aos produtos e serviços, embora ela mesma não possua luz própria, pois o que ela reproduz é apenas o reflexo do que foi iluminado pela imagem da visão concreta de resultados, assim como a construção de uma casa é o reflexo da imagem projetada pelo arquiteto[2].

Essa força de reprodução foi simbolizada na mitologia romana pela Lua (ou Selene na mitologia grega) e, mais tarde, pelas deusas Diana na mitologia romana, ou Ártemis na grega. Ártemis é irmã gêmea de Apolo, o deus Sol, e está associada à luz da Lua. Enquanto o irmão ilumina o dia, ela ilumina a noite. Ártemis está ligada à força feminina, à fertilidade e à energia vital. Ela é a deusa da natureza, dos animais, dos partos, da fecundidade e das colheitas. Como a deusa da natureza, ela é e pode ser considerada como uma mãe provedora. A própria Terra é retratada como uma grande mãe provedora, pois ela oferece os seus recursos materiais para o sustento para a vida. Não é por acaso que o nome do planeta Terra, assim como o de seus cinco continentes, serem todos no feminino. A própria palavra "matéria" provém de *mater*, que significa mãe ou matriz, e nela pode ser desvelada a sabedoria do mundo, a *Sofia*, contida nas propriedades da matéria e suas leis.

Também o ciclo reprodutivo da mulher está relacionado com o ciclo de vinte e oito dias da Lua em sua relação com a Terra. Os gregos também relacionavam a Lua com as forças do bem e do mal: a primeira ligada às fases crescente e cheia, e a segunda às fases minguante e nova. O filósofo grego

---

2 Isso não significa que aqueles que trabalham na produção não tenham luz própria. Todos os aspectos da Matriz Phi também acontecem em todos os projetos que os colaboradores desenvolvem: quando alguém idealiza uma solução, ele cria sua própria visão de resultado para atender um problema e terá que percorrer todo caminho até materializar sua ideia. Ao implementar a mudança, reproduz aquilo que ele teve como visão de resultado. (N. do A.)

Plutarco dizia que a Lua "no Quarto Crescente é cheia de boas intenções, mas no Minguante traz a doença e a morte" (BRANDÃO, 1991, p.122).

Na visão da medicina antroposófica, são as forças da Lua (ou de Ártemis) que constituem o *sistema reprodutivo* humano. Já os órgãos do corpo humano, relacionados com a força "lunar", são a *pele, o cérebro e os órgãos reprodutivos.* A força vital de multiplicação das células (que é uma força de reprodução) que atuam tanto no desenvolvimento de um embrião, quanto na reposição de células durante toda a vida, também é reconhecida como uma força lunar.

O processo de desenvolvimento do corpo físico de um embrião se dá a partir da reprodução das células de maneira repetitiva. No momento que um órgão se forma, e outro diferente precisa ser desenvolvido, essa força vital de reprodução sequencial — que multiplica o mesmo formato — precisa ser freada para que possa haver o processo de diferenciação: sem a diferenciação, o corpo humano seria apenas um amontoado de células constituindo um único tecido sem forma. A observação do desenvolvimento de um embrião permite ver a cessação brusca dessa força de reprodução até que, depois de um certo tempo, novas formas começam surgir, ocorrendo uma diferenciação celular para formar um novo órgão. Essa força de *diferenciação* é polar e complementar da força de *reprodução* continuada (1982). Essas forças atuam em conjunto e buscam formar o corpo humano, conforme a imagem ou a ideia que está contida no embrião, assim como na semente de uma macieira está contida o formato de seu tronco, suas folhas, flores e frutos. Segundo o biólogo Ludwig von Bertalanffy "o princípio de diferenciação é encontrado por toda a parte em biologia, na evolução do desenvolvimento do sistema nervoso, comportamento, psicologia e cultura" (1982, p.25).

A pele é um dos órgãos relacionados as forças da Lua, pois ela se caracteriza pela sua alta capacidade de reprodução e regeneração como ocorre, por exemplo, quando uma pessoa se corta e a pele rapidamente inicia seu processo de recomposição.

O cérebro também é considerado um órgão lunar, porque ele tem como finalidade *refletir* o ambiente externo, assim como a Lua reflete a luz do Sol. Aquilo que ocorre fora é percebido pelo cérebro através do que foi captado pelos sentidos. É no cérebro que ocorre algo interessante que ajuda compreender a atuação dessas forças de tempo e espaço representados pela Lua: esse órgão é constituído por um conjunto de células nervosas muito complexas, a exemplo dos neurônios. Para que os neurônios pudessem ser desenvolvidos, foi preciso uma atuação tão forte das forças de diferenciação, que sua capacidade de regeneração foi sacrificada, e o organismo não consegue recompor suas perdas.

Do ponto de vista das organizações, a reprodução dos serviços e/ou produtos depende tanto dos recursos físicos — como uma sala, uma mesa, uma cadeira, um computador etc. — quanto do domínio do conhecimento sobre a *matéria* e as forças que regem a vida, o chamado conhecimento técnico ou científico. Seja na construção de um prédio, de uma ponte, de um produto tecnológico, tudo depende tanto de recursos como máquinas e ferramentas, quanto o domínio do conhecimento sobre aquilo que se pretende atuar. E não é diferente quando se fala do exercício da medicina, da psicologia, ou mesmo da contabilidade ou da administração, tudo depende do conhecimento.

Um empreendimento bem-sucedido que continua produzindo constantemente os mesmos produtos, sem se diferenciar e inovar, acabará por envelhecer e morrer. Os mesmos produtos que atualmente atendem tão bem às necessidades de seus clientes, um dia serão trocados por outros de melhor qualidade. As características dos ciclos de *reprodução* e *diferenciação* podem ser associadas com a imagem do bem e do mal das luas crescente e minguante de Plutarco: o que começa ser feito com boa intenção, se não for renovado, acaba por se tornar destrutivo. Rudolf Steiner trouxe luz sobre essa lei da vida nas seguintes palavras:

> Por melhor que seja o certo o que você deseja realizar, ele se transformará em um erro com o passar do tempo. A realidade é que não há absolutos neste mundo. Você trabalha em direção a algo que é bom, e o jeito do mundo o transformará em algo ruim. Devemos, portanto, buscar sempre novos caminhos, procurar novas formas continuamente. Isso é o que realmente importa.

É importante manter algum tipo de investimento constante na diferenciação e inovação. Todo tipo de interação com seus fornecedores, parceiros, outras organizações e, principalmente com os clientes, poderá trazer subsídios para identificar possibilidades de melhoria e inovação.

O processo de inovação se dá a partir de uma abertura para dialogar com o mundo externo com foco em sustentar e gerar novos valores para os clientes ao longo do tempo.

As Disfunções do desequilíbrio das forças lunares

O desequilíbrio das forças de reprodução e de diferenciação da Lua podem ser a causa de algumas disfunções no ser humano. Como descreve Dr. Bott, "a intensificação do processo de multiplicação das células de maneira descontrolada (excesso de força temporal de reprodução) irá gerar afecções tumorais, como por exemplo os diversos tipos de câncer, ou em outros casos poderá causar outros sintomas como delírios e alucinações" (1982, p.32-3).

De maneira análoga, uma organização que se concentra excessivamente na produtividade e investe pouco na inovação estará voltada muito para si mesma, mantendo-se desconectada do mundo externo. Ela perde a capacidade de perceber as mudanças externas e se desconecta da realidade, podendo ter "delírios e alucinações". Não é por acaso que, diante desse tipo de disfunção, as pessoas usem a expressão 'viver no mundo da lua'.

Quando o desequilíbrio ocorre no enfraquecimento da força de reprodução, pela preponderância da força de diferenciação, poderá gerar no corpo humano o enfraquecimento de sua capacidade de regeneração celular, que pode gerar hipotrofia dos tecidos (tecidos ficam moles) ou mesmo o enrugamento da pele, causando um envelhecimento precoce (nesse caso há uma insuficiência da regeneração das células da pele). Essa ausência também pode provocar afecções da pele como endurecimentos e úlceras, além de outros sintomas como insuficiências genitais, com a diminuição do número de espermatozoides (que afeta capacidade de reprodução) e até mesmo atrofias nervosas.

Nos empreendimentos, o excesso das forças de diferenciação com ineficiência da força de reprodução — que ocorre quando há um intenso investimento muito forte em inovação e pesquisa, mas com baixa capacidade reprodutiva — irá comprometer sua capacidade de reproduzir e gerar receitas, comprometendo sua sustentação e levando a um envelhecimento precoce.

A compreensão de cada um desses aspectos ou forças, assim como elas atuam e se relacionam com o organismo como um todo, são de fundamental importância para o aprimoramento das organizações. Os gestores que tiverem domínio sobre essas leis estarão melhor preparados para libertar todas as potencialidades que possam promover o seu desenvolvimento.

Abaixo um quadro com a síntese das forças da Lua nas organizações:

Forças da Lua nos Empreendimentos	
Força Primária: Tempo – Reprodução	**Força Secundária: Espaço – Inovação**
Características ▫ Poder de multiplicação; ▫ Forças de regeneração (reproduz uma determinada imagem); ▫ Repetição indefinida, expansão ilimitada: reproduz seres idênticos.	**Características** ▫ Limitação e diferenciação para surgir novas formas; ▫ Limitar no espaço (como faz a pele); ▫ Metamorfosear as forças de regeneração para algo superior.
Sintomas: excesso da Força de Tempo e baixa de Espaço: ▫ Desconexão das mudanças externas e da realidade; ▫ Dificuldade de estabelecer limites; ▫ Enfraquecimento das forças de inovação.	**Sintomas: excesso da Força de Espaço e baixa de Tempo:** ▫ Baixa produtividade; ▫ Incapacidade de se sustentar; ▫ Envelhecimento precoce.

Síntese das dimensões, órgãos e sistemas de Saturno e Lua:

	Saturno		**Lua**	
Sistema	Sensorial		Reprodutivo	
Órgão	Ossos, medula óssea e baço		Pele, cérebro e órgãos reprodutivos	
	Empreender / Materializar	**Aprender / Sutilizar**	**Empreender / Materializar**	**Aprender / Sutilizar**
Dimensões	Espaço	Tempo	Tempo	Espaço

13

As forças dos Princípios, Políticas e os Processos das Organizações expressos na fisiologia humana e na mitologia

As forças dos Princípios e Políticas representados pela mitologia

Retomando a imagem do capítulo anterior, ao adentrar no Sistema Solar, o segundo planeta depois de Saturno é Júpiter, o grande deus do panteão romano (GRIMAL, 2005, p.261), que tem Zeus como seu correspondente na mitologia grega. Nessa narrativa, Zeus é o senhor do Olimpo, guardião da *ordem* que luta contra as forças do Caos (o vazio, o abismo desordenado que significa a massa de matéria sem forma). Em sua etimologia, o nome "Zeus" significa "a luz, o céu claro e o brilho" (BRANDÃO, 1991, p.493). Ele governa o mundo e luta contra essas forças sombrias para que a luz prevaleça e a justiça predomine. Ele também está ligado à imagem de uma atividade celeste, uma força *primordial* (que vem do princípio) em benefício da Terra. É o deus da abundância e da fecundidade que oferece as condições para tal. Esse aspecto de fecundar a terra justifica seus diversos amores e filhos com divindades telúricas e mortais. Zeus não é um deus que cria o mundo, mas que o reorganiza.

Um aspecto peculiar de sua história é que ele não nasceu com o título de senhor do Olimpo, mas conquistou esse status depois de travar uma guerra contra os Titãs (incluindo seu pai Cronos), onde teve que superar o terrível monstro Tifão (ou Tifeu). Esse monstro é a representação de "uma espécie de síntese da violência, cegueira e surdez de todas as forças primordiais" (BRANDÃO, 1991, p.495). Essas forças cegas são aquelas que são empregadas por pessoas que buscam satisfazer seus desejos a qualquer custo, como se os fins justificassem os meios para atingi-los.

Nessa terrível batalha, Tifão consegue cortar os tendões dos braços e dos pés de Zeus, retirando sua capacidade de se movimentar, e aprisionando-o em uma gruta. Os tendões cortados foram enrolados numa pele de urso e colocados sob a guarda de um dragão. Aqui vale ressaltar que, como descreve Junito Brandão (1991), a saída de uma gruta, depois de algum tempo recluso, simboliza um renascimento, um regresso ao útero. Essa passagem indica que, para apresentar condições de assumir o comando do Olimpo, Zeus precisava antes passar por um processo de morte e ressurreição.

Após, com a ajuda de Hermes, recuperar seus tendões e superar o monstro Tifão, Zeus reorganiza o Universo iniciando um ciclo de luz. Ele representa a "inteligência iluminada, a intuição outorgada pelo divino, a fonte da verdade, assim como a cólera celeste, a punição e o castigo" (BRANDÃO, 1991, p.500).

Zeus é também o deus da "providência" que no seu significado etimológico significa "presciência do futuro para acautelar-se com relação a ele; prudência — disposição prévia dos meios necessários para a consecução de um fim para evitar e remediar o mal" (BRANDÃO, 1991, p.498). As qualidades para uma ação "providencial", capazes de promover o bem, podem ser encontradas nas três filhas de Zeus com a deusa Têmis[1], as chamadas *Horas*: *Eunômia* que significa *disciplina*, *Dike*, ou a *justiça*, e *Irene* que significa *paz*. *Disciplina, justiça e paz* formam os pilares de uma vida social saudável. Vale ressaltar ainda que Zeus também é símbolo da força, pois ele se considerava "o deus mais forte do que os deuses e os homens" (1991, p.498).

1 O nome 'Têmis' significa "o que é estabelecido como regra, a lei divina ou moral, a justiça, o direito divino" (Brandão, 2000, p.417).

A forças de Zeus no organismo humano

Dentro da medicina antroposófica, Júpiter (ou Zeus) está relacionado com as qualidades do sistema neural. Nas falas do biólogo Bertalanffy, "esse sistema é responsável por coordenar os movimentos dos músculos, além das '*funções mentais superiores*', como o que ocorre para nos processos de aprendizagem" (1963, p.130). Quanto aos órgãos do corpo humano relacionados à essa força, eles são o *fígado, os músculos e as cartilagens*. Nas palavras do Dr. Victor Bott, a força de "Júpiter age sobre as partes moles do organismo conferindo-lhes a forma" (1982, p.35), função essa que é exercida pelos músculos que trazem forma para o corpo humano. As forças de Júpiter não criam uma estrutura mineral como Saturno faz através dos ossos, mas trazem a forma para essa estrutura. O pensamento, que também se dá a partir do sistema neural, também apresenta essa mesma força estruturante. Por isso é comum, antes de tomar uma decisão, as pessoas dizerem que precisam "formar" um juízo ou "formar uma imagem".

Apesar de trazer forma, se os ossos fossem recobertos com músculos rígidos, o corpo humano seria inerte, como uma estátua de pedra. Essa constatação aponta para a força secundária de Júpiter, o *movimento*! Essa função pode ser exercida graças à plasticidade dos músculos aliada às cartilagens que constituem essas partes móveis do corpo. Também nos pensamentos, essa força do movimento se revela na capacidade humana de aprender e mudar sua 'forma de pensar'.

Já o outro órgão jupteriano, o fígado, é mole e pouco estruturado, apresentando uma altíssima capacidade de se regenerar, o que lhe confere o símbolo de órgão da vitalidade. A palavra fígado, em alemão, é *die leber*, que vem de *leben*, que literalmente significa "o que faz viver", enquanto na língua inglesa é *liver*, originário de "*to live*" (BOTT, 2018, p.104).

No fígado ocorrem os processos de coagulação *(glicogênese)* e dissolução *(glicogenólise)*: no primeiro ele "transforma a glicose do sangue em glicogênio, uma substância insolúvel vizinha do amido que ele armazena", enquanto no segundo "é transformado em glicose solúvel" (2018, p.105). Dr. Bott também nomeia esses dois processos de *assimilação* e *desassimilação*, respectivamente, onde a primeira está ligada à geração de forma e a segunda ao movimento.

As forças de Zeus nas organizações

Voltando às organizações, não é difícil reconhecer a relação dessas forças com os *princípios e políticas* nos empreendimentos. O primeiro aspecto a ser observado é que, segundo a mitologia grega, Zeus é filho de Cronos, assim como os *princípios e políticas* nascem da imagem da *visão concreta de resultados*. Eles atuam como os portadores da 'luz do caminho' a ser trilhado pela empresa para que essa visão seja alcançada, o "como" chegar lá. Na ausência dessa luz as pessoas irão construir seus processos da forma que melhor lhes convém, de modo inconsciente, caminhando numa trilha escura onde as forças do caos imperam sobre a ordem. Princípios e políticas de qualidade tornam fecundo o solo para desenvolver processos de qualidade superior, capazes de facilitar a vida e gerar bons frutos. Eles também trazem luz para as relações com os diversos públicos para estabelecer uma vida social saudável através da *disciplina*, da *justiça* e da *paz*, as três filhas de Zeus.

Princípios e políticas são portadoras da "providência" ao buscar prever os "meios necessários para a consecução de um fim para evitar ou remediar o mal". A própria palavra "pro-vidência" já revela o esforço de antever o que deve ser cuidado para alcançar futuro esperado: como meios e fim são inseparáveis, é certo afirmar que a identificação dos princípios corretos mitigam os riscos para a realização de um futuro previsível: *quando se conhece o caminho, é possível prever o local de chegada.*

Zeus nos inspira a manter a constância dos propósitos do empreendimento, seguindo o caminho da justiça, evitando atalhos aparentemente "fáceis", mas que podem gerar certos "castigos e punições", ou, num linguajar empresarial: *prejuízos futuros*. As forças do senhor do Olimpo nos convidam a usar a inteligência para encontrar o melhor caminho e evitar frases do tipo "vamos fazer o que for possível para sairmos da crise e o futuro a gente vê depois".

Mas para atingir esse nível de sabedoria é necessário ter coragem e vencer o medo das forças do caos para governar para a unidade. É preciso entrar na gruta e renascer em si mesmo como um ser humano capaz de promover a ordem com justiça. A longevidade de qualquer empreendimento depende desse *movimento* de aprendizagem contínua. É desafio dos líderes encontrar soluções sob a luz de sua inteligência, capazes de gerar bons resultados para a organização e, ao mesmo tempo, que as pessoas possam realizar seu trabalho com dignidade. É preciso abolir o conceito falacioso de que os fins justificam os meios e compreender que nenhum bem, para a organização ou para os *stakeholders*, será alcançado por meio de ações que vão num sentido contrário. Um ato bom é aquele que gera bons resultados. Se isso não acontece, é porque você ainda não debruçou o suficiente sobre seus problemas para encontrar uma saída inteligente.

Também é possível ver as similaridades das forças dos órgãos de Júpiter atuando no corpo humano com o que ocorre nas organizações: os princípios e políticas cumprem um papel similar aos músculos do corpo ao dar forma ao modelo de gestão. São essas forças de forma que promovem o movimento que ocorre nos processos, assim como na função das cartilagens e dos tendões. Assim como o fígado é o órgão da vitalidade, a longevidade dos empreendimentos depende de sua capacidade de aprender.

O quadro abaixo traz um resumo das forças de Júpiter nas organizações, dentro das dimensões de Forma e Movimento:

Forças de Júpiter nos Empreendimentos	
Força Primária: Forma – Princípios e Políticas	**Força Secundária: Movimento – Aprendizagem**
Características ▫ Traz formas para as partes fluidas: formas mais amplas e pouco detalhadas; ▫ Formar pensamentos e dar contornos; ▫ Inteligência.	**Características** ▫ Traz mobilidade ao corpo, dando sentido ao movimento; ▫ Capacidade de aprendizagem.
Sintomas: excesso da Força de Forma e baixa Movimento: ▫ Cristalização, sedentarismo, ausência de movimento; ▫ Processos rígidos; ▫ Rigidez no pensamento e ideias preconcebidas (dogmático) que pode chegar ao fanatismo.	**Sintomas: excesso da Força de Movimento e baixa Forma:** ▫ Tende a perder a forma e o movimento acentua; ▫ Tendência de perder-se e dissolver-se. Perda de forma; ▫ Agitação: o solver predomina sobre o coagular; ▫ Dificuldade de concentrar a atenção, alterações da inteligência.

Disfunções organizacionais das forças de Júpiter e como preveni-las

Em um corpo humano, quando há a predominância da ação coagulante de Júpiter sobre as forças de dissolução, ocorre um endurecimento do fígado, comprometendo seu papel vitalizador do organismo e causando endurecimento dos tecidos ligados à articulação. O excesso de forma pode gerar rigidez de pensamento, que se manifesta no apego excessivo às ideias preconcebidas, dogmatismo e teimosia, que pode se transformar em fanatismo. Essas pessoas demonstram dificuldade de "sair de si mesmas", incapazes de ver a realidade sob outros pontos de vista. Frases como "eu nasci assim e vou morrer assim", são típicas de pessoas com essa disfunção, pois demonstram tendência para rigidez.

No âmbito do pensamento, essa falta de plasticidade irá afetar sua disposição para aprender, o que poderá acarretar um medo para lidar com as mudanças e o novo, podendo evoluir para um medo da própria vida, uma vez que ninguém possui controle sobre o futuro e o destino sempre provoca mudanças. O mesmo ocorre nas organizações que tendem a se tornar rígidas, trazendo um excesso de formalidades que prejudicam seu funcionamento. Nesses ambientes costuma-se imperar o excesso de protocolos, burocracia e a falta de confiança. Haverá também pouca abertura para as mudanças. Os colaboradores tenderão a ser mais reativos, ao invés de determinarem seu próprio futuro. Assim como Zeus perdeu sua capacidade de lutar quando perdeu seus tendões, essa rigidez também irá afetar a capacidade da organização de lutar em momentos de crise. Nesse tipo de ambiente predomina a cultura do dogmatismo (que podem gerar tabus) e do autoritarismo. A imobilidade paralisa a evolução.

No sentido inverso, a predominância das forças de movimento sobre as de forma fará surgir outros sintomas. O excesso da ação dissolvente do fígado sobre as forças de coagulação irá provocar um excesso de líquidos, podendo causar edemas e acúmulo desses líquidos que irão provocar uma certa inércia do corpo. A preponderância do movimento também pode se converter em tiques (manias) que são movimentos musculares desordenados e sem controle. Também poderá ocorrer a dificuldade de concentração, a fuga de ideias e a incapacidade de formar pensamentos.

Nas empresas, o excesso de movimento irá levar os colaboradores a agirem sem a consciência do 'porquê' nem 'para que', tornando-se meros tarefeiros e agindo de maneira desordenada. A ausência do sentido de suas ações é fator de desmotivação e irá afetar seu vínculo com o empreendimento. A falta de forma e de referências também é fator gerador de insegurança nas pessoas.

Outro sintoma desse desequilíbrio é as pessoas se perderem no movimento, atuando numa "*fazeção*" desenfreada e caótica, gerando processos desordenados que desvitalizam o organismo.

Hermes: os processos e o deus do movimento

Como já foi demonstrado anteriormente, os *princípios e políticas* irão delinear a forma (ou o modelo de gestão) que por sua vez irá promover a força do *movimento*, que se manifesta nos *processos* organizacionais. O deus que está relacionado com a força do movimento na mitologia é Hermes. Esse deus é representado com asas em suas sandálias e em seu elmo, e é conhecido como o mensageiro de Zeus. Seu correspondente na mitologia romana é Mercúrio, nome do planeta com menor tempo de translação ao redor do Sol, completando o total do percurso a cada 87,97 dias.

Conta o mito que Hermes, filho de Zeus e de Maia, nasceu no dia quatro (2015, p.127), número que lhe era consagrado e que se relaciona com o que é terreno (devido aos quatro elementos: terra, água, ar e fogo, ou também chamados quatro estados da matéria: sólido, líquido, gasoso e plasma). Criativo e dotado de uma inteligência peculiar, foi o inventor da lira e da flauta de Pã, sendo que esse último, ele entregou a Apolo em troca de um caduceu de ouro. Conta a história que Hermes, ao se deparar com duas serpentes que estavam brigando entre si, teve a ideia de aproximar-lhe o seu caduceu, e eis que elas pararam de lutar e se ergueram e se entrelaçaram harmonicamente em torno do bastão. A imagem do bastão com as duas serpentes entrelaçadas ficou conhecido como caduceu de Hermes (ou de Mercúrio), que se tornou um de seus principais símbolos. Por essas características de movimentar e integrar, Hermes é considerado o deus da comunicação e da contabilidade, assim como dos comerciantes, pois esses promovem constantemente o movimento das mercadorias desde sua origem até os compradores, integrando os diversos povos. A imagem de

Mercúrio e do seu caduceu podem ser vistos nas fachadas de vários bancos, como por exemplo o *Banque de France, Bank of England*, o banco *UBS* na Suíça e na antiga sede do banco da Lavoura, bem no centro de Belo Horizonte.

Uma das tarefas desse deus é "ser intérprete das vontades dos deuses", levando aos homens suas mensagens e integrando a Terra e o reino dos céus. Graças às suas sandálias aladas de ouro, ele consegue se movimentar com extrema velocidade. Segundo o professor Junito Brandão, Hermes domina os caminhos e não se perde na noite, pois dominando as trevas, conhece perfeitamente os caminhos e as encruzilhadas. "Hermes é o que sabe e, por isso mesmo, aquele que transmite toda ciência secreta." É astuto e possuidor de inventividade e de uma inteligência prática: "são suas relações com o mundo dos homens, um mundo por definição 'aberto', que está em permanente construção, isto é, sendo melhorado e superado" (BRANDÃO, 1991, p.551). Ele reorganiza as coisas seguindo as orientações de Zeus. A imagem de Hermes também está relacionada a felicidade e riqueza: na Ilíada, de Homero, ele aparece para proporcionar riqueza por meio da fecundidade (KERÉNYI, 2015, p.130), também demonstrando parceria com Zeus. Vale ainda citar que ele sempre encontra, através da habilidade, "uma maneira peculiar de transformar, para os mortais, a dureza da existência em brandura" (KERÉNYI, 2015, p.133).

A força primária de Hermes é o movimento, enquanto a forma é sua força secundária. Essa força da forma de Hermes é diferente da de Zeus: esse último fornece um modelo e molda os contornos de fora para dento, enquanto Hermes molda de dentro para fora. Por exemplo, no primeiro caso uma ideia (vinda de fora) molda o que deve ser feito, enquanto no segundo as necessidades da vida prática moldam uma nova ideia.

As forças de Hermes na fisiologia humana

Conforme a visão da medicina antroposófica, as forças de Mercúrio/Hermes atuam na constituição do sistema motor do corpo humano. Os órgãos ligados a esse deus são a linfa, os pulmões e as glândulas[2]. Ao observar

2 Dr. Bott adota o nome de "órgão" como qualquer parte que compõe o corpo humano.(N. do A.)

o metal mercúrio, é possível perceber suas qualidades peculiares, pois ele se move facilmente e é muito difícil retê-lo, já que ele tende a escorregar pelas mãos. Ele possui a funcionalidade de se dissipar facilmente, se dividindo em diversas partículas menores, assim como de se unir novamente desacelerando o movimento. Esse movimento "alternante de dispersão e confluência", assim como a de "circulação incessante" pode ser encontrado em todos os líquidos do organismo (humano)" (ASSOCIAÇÃO ANTROPOSÓFICA ESTRADA REAL, 2018, p.209).

Com respeito ao sistema linfático, ele "secreta sua produção de substâncias para dentro, para os tecidos"(STEINER' 2003, p.148). Ele é formado pela soma de canais que se espalham por todo corpo e "de certa forma, recebe o que foi preparado pelo sistema digestivo e leva ao sangue as substâncias transformadas" (STEINER, 2003, p.28). Similar ao processo que ocorre no sistema circulatório, ele permeia todo organismo criando ligação e interação entre os diversos órgãos e tecidos. Ele é responsável por transportar, junto com o sistema circulatório, oxigênio, nutrientes e hormônios para as células do corpo. Porém, o movimento da linfa não está atrelado a esse sistema, mas ela se move devido ao movimento de compressão dos músculos. Esse processo é representado na imagem da mitologia que descreve Hermes como mensageiro de Zeus.

Outra tarefa da linfa está relacionada à função do sistema imunológico de destruir os patógenos prejudiciais que causam doenças. Ela é constituída de linfócitos e anticorpos que atuam como uma barreira para os micróbios nocivos e outros corpos estranhos, contribuindo também para a expulsão e destruição de substâncias tóxicas do corpo.

Entretanto, para que possa haver a confluência de correntes de naturezas diversas no corpo, a força do movimento mercurial precisa ser freada para gerar novas formas. Esse mesmo fenômeno pode ser observado quando as águas de dois rios, que atuam em sentidos diferentes, se encontram formando redemoinhos espirais com um certo espaço vazio em sua região central[3]. No corpo humano o pulmão, que é um órgão mercurial, possui uma forma oca que possibilita o encontro de duas correntes distintas: a

3 Para quem quiser aprofundar sobre as formas derivadas desses encontros, vale a leitura do livro de Theodor Schwenk, *El Caos Sensible; Creacion de las formas por los movimentos del agua y el aire*. Editorial Rudolf Steiner, 2ª Edição, Madrid, 2009. (N. do A.)

aérea e a sanguínea. O movimento dessas duas correntes precisa ser freado para que possa ocorrer as trocas dos gases do sangue. Na concepção de Rudolf Steiner, assim como ocorre nos redemoinhos, essas formas são consequência do encontro dessas correntes, e não o oposto. As formas oriundas desse processo surgem dos encontros, ou seja, de dentro para fora, ao contrário das formas de Júpiter que ocorrem de fora para dentro.

Os processos como força motora organizacional

Nos empreendimentos, essa força mercurial (ou hermética) do movimento está associada aos processos, conforme demonstrado na imagem da Matriz Phi. Esse movimento é impulsionado pelos princípios e políticas de gestão, assim como os músculos impulsionam a linfa. Fazendo analogia com a mitologia, os processos conseguem 'andar no escuro', seguindo seu fluxo: seu caminho foi iluminado pelo conhecimento e à luz da inteligência, expressa nos princípios e políticas da organização. Os processos atuam como mensageiros dos princípios e políticas organizacionais, unindo a inteligência humana, de teor mais espiritual, ao que ocorre na operação, de cunho mais terreno. Como alertou Dr. Deming (1990), as mudanças mais profundas dos processos não podem ocorrer sem uma revisão dos princípios de gestão de uma empresa. Seguindo as qualidades herméticas, processos bem desenvolvidos simplificam a maneira de fazer as coisas: eliminam desperdícios, reduzem os custos de operação e trazem benefícios para os clientes. Seu objetivo é tornar a vida dos seres humanos mais leve e fecunda.

Também de modo similar ao que ocorre no corpo humano, os processos organizacionais geram movimento, atuando como o sistema motor dos empreendimentos e servindo como um elo de comunicação e integração de todo o organismo: não apenas as diversas áreas, mas todos os *stakeholders* externos. Também é possível fazer uma correlação com a função da linfa no sistema imunológico, já que processos de qualidade buscam eliminar "os corpos estranhos" que emperram o seu bom funcionamento: processos de qualidade são confiáveis e rastreáveis, buscando eliminar o que é tóxico e mitigar os riscos, contribuindo para manter a saúde do empreendimento.

Assim como o pulmão se forma para permitir a integração das correntes aérea e sanguínea no organismo humano, a garantia da fluidez e do bom funcionamento dos processos depende da integração entre as áreas. A qualidade da entrega de cada uma afeta significativamente a outra. Essa integração depende de uma *força de forma* que se materializa a partir de acordos, políticas ou contratos que são desenvolvidos com foco a atender às necessidades das partes envolvidas e garantir um bom funcionamento dos processos. Esse fenômeno demonstra como as formas de Hermes se formam de dentro para fora. Assim como na imagem do caduceu de Mercúrio, quanto mais os atores atuam de maneira integrada e com determinação para realizar um bem comum (o propósito organizacional), mais elevados serão os seus resultados.

Na Figura 37 é possível ver a "dança" que ocorre entre essas duas forças de forma e movimento nas organizações: são os *princípios e políticas* que trazem luz para a *integração* das diversas áreas e parceiros, criando as condições para que os processos possam *fluir* da melhor maneira possível. Por sua vez, a busca constante da melhoria dos processos gera *inputs* de *aprendizagens* que são incorporadas em forma de novos princípios e/ou políticas, criando um fluxo contínuo. Por se tratar de um processo vivo e dinâmico, esse fluxo pode ocorrer em sentidos e ordens distintas.

Disfunções organizacionais das forças de Mercúrio e como preveni-las

O excesso ou ausência das forças de dispersão (movimento) e confluência (forma) de Mercúrio pode provocar diversos sintomas, como por exemplo, a prolixidade. Nos seres humanos ela se manifesta a partir de pessoas que falam muito, mas sem a base de um pensamento bem formado. Há uma tendência à instabilidade, agitação e dispersão. Nas organizações esse fenômeno acontece de maneira bem semelhante, onde é possível observar pessoas que atuam numa "fazeção" constante e de maneira desordenada, uma vez que suas atividades não estão suportadas por um pensamento bem formado. Há uma ausência de princípios e políticas de gestão que possam orientar essas ações. Nesses casos é comum que os colaboradores

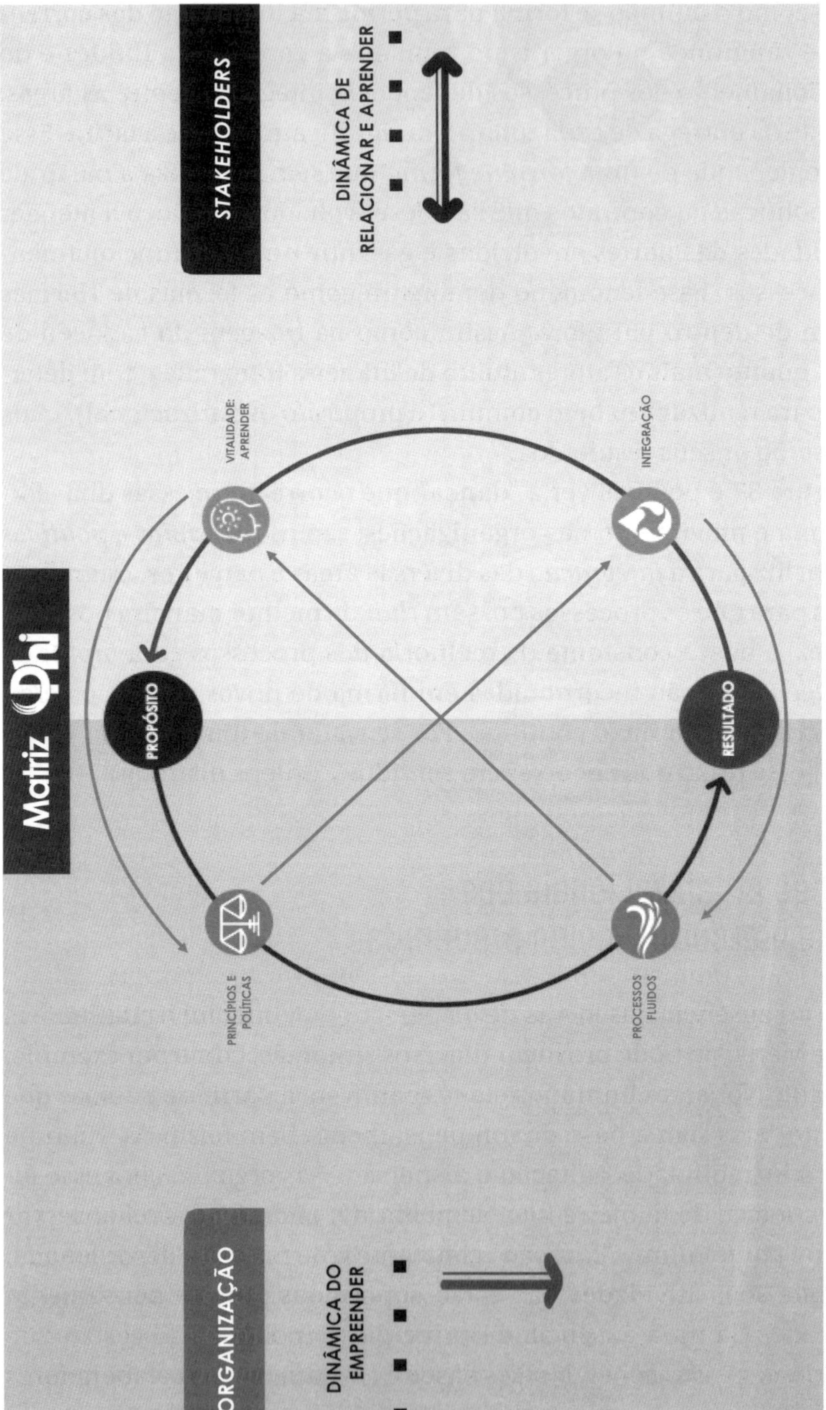

Figura 37
Fonte: Hélcio Padrão e Estúdio Zoombeedo (2022)

ajam como um autômato, desconectados do todo do organismo, sem compreender o sentido de seu próprio trabalho.

No extremo oposto, quando há um excesso de forma e insuficiência do movimento, ocorre uma estruturação excessiva, gerando uma certa passividade. Se a corrente afetiva de um ser humano estiver bloqueada, o que é comum nesses casos, podem surgir dificuldades de contato social e até um certo medo em relação ao ambiente externo. Essa deficiência também poderá favorecer o surgimento de alergias (que surge da reação em relação a algo externo) e inchaços pelo acúmulo de líquidos debaixo dos tecidos. Efeitos bem similares irão se manifestar nos empreendimentos: a adoção de formas rígidas, com excesso de protocolos, pode contribuir para o surgimento de estruturas inchadas e ineficientes, onde preponderam o medo e a desconfiança. As relações sociais ficam afetadas, causando o embotamento da criatividade. Estas organizações se tornam lentas e burocratas, afetando negativamente o curso de seu próprio destino.

Forças de Mercúrio nos Empreendimentos	
Força Primária: Movimento – Processos Fluidos	**Força Secundária: Forma – Integração**
Características ▫ Movimento de dispersão; ▫ Traz vivacidade ao pensamento, pois se molda às necessidades; ▫ Fazer fluir.	**Características** ▫ Formas que surgem do movimento que promove a integração de correntes diferentes; ▫ São formas mais detalhadas e rebuscadas que atendem as necessidades práticas: de baixo para cima, conectando o exterior com o interior.
Sintomas: excesso da Força de Movimento e baixa Forma: ▫ Prolixidade: transbordar de tudo que vem do interior; ▫ Histeria: o fluxo de palavras não mais reflete um pensamento bem formado. Incapacidade de refletir em silêncio (daí "pensam com a língua"); ▫ Instabilidade e agitação; ▫ Dispersão – diletantismo (ação imatura), prolixidade e manias.	**Sintomas: excesso da Força de Forma e baixa Movimento:** ▫ Estruturação excessiva; ▫ Endurecimento dos processos; ▫ Viscosidade mental (que num extremo pode gerar ideias fixas); ▫ Se a corrente afetiva estiver bloqueada, observa-se dificuldade de contato social; ▫ Impossibilidade de contato social: medo do ambiente.

Síntese das dimensões, órgãos e sistemas de Júpiter e Mercúrio

	Júpiter		**Mercúrio**	
Sistema	Neural		Motor	
Órgão	Músculos, cartilagens e fígado		Linfa, pulmão e glândulas	
	Empreender / Materializar	**Aprender / Sutilizar**	**Empreender / Materializar**	**Aprender / Sutilizar**
Dimensões	Forma	Movimento	Movimento	Forma

14

Estratégia e Arquitetura Organizacional: forças dos empreendimentos em relação a fisiologia humana e a mitologia

Chegamos ao último par de dimensões da Matriz Phi que se manifestam através dos aspectos *estratégia e a arquitetura organizacional*. A estratégia expressa a personalidade do organismo através de suas competências *core*, que revelam aquilo que ele faz de melhor. Aquilo que a organização faz de melhor será reconhecido pelo mundo exterior, contribuindo para definir o seu *core business*. Uma vez definido seu posicionamento estratégico, o grupo gestor deverá cuidar para que seus diversos públicos o *assimilem*.

A qualidade da assimilação da estratégia irá definir a qualidade da *externalização* dos colaboradores e parceiros nos processos decisórios. Quanto maior assimilação da estratégia, mais as pessoas se sentirão seguras para exteriorizarem o que possuem de melhor para contribuir para o desenvolvimento organizacional. Exteriorizar e interiorizar são as duas forças desses dois aspectos da Matriz Phi.

> Se você nasceu para pintar, sua missão é tronar-se pintor.
>
> Se você nasceu para gerar e criar filhos, sua missão é tornar-se mãe.
>
> Se você nasceu para combater a ignorância e a injustiça do mundo, sua missão é pôr mãos à obra e realizá-la.
>
> (Steven Pressfield)
>
> « »

As forças da Estratégia Expressas na Mitologia

Segundo a mitologia grega as forças por trás da estratégia se revelam em Ares, o deus da guerra. O significado de seu nome é "dotado de coragem cega e brutal" (BRANDÃO, 1991, p.106). A própria palavra "estratégia" surge primeiramente como referência às táticas de guerra. Seu equivalente na mitologia romana é Marte, um dos planetas do sistema solar. A força primária desse deus é a de exteriorização e está demonstrada em sua pulsão de vida, seus instintos e sua forma combativa de agir (que exige uma força física), demonstrando que sua vontade deve prevalecer sobre a dos demais.

Seu símbolo (♂) é também o símbolo da força masculina, trazendo a imagem de uma seta que pode ser traduzida como uma ação dirigida a um foco específico, como uma lança que deve alcançar um alvo. Ares também simboliza a força da individualidade ou da personalidade, que faz de cada humano um ser único. Aqui surge uma questão, pois uma individualidade exercida de maneira exacerbada, quando uma pessoa só pensa em si mesmo e desconsidera o outro, irá criar uma série de problemas no âmbito do social. Esse excesso se revela nas histórias, já que Ares é considerado o deus mais odiado do Olimpo. O lobo, por ser um animal que revela essas forças mais instintivas e emocionais, foi consagrado a deus da guerra (GRIMAL, 2005, p.292). Em sua versão romana, Marte também é considerado o deus da juventude, uma vez que as guerras exigem muita força física, assim como da Primavera, porque as guerras em geral tinham início após a passagem do inverno (GRIMAL, 2005, p.292).

A força secundária de Ares — polar complementar à sua força primária — é a interiorização, que consiste em acolher em si aquilo que foi externalizado por um objeto ou um ser externo. Essa característica pouco se revela nas histórias desse deus, com raras exceções, como no caso de sua filha Harmonia, que significa "a conjunção de opostos que formam um todo harmônico" (BRANDÃO, 1991, p.480), o que somente pode ocorrer a partir do equilíbrio dessas duas forças. Na mitologia romana essa força surge com mais frequência, como quando Marte acolhe seus dois filhos que teve com Reia, Rômulo e Remo, enviando uma loba que irá amamentá-los (GRIMAL, 2005, p.292). Retornando à mitologia grega, essa força de interiorização é mais aparente nas características de Hefesto, o deus do fogo e da metalurgia, e irmão de Ares. Hefesto é um deus coxo e com extraordinária habilidade para lidar com os metais: forjava e confeccionava objetos maravilhosos que agradava tanto os mortais quanto os deuses. Hefesto tinha a capacidade de "atar e desatar" (BRANDÃO, 1987, p.46) as coisas, como o que ocorre nas elaborações das ligas dos metais, que se dá a partir do prévio isolamento de cada elemento que as compõem. Propriedades similares podem ser observadas no ser humano que ao exteriorizar a essência de sua personalidade se separa e se individualiza, podendo se reconectar quando demonstra interesse pelo outro e consegue interiorizá-lo em si mesmo.

O nome Hefesto significa "acender, pôr fogo em" (Ibidem, p.45): ele é o fogo nascido nas águas celestes. Trabalhava com ferro, bronze e os metais preciosos e se tornou "o mais engenhoso de todos os filhos do céu". Foi ele que, a pedido de Zeus, moldou e depois animou com um sopro divino, a belíssima Pandora (Ibidem, p.46). Foi o deus do fogo que também criou as correntes que aprisionaram Prometeu ao Cáucaso, assim como a rede de fios de ouro para acorrentar Ares e Afrodite no leito, como forma de vingar a traição dos dois. Esses artefatos demonstram que nem tudo que ele fazia era ligado à beleza. Segundo Junito "ele abusa de seu poder para impor sua vontade".

> [...] Se sua mutilação (que o tornou manco) lhe outorgou a capacidade incomparável de sua genialidade artística e o privilégio de atar e desatar, o deus soube se vingar dessa deformidade física com o êxito de sua arte e com suas conquistas amorosas. (Ibidem, p.58)

Embora considerado um deus feio, inclusive por sua própria mãe Hera, Hefesto conseguia demonstrar o que possuía de belo através da exteriorização de suas maravilhosas obras.

As forças de Marte / Ares na fisiologia humana

As forças de Marte presentes na configuração do corpo humano estão relacionadas ao sistema respiratório, onde ocorre um processo de interiorização e de exteriorização do ar. Já os órgãos relacionados a ela são a *vesícula biliar* e a *laringe*. Dr. Bott descreve Marte como um lançador de dardos que, ao atuar, primeiro concentra sua força para depois dirigir-se a um alvo que, por consequência, sofre o efeito dessa ação quando é atingido: *concentração, ação e efeito*, eis as características marcianas que também podem ser observadas na vesícula biliar. A vesícula primeiro acumula a bile que será lançada no intestino para então atingir seu alvo, que se realiza ao digerir as gorduras: a substância é impactada para torná-la apta para ser interiorizada. Também a agressividade do ácido clorídrico que atua no estômago e que degrada os alimentos, se caracteriza como uma força de Marte.

Algo semelhante ocorre na laringe quando o ar golpeia as cordas vocais para que as pessoas possam se expressar. O som da voz nasce quando essas forças encontram — e superam — um obstáculo, a exemplo do que ocorre com um alvo que vibra ao receber o impacto da ação de um dardo lançado. Não é por acaso que os diversos povos bradam seus gritos para exaltar sua coragem na guerra. Marte é "caracterizado por uma atividade dirigida para um alvo preciso, para um elemento exterior que ele quer influenciar." Ele atua para afastar os obstáculos (BOTT, 2018, p.214). No plano psíquico Marte se expressa a partir da vontade, atuando "como um mediador do Eu, permitindo este último tomar plena posse de seu instrumento físico e manifestar-se no plano terrestre" (Ibidem, p.215).

O processo de síntese química do corpo humano (encontro de duas ou mais substâncias), é um efeito da força de interiorização de Marte. Ela surge do encontro daquilo que foi exteriorizado e que precisa ser recebido e interiorizado. Esse processo de síntese somente pode ocorrer porque as substâncias foram separadas, como o que ocorre no processo de quebra das gorduras pela bile: somente pode ser integrado aquilo que foi devidamente separado. Enquanto a força de quebra e ruptura está mais ligada a Marte ou Ares, os processos químicos estão relacionados com as qualidades de Hefesto. Segundo Dr. Bott, Hefesto é a imagem dessas forças de síntese química que, com a ajuda do fogo, remodela o ferro e atua como criador (Ibidem, p.217).

As forças de Exteriorização e Interiorização nos Empreendimentos

A estratégia se define a partir da essência do organismo, onde ela pretende focar para gerar os melhores resultados. Uma estratégia de qualidade deve ser inovadora e audaciosa, o que exige muita coragem de seus idealizadores: ele precisa acreditar naquilo que quer exteriorizar e demonstrar persistência para materializá-lo no mundo. Quantos empreendedores não foram considerados loucos ao propor um determinado modelo de negócio que muitos julgavam ser impossível de ser bem-sucedido? Muitos compatriotas tiveram dificuldade de compreender a estratégia de Nelson Mandela de focar o esporte, especificamente no time de Rugby, para realizar sua visão de unir o provo de seu país. A história da Walt Disney demonstra todos os percalços para realizar seu sonho. Quando poucos britânicos acreditavam que seria possível, Winston Churchill expressou sua estratégia de enfrentar o nazismo e convenceu todo um país, mudando de vez o curso da história. É preciso ter coragem para expressar sua voz, algo que ocorre na laringe, que é um órgão de Marte. A estratégia deve encorajar as pessoas.

De maneira análoga ao que ocorre na vesícula biliar, a estratégia exerce uma função segregadora: estabelecer um foco de atuação significa abandonar o que não se faz com tanta qualidade — aquilo que não faz bem ao organismo —, mas consome muita energia. Definir esse foco é uma forma de eliminar os obstáculos para atingir o alvo. A definição desse foco também pode ser comparada com uma flecha de Ares: há uma concentração de toda sua força e energia na ponta da flecha, visando atingir um alvo específico. Essa concentração de forças é definida por meio do posicionamento estratégico — *core business* e *core competencies* —, que revelam a personalidade do empreendimento e de seus empreendedores.

A estratégia tem por objetivo a preparação para enfrentar as resistências do mundo, para que as pessoas possam compreender aquilo que o empreendimento quer ofertar. Sua implementação exige uma disposição juvenil de Marte. Toda estratégia traz também a imagem de uma primavera, de mudanças que uma organização quer implementar. Mas o fruto de uma estratégia irá depender das qualidades utilizadas na ação: assim como Ares perdeu muitas batalhas, como por exemplo para Atenas e Hércules, quando uma organização age de maneira reativa e instintiva, sem pensar ou se preocupar com as consequências futuras, ela acabará por afastar de seus objetivos, gerando medo e terror. Já uma ação que é orientada por princípios e políticas que promovam a justiça, deverá ser capaz de fomentar a harmonia com os *stakeholders* e criar as melhores condições para atingir seus objetivos. Não por coincidência que Medo, Terror e Harmonia, ambos são filhos de Ares.

É possível também relacionar o *core business* e *core competencies* com as forças de Hefesto, aquele que cria coisas belas que encantam deuses e mortais, gerando uma conexão entre o criador e o beneficiado. É comum as organizações investirem tempo e recursos para aprimorar sua comunicação e harmonização com os seus *stakeholders*, como a fidelização dos clientes, demonstrando todo esse esforço como uma demonstração das forças de interiorização.

A expressão de uma estratégia pode parecer mais com um grito de guerra, de um grupo de pessoas que quer impor suas ideias a qualquer custo, ou pode seguir o caminho do diálogo. Implementar uma estratégia em harmonia com os impactados é uma arte, pois exige um verdadeiro equilíbrio das emoções. É preciso saber lutar pelo que acredita, mas evitando, a qualquer custo, sentir raiva de seus oponentes. É preciso ser firme em seu propósito, e ao mesmo tempo ter uma empatia verdadeira pelas pessoas e pelo mundo.

Dominar essa arte pode trazer excelentes resultados para as empresas, principalmente a médio e longo prazos. Pesquisas apresentadas no livro *Empresas Humanizadas*, de Raj Sisodia, David Wolfe e Jag Sheth, demonstram como diversas empresas como a 3M, Amazon.com, Google, IBM, Whole Foods, Harley-Davidson, Master Card, entre outras, optaram por trilhar o caminho de se harmonizar com os *stakeholders*, e se tornaram muito mais lucrativas com resultados surpreendentes.

As disfunções organizacionais das forças de Interiorização e Exteriorização

A predominância da força de exteriorização de Marte, com uma baixa capacidade de interiorização, pode levar um indivíduo, em casos de uma resistência inesperada, a ter acessos de cólera e até ataques de fúria. Também pode levá-lo a tentar eliminar os obstáculos que encontram pela frente sem o menor escrúpulo e sem medir as consequências. Em relação ao corpo físico, esse excesso pode gerar algumas disfunções como alergias e hipertensão arterial (BOTT, 2018, p.216-7).

Nas organizações, esse fenômeno fará com que ela responda aos desafios da vida de maneira reativa e colérica. Também poderá ser observada a tendência de fazer com que seus objetivos sejam atingidos a qualquer custo, com uma cobrança excessiva sobre todos. Os resultados "precisam" ser exigidos, não importando "como", ou quais serão as consequências futuras. O excesso de pressão faz com que as pessoas operem numa *"fazeção"* incessante e exaustiva, onde as decisões são tomadas de forma impulsiva e sem ponderação: agem de maneira cega, seguindo seus instintos. O medo de errar, ou mesmo de não gerar os números esperados, geram um ambiente hipertenso e muitas vezes hostil; é como se as pessoas estivessem sempre prontas para uma guerra! Os fins são mais importantes, não importando os meios utilizados e muito menos as consequências futuras, quase sempre desastrosas. Organizações com excesso da força primária de Marte revelam uma personalidade forte que quer predominar sobre os demais, o que acaba por gerar desarmonia entre seus *stakeholders*.

Já a predominância da força de interiorização de Marte, devido ao enfraquecimento das forças de exteriorização, poderá provocar no indivíduo uma fraqueza geral e uma avolição (paralisia da vontade), somado ao medo diante dos desafios da vida (que pode chegar à depressão), apresentando dificuldades de lidar com obstáculos. Em algumas situações podem ocorrer também ataques de cólera e agressividade como reação por se sentir fraco e ameaçado: nas palavras do Dr. Bott "a agressividade é, no fundo, uma manifestação do fraco que tenta assumir a liderança" (2018, p.217). No corpo físico esse desequilíbrio poderá gerar sintomas como anemia

Enquanto os dirigentes não delegarem responsabilidades e autoridades reais a seus empregados, e enquanto não escolherem e transmitirem a ideia de um objetivo que seja capaz de congregar todos os empregados, estes dirigentes nunca estarão de fato no controle central, e os empregados sempre precisarão da intervenção do chefe em assuntos pequenos ou grandes. Não saberão o que é certo ou errado porque não estarão familiarizados com o objetivo ou com a estratégia planejada para alcançá-lo. Delegar sem dar às pessoas os pré-requisitos para decidirem de forma independente não leva a nada. Dar aos empregados responsabilidade e autoridade genuínas requer uma estrutura organizacional radicalmente diferente. O modelo é horizontal, e os papéis têm de ser definidos.

(Jan Carlzon)

« »

(enfraquecimento do pulso), insuficiência digestiva, gagueira (dificuldade de se expressar) e alergias. As alergias aparecem como consequência de um excesso de defesa: o organismo se sente sitiado, fraco e com medo e por isso se torna alérgico.

Sintomas similares podem ser percebidos em organizações que passaram a desacreditar de si mesmas, passando a perceber o mundo externo (clientes, concorrentes, governo etc.) como ameaças à sua sobrevivência, desenvolvendo uma certa "alergia" em relação ao mundo. Sua capacidade de "digerir" e saber separar as informações que vem de fora é fraca, como por exemplo, a dificuldade de identificar atividades que os clientes dão pouca relevância e por isso geram resultados negativos. Seus gestores podem apresentar dificuldade de identificar e separar aquilo que é positivo, daquilo que é negativo e tóxico, apresentam dificuldade para determinar um foco claro de atuação, fazendo com que se perca em muitas atividades improdutivas.

As organizações com incapacidade de exteriorizar o que possuem de melhor também apresentam dificuldade de se comunicar e se colocar no mundo, o que pode ser comparado com a gagueira no ser humano: elas manifestam uma certa insegurança ao falar de si mesmos ou de transpor os obstáculos, o que gera ansiedade — na gagueira as palavras se atropelam. Esse fenômeno é muito mais comum do que se imagina e pode ser observado em comportamentos que levem a uma dispersão e uma dificuldade de focar sua energia no que é relevante. Poderá também manifestar a perda da vontade e enfraquecimento de sua capacidade de tomar decisões, causando uma certa "anemia" que irá comprometer sua capacidade de se desenvolver. O fato de sempre enxergarem o mundo externo como uma ameaça, faz com que o medo de agir supere a coragem para enfrentar as dificuldades.

O quadro abaixo apresenta a síntese das forças representadas por Marte/Ares:

<table>
<tr><th colspan="2">Forças de Marte (e Hefesto) nos Empreendimentos</th></tr>
<tr><td>Força Primária: exteriorização – Estratégia</td><td>Força Secundária: interiorização – Harmonização</td></tr>
<tr><td>Características
▫ Ter foco: concentrar forças;
▫ Fortalecer a vontade;
▫ Se posicionar perante o mundo.</td><td>Características
▫ Capacidade de dialogar e ouvir os impactados do posicionamento e estratégia;
▫ Conectar;
▫ Fazer algo belo a partir de suas principais competências para gerar vínculo com stakeholders.</td></tr>
<tr><td>Sintomas: de excesso da Força de Exteriorização e baixa Interiorização:
▫ Agir de maneira impulsiva;
▫ Excesso de tensão no organismo;
▫ Cultura do medo;
▫ Perda dos escrúpulos: agir sem se responsabilizar pelas consequências dos atos.</td><td>Sintomas: de excesso da Força de Interiorização e baixa Exteriorização:
▫ Perda do foco e direcionamento;
▫ Enfraquecimento da vontade e de tomar decisões;
▫ Dificuldade de se posicionar perante o mundo.</td></tr>
</table>

As forças da *Arquitetura Organizacional* sob a lente da mitologia

Antes de abordar sobre as forças por trás da *arquitetura organizacional*, vale lembrar que todo empreendimento tem um propósito que vai tomando forma, através de um processo de *contração*, até chegar em sua essência que se manifesta como seu *core business* e suas *core competencies*. Em seguida, precisa haver um movimento de interiorização dessa essência para que possa expandir e permear toda a operação da empresa, e a *arquitetura organizacional* é a porta de entrada desse processo. Cada um dos aspectos da parte superior da Matriz Phi, irá gerar o seu reflexo nos aspectos inferiores, conforme descrito abaixo:

- O *propósito* revela a "intenção" do empreendimento e a qualidade dessa *intenção* é refletida nos *resultados*;
- A *visão concreta de resultados* que define "*o que*" se quer impactar, enquanto a reprodução revela "*o que*" é produzido (que deve espelhar ao máximo essa visão de resultado);
- Os *princípios e políticas* definem "como" as pessoas devem se organizar para atuar e se relacionar, enquanto os *processos* definem o "*como*" as pessoas se organizam para executar suas tarefas;
- O *posicionamento estratégico* define "*quem*" é a organização — sua personalidade —, enquanto a arquitetura deve definir "*quem*" está apto para assumir as diversas responsabilidades da implementação.

Essa correlação está ilustrada na Figura 38.

A força da interiorização expressa na mitologia

A deusa que representa essa força de interiorização ou assimilação na mitologia grega é a Afrodite, que tem Vênus como equivalente na mitologia romana. Na Ilíada (de Homero) Afrodite é descrita como filha de Dione e Zeus, mas também existe uma outra versão do mito em que a deusa nasce da "espumarada" provocada no mar pelo sangue e esperma de Urano mutilado por (seu filho) Crono" (BRANDÃO, 1991, p.29).

Afrodite é a deusa da fecundidade e das águas fecundantes. Ela também representa o amor, a beleza e o feminino, que adota o mesmo símbolo da deusa (♀). A empatia é uma das bases para uma atitude amorosa, e ela ocorre a partir de um ato de atenção e uma capacidade de *interiorizar* aquilo que se observa. Por outro lado, uma ação amorosa se revela a partir de uma força de exteriorização, que é a força secundária de Afrodite.

Afrodite carrega em si uma enorme energia geradora, mas ao contrário da deusa Ártemis que é virgem, ela precisa ser devidamente fecundada

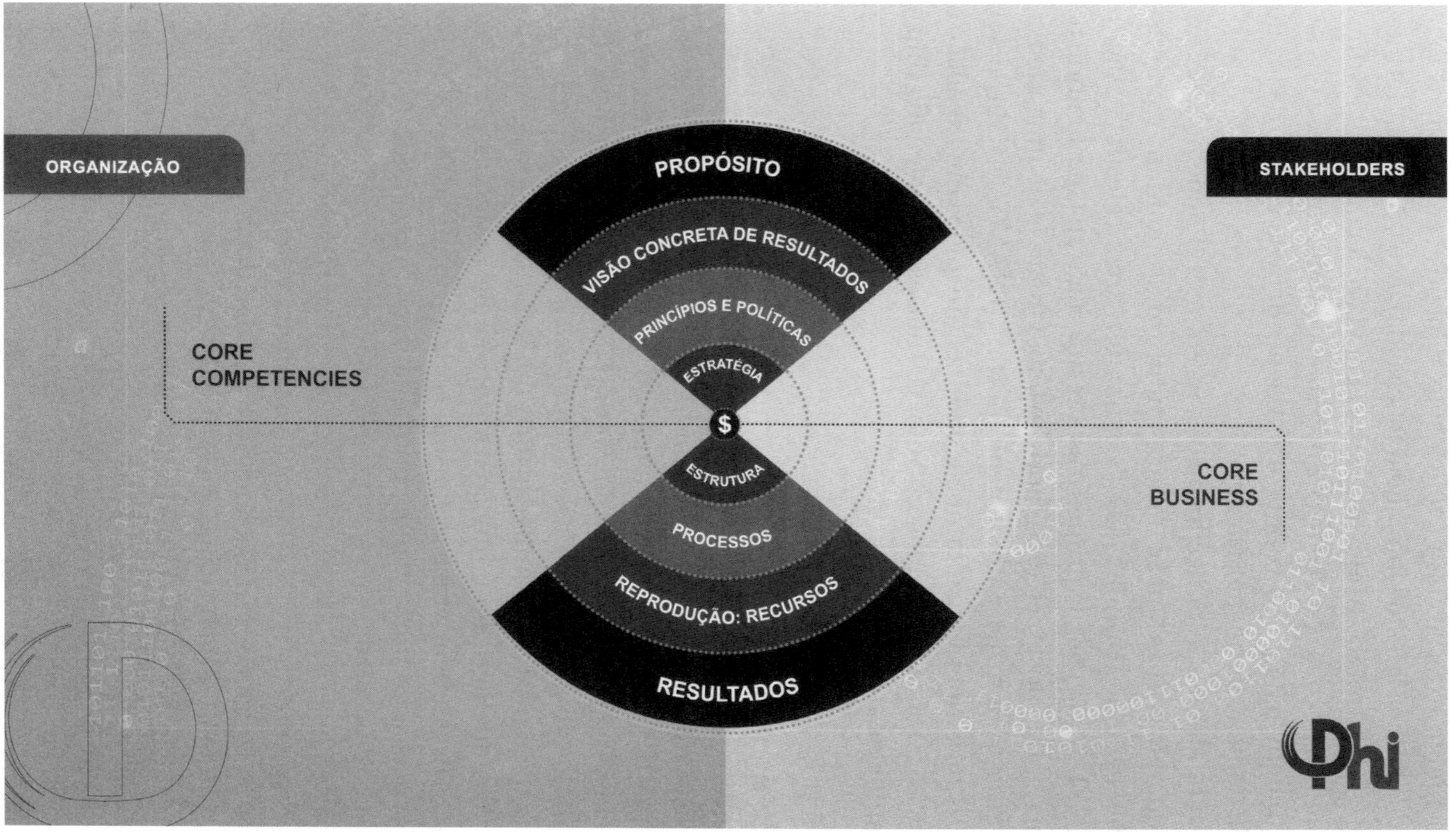

Figura 38

Fonte: Hélcio Padrão e Estúdio Zoombeedo (2022)

por um elemento externo. Isso explica suas relações com diversos deuses e mortais como Hefesto (com quem foi casada), Ares, Adônis, Hermes, Dionísio e o herói troiano Anquises. Essa capacidade fecundante justifica o nome dado às poções *afrodisíacas*. Por isso ela é também "deusa das sementes" (Ibidem, p.34), uma vez que essas dependem do calor e da luz do sol (um elemento externo) para fazer brotar.

A deusa também era conhecida pelos sobrenomes "Pandemo", que era utilizada quando se referiam ao "amor comum", mais mundano e promíscuo, e também como "Urânia", para designar um "amor celestial" e sagrado (KERÉNYI, 2015, p.66). O primeiro está relacionado ao lado sombrio da deusa, pois "para satisfazer seus caprichos, ou vingar-se de uma ofensa, fazia do amor uma arma e um veneno mortal" (BRANDÃO, 1991, p.34), mostrando que o amor vulgar também pode ser utilizado como sedução e manipulação. O seu lado luminoso, o amor Urânia, está relacionado com o amor incondicional por todas as coisas.

As forças de Vênus no organismo humano

"Os processos de assimilação, de acumulação, de reserva, de interiorização e, de maneira mais geral, tudo o que diz respeito a economia" estão ligados às forças de interiorização de Vênus (BOTT, 2018, p.218). Essas forças de assimilação atuam no *sistema metabólico* (sistema ligado a Vênus) do organismo quando há assimilação dos alimentos. O rim (e as glândulas suprarrenais), que tem como função a absorção das proteínas, filtragem, e excreção, são também órgãos venusianos, assim como as 'veias' (a palavra 'veia' deriva do nome Vênus) por onde passam o sangue "venoso" (Ibidem). A circulação das veias, ao contrário do que ocorre na circulação arterial, parte da periferia para o centro e possui um caráter mais passivo (Ibidem). Nesse processo de assimilação o sistema vascular ligado à "veia porta" transporta as substâncias nutritivas do intestino para o fígado.

Já a força secundária de Vênus é a de exteriorização, e está ligada à secreção e excreção. Segundo Dr. Bott as forças de desassimilação e excreção têm relação com os processos de consciência. Para exemplificar esse processo, as forças de secreção do fígado têm seu ápice por volta das 15 horas, operando com menor grau por volta das 3 horas da noite. É também possível observar que durante o sono, quando a consciência de vigília deixa de operar, há uma diminuição do processo de excreção do corpo, como suor e urina. No sentido oposto, os processos de assimilação operam mais durante o sono, na ausência de seu estado de vigília: a reabsorção intestinal das gorduras atinge seu pico às 3 horas da manhã e a menor atividade às 15 horas (Ibidem, p.220). Esse fenômeno físico traz luz sobre porque, do ponto de vista psíquico, o excesso de força de assimilação (e a diminuição das forças de excreção) tem como consequência a diminuição de consciência que pode levar a um estado de apatia, que se caracteriza quando uma pessoa enfrenta dificuldades de se colocar — se exteriorizar e se revelar — perante o mundo. Uma pessoa que assimila o mundo em excesso, e não consegue exteriorizar o que pensa, ou sua própria personalidade, perde a consciência de si.

Além da função de secreção de diversos hormônios, as glândulas suprarrenais são os órgãos responsáveis por exercer o papel de assimilação (interiorização) e transformação das substâncias alimentares provenientes da digestão. Quando lesionadas, as funções vitais se degradam diminuindo a força física do indivíduo. Por outro lado, nos rins agem as forças de excreção (exteriorização) de Vênus, atuando como um filtro e eliminando as substâncias consideradas tóxicas, ou que não podem ser aproveitadas pelo organismo.

A Interiorização e a Exteriorização na *Arquitetura Organizacional*

Toda potência de implementação de uma estratégia se encontra nas pessoas que compõem as células de um organismo e se organizam na *arquitetura organizacional*. Para se manifestar na sua máxima potência, assim como descrito no mito de Afrodite, essa fonte de vida precisa ser devidamente fecundada por uma força externa, ou seja, pela estratégia da organização. Quanto mais ela viver na consciência das pessoas, maior será a capacidade do organismo de gerar resultados.

Para trazer um exemplo sobre essa dinâmica, no passado, muitos fazendeiros pensavam que o aumento dos custos com salários, gerados pela abolição da escravatura, seria motivo de ruína para a agricultura. Passado algum tempo, é fácil reconhecer o quanto a agricultura se desenvolveu, demonstrando que pessoas mais capacitadas e conscientes têm a possibilidade de gerar resultados muito superiores, contribuindo para o desenvolvimento de todo organismo, inclusive sua capacidade de arcar com salários mais justos.

O grupo de colaboradores de uma organização carrega em si uma potência infinita de aprendizagem, mas para que possa ser liberada, ela precisa ser fecundada por um elemento externo. Assim como no mito de Afrodite, a potência da *arquitetura organizacional* precisa ser fecundada pela estratégia, liberando o potencial das pessoas para serem mais autônomas para tomarem decisões e resolverem problemas. Como apontou Jan Carlzon, enquanto isso não acontecer os colaboradores "não saberão o que é certo ou errado porque não estarão familiarizados com o objetivo ou com a estratégia planejada para alcançá-lo". Sem essa familiarização a implementação da estratégia ficará comprometida. Esse fenômeno também pode ser comparado ao que ocorre com as glândulas suprarrenais: quando lesionadas, elas comprometem suas funções de assimilação das substâncias e, consequentemente, a saúde do organismo.

Quando as pessoas se vinculam ao propósito e estratégia do empreendimento, elas encontram sentido em sua ação: seu trabalho se torna digno e elas se vinculam com a beleza da força de Afrodite "Urânia", o amor celestial sagrado. Mas quando atuam apenas por uma recompensa externa, seja financeira ou outra qualquer, elas se conectam com as forças sombrias de Pandemo, o "amor vulgar": as pessoas não encontram sentido no que fazem, e dificilmente haverá um vínculo verdadeiro com empreendimento[1].

Em diversas situações, a *arquitetura organizacional* também enfrenta o desafio de se refazer, seja numa crise ou mesmo quando reconhece pessoas que não se identificam e não se vinculam com a identidade e a estratégia do empreendimento. Nesse caso, assim como fazem os rins no corpo

---

1 Isso não quer dizer que as pessoas não devam buscar obter uma remuneração justa e que atendam às suas necessidades. É muito difícil as pessoas se dedicarem a algo com afinco quando faltam recursos para atender suas necessidades. (N. do A.)

humano, ela terá que filtrar e expurgar o que é tóxico e/ou sem serventia para o organismo.

Na Figura 39 é possível ter uma visão mais ampla da atuação dessas forças de exteriorização e interiorização nas organizações: definida a estratégia, ela precisa se harmonizar com os impactados, principalmente os colaboradores e parceiros estratégicos. Uma vez assimilada, a arquitetura se organiza para implementá-la, dividindo papéis e funções. A consciência da estratégia, do papel e da responsabilidade de cada um, torna as pessoas mais preparadas para tomarem decisões dentro de suas áreas de atuação. À medida que as pessoas ganham mais autonomia, elas poderão contribuir mais com as chamadas "estratégias emergentes", conceito criado por Henry Mintzberg que aponta para a necessidade da alta gestão de ouvir e acolher sugestões dos colaboradores responsáveis pela operacionalização (2006, p.25). O equilíbrio dinâmico dessas forças torna o empreendimento mais saudável.

As disfunções organizacionais das forças de Vênus e como preveni-las

A predominância das forças de excreção de Vênus, concomitantemente a uma baixa capacidade de assimilação, poderão provocar diarreias e transpirações excessivas no corpo do ser humano. A dificuldade do corpo físico de assimilar os alimentos poderá acarretar a falta do vigor físico, palidez e confusão mental. Algo similar pode ocorrer quando os colaboradores não assimilam bem a estratégia de uma organização: o corpo enfraquece (pois não consegue atuar em sua potência) e há uma certa "confusão mental", no sentido que cada um pensa e entende uma coisa diferente, tomando decisões que ora caminham em um determinado sentido, ora em outro totalmente diferente, gerando uma grande confusão. Há uma falta de coerência e de unidade, como se existissem várias organizações ocupando o mesmo lugar, gerando um "transtorno de personalidade". Pode ocorrer também uma excreção descontrolada, como um excesso de demissões de colaboradores que não geram os resultados esperados por não terem assimilado adequadamente a estratégia do negócio.

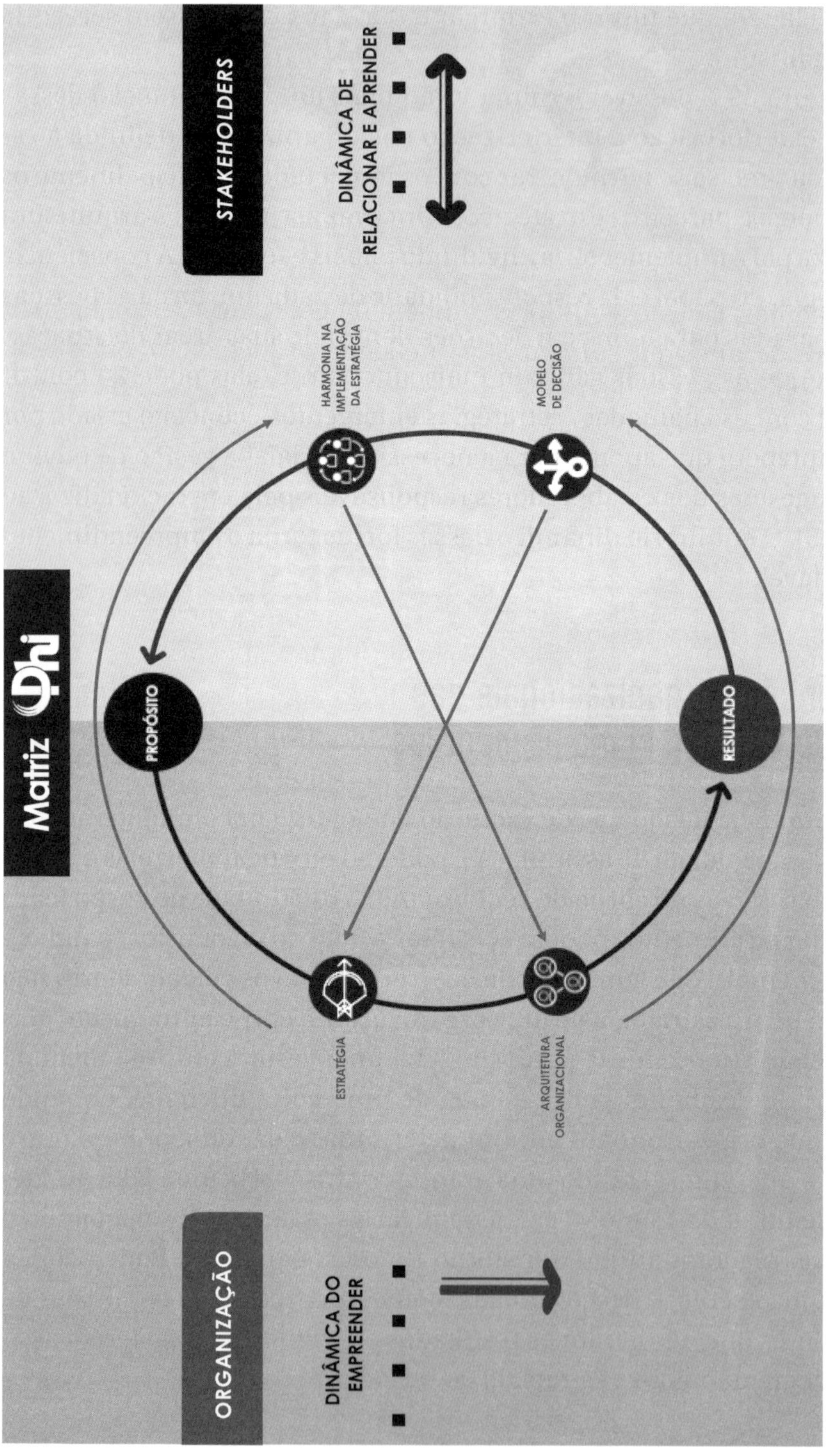

Figura 39
Fonte: Hélcio Padrão e Estúdio Zoombeedo (2022)

Quando ocorre o inverso, e há predominância da força de interiorização, com o enfraquecimento da força de exteriorização de Vênus, poderá resultar numa certa apatia da pessoa (pois recebe muito, mas não se manifesta), podendo também apresentar outros sintomas como fraqueza do corpo físico e dificuldade de eliminar as substâncias tóxicas. Uma vez que indivíduos com essa disfunção tendem a aceitar as coisas sem questionar, sua capacidade de elaboração intelectual ficará comprometida. Nos empreendimentos, esse desequilíbrio também irá gerar uma certa apatia em relação aos desafios que surgem. Sua inteligência é afetada e o organismo apresentará mais dificuldade de tomar decisões para superar os problemas e desafios. Outra característica desse quadro é a dificuldade de identificar e eliminar tudo que não lhe serve ou que pode intoxicá-lo, como por exemplo: demitir uma pessoa que constantemente demonstra má vontade para contribuir com o todo.

O quadro a seguir traz uma síntese dessas forças atuando nas organizações:

Forças de Vênus nos Empreendimentos	
Força Primária: interiorização – *Arquitetura Organizacional*	**Força Secundária: exteriorização – Modelo de Decisão**
Características ▫ Assimilar a estratégia e traduzir em objetivos das áreas; ▫ Posicionamento interno para atender essa estratégia.	**Características** ▫ Tomar decisões dentro de suas alçadas: assumir a corresponsabilidade pela implementação da estratégia; ▫ Sugerir "estratégias emergentes" para potencializar a estratégia geral do empreendimento.
Sintomas: excesso da Força de Interiorização e baixa Exteriorização: ▫ Apatia; ▫ Dificuldade de tomar decisões; ▫ Confusão mental: dificuldade de discernir as coisas; ▫ Fraqueza do organismo; ▫ Intoxicação (por não expurgar elementos tóxicos da estrutura); ▫ Perda da inteligência e da consciência.	**Sintomas: excesso da Força de Exteriorização e baixa de Interiorização:** ▫ Falta de assimilação / compreensão da identidade e estratégia; ▫ Decisões soltas, desconectadas com a estratégia; ▫ A empresa sofre um "transtorno" de personalidade, já que as pessoas agem em dissonância de seus objetivos.

Síntese das dimensões, órgãos e sistemas de Marte e Vênus:

	Marte		**Vênus**	
Sistema	Respiratório		Metabólico	
Órgão	Laringe e vesícula biliar		Veias, rins e glândulas suprarrenais	
	Empreender / Materializar	**Aprender / Sutilizar**	**Empreender / Materializar**	**Aprender / Sutilizar**
Dimensões	Exteriorização	Interiorização	Interiorização	Exteriorização

Posfácio

Abraçar a aventura e ir além

Nós somos as histórias que contamos para nós mesmos. [...] Elas definem a potencialidade de nossa existência. [...] a história é a relação que você desenvolve entre quem você é, ou quem potencialmente é, e o mundo infinito, e essa é nossa mitologia.[1]

(Shekhar Kapur)

« »

Na infância eu me pegava pensando se era possível que o mundo fosse tão grande a ponto de ser infinito. Definitivamente esse não é um conceito simples da mente captar, talvez até impossível. Quando pensava sobre o espaço, meus pensamentos vagavam até chegar no fim do mundo: eis um enorme muro, o fim de tudo! Mas, instantaneamente, me vinha a pergunta: não seriam os muros meras divisórias? Se sim, então necessariamente teria que existir algo além dessa barreira que estabelecia um limite espacial em minha mente. E foram essas ricas imagens que permitiram vivenciar e me sentir em paz sobre esse grande enigma do Universo.

Vivemos num mundo material definido por seus limites. A própria cosmogonia judaico-cristã descreve em Gênesis, o momento em que Deus cria os limites, após separar e nomear a terra e as águas: "E designou a aridez

1 Shekhar Kapur é um renomado diretor de cinema, entre eles *Elizabeth*, e *Elizabeth – A Era de Ouro*. Fonte: We are the stories we tell ourselves. **TEDIndia**. <https://www.ted.com/talks/shekhar_kapur_we_are_the_stories_we_tell_ourselves >. Acesso em: 18/04/2023.

com o nome de Terra, elemento terminante e final."[2] Paradoxalmente, apesar de viver num mundo limitado, o nosso espírito tem o poder de experimentar o infinito, como relatado em minha própria vivência.

O processo de aprendizagem se dá toda vez que algo que existe fora é abarcado pela nossa consciência. Nascemos com uma consciência limitada, mas a partir da observação da forma finita sempre podemos aprender algo novo e expandi-la de maneira infinita. Por outro lado, o mundo espiritual infinito precisa da forma limitada para se manifestar na realidade física. Mas essa limitação e sensação de que as coisas existem de maneira isolada umas das outras é aparente, pois a vida se manifesta numa constante relação, e no isolamento, nada no mundo sobrevive. Isso também ocorre na ciência: é impossível estabelecer limites entre as diversas disciplinas, pois a música, a matemática, a física, a biologia, a mitologia etc., estão em constante relacionamento. Onde começa uma e termina a outra? Eis uma pergunta impossível de ser respondida.

Por mais que nossas limitações nos forcem observar uma e outra parte de maneira isolada para alcançarmos a compreensão da unidade, essas fronteiras são tão imaginárias quanto um muro onde o espaço poderia se encerrar. Apesar das particularidades de cada disciplina, existem leis universais comuns que demonstram a unidade entre todas elas. Tudo isso demonstra "como" o infinito e o finito convivem lado a lado, assim como todo matemático sabe que uma reta de um centímetro pode ser fragmentada em infinitas partes.

Talvez para facilitar nossa compreensão, e por medo de nos perdermos no infinito, muitas vezes lançamos mão de inserir os conhecimentos em caixas completamente separadas umas das outras. O grande problema é que, quanto mais sustentamos esse isolamento, mais aprisionamos a nós mesmos. Esse aprisionamento da mente é muito bem ilustrado nos diversos contos, onde aparece um gênio preso em uma garrafa que, ao ser libertado, pode atender a diversos pedidos: a genialidade liberta pode alcançar qualquer coisa que você pedir e imaginar, embora nada virá sem esforço.

Da mesma forma que as profundezas dos oceanos nos mostram que o isolamento de uma ilha é apenas aparente, pois elas estão conectadas pelas terras submersas, à medida que a ciência avança, fica cada vez mais claro que as diversas disciplinas se complementam. Não é possível enxergar e

---

2 Gen.1:10.

compreender o "todo" dentro de caixas fechadas. Faz-se necessário romper os muros que nos mantém aprisionados, pois sempre há algo além, a ser explorado (*plus ultra*). O infinito se abre para quem quer se aventurar para ver um mundo totalmente novo ou para reconhecer o mundo a partir de um novo olhar.

Este livro é também uma síntese da minha própria história de vida, e traz o resultado daquilo que consegui avistar nas diversas paisagens por onde percorri. Ao fazer uma retrospectiva, consigo perceber como minha biografia tem se ancorado na busca da compreensão do sentido e na unidade por trás de tudo que é criado. Foi esse caminho que me levou a reconhecer, pelo menos uma pequena parte, as leis que regem os empreendimentos humanos. Confesso não ter sido um caminho fácil, uma vez que todo novo conhecimento abala as estruturas das paredes construídas sobre conceitos antigos. Mas à medida que minhas pesquisas avançavam, e que cada muro que desmoronava fazia revelar a beleza de uma nova paisagem, fez todo esforço valer a pena.

Na consolidação da Matriz Phi, busquei apresentar as leis dinâmicas que atuam nos ecossistemas, como um mirante para enxergar novas possibilidades para planejamento de projetos. Essas leis funcionam como uma âncora para o planejamento e desenvolvimento contínuo de qualquer empreendimento que se queira realizar, incluindo desde um pequeno projeto, até a constituição de uma organização. A compreensão dessas leis permite reconhecer *a dinâmica das forças* que atuam em todos os empreendimentos humanos. Assim como o espírito infinito se manifesta a partir de uma forma finita, a compreensão das leis universais nos permite expandir nossas consciências rumo ao infinito. As leis expressas no Phi são um convite para que cada ser humano possa contar sua própria história a partir de uma atuação criativa e livre. Quando o ser humano amplia seu conhecimento, ele se torna criador como os próprios deuses.

Utilidade e Liberdade

Retornando à minha infância, ainda muito cedo me senti atraído pela vida dos animais, e cavalgar era um dos meus *hobbies* prediletos. Ainda me lembro de certo dia, em que estava em uma fazenda no interior de Minas Gerais e avistei um lindo cavalo numa fazenda, correndo solto numa cena

> Como é natural ao homem estender seu espírito para o infinito.
>
> (Sófocles)
>
> « »

magnífica: sua crina e sua calda se movimentando no ritmo de um galope majestoso. "Que animal lindo!", pensei comigo mesmo! Passadas algumas horas, me deparei com o mesmo animal, dessa vez com uma viseira e puxando uma carroça. Me lembro de ter sido tomado por uma emoção, um sentimento misto de tristeza e decepção: como aquele cavalo tão lindo e majestoso, poderia agora estar tão limitado? Onde foi parar toda sua beleza e desenvoltura? O mesmo ser que parecia ser tão livre e imponente, agora estava limitado e cabisbaixo, preso ao senso de utilidade. Confesso que demorei alguns segundos para reconhecer que ambas as cenas revelavam o mesmo animal.

Essa cena me fez compreender dois aspectos distintos de nossas vidas: por um lado temos diversas necessidades que visam garantir a sobrevivência do nosso corpo físico, como os alimentos, vestimenta, abrigo etc., que nos tornam dependentes da matéria. De outro, sentimos a necessidade de sermos livres e independentes, como por exemplo escolher que carreira queremos empreender. Essa dualidade cria um outro paradoxo: enquanto as necessidades materiais nos prendem à matéria, ao senso de utilidade e a necessidade de gerar resultados, a liberdade nos convida à leveza e à beleza do espírito. Seria possível vivenciar os dois aspectos ao mesmo tempo?

Como nenhuma instituição sobrevive muito tempo acumulando déficits, a necessidade de gerar resultados financeiros positivos para atender suas necessidades materiais, se torna algo mais "visceral" do que a luta pela liberdade. Um empreendedor somente poderá atuar em liberdade se seu corpo subsistir, o mesmo ocorre com uma organização que precisa existir para funcionar. Essa tensão levanta um de nossos maiores desafios enquanto seres humanos: como sermos livres e, ao mesmo tempo, termos as nossas necessidades atendidas?

Goethe também se ocupou com esse tema através de seu texto *Urwort*, ou *Palavra Primordial*, adotando como referência a imagem do caduceu de Macróbio, filósofo da antiga Roma, conforme ilustrado abaixo:

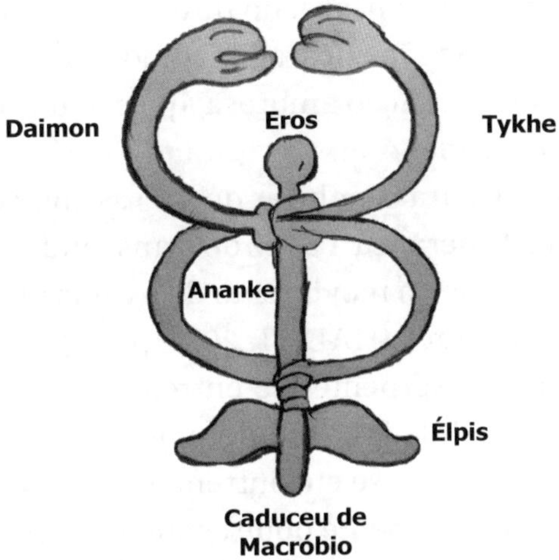

Figura 40
Fonte: Hélcio Padrão (2022)

Não é difícil de perceber que essa enigmática imagem é uma versão do caduceu de Mercúrio. Na parte inferior do desenho aparecem duas asas, e logo acima a cauda de duas serpentes se entrelaçam e depois se separam, formando dois arcos. No centro as serpentes novamente se tocam formando um "nó", enquanto na parte superior elas voltam a se aproximar e se olham como se fossem se beijar. Uma das serpentes é *Daimon*, que simboliza a individualidade, e de a outra é *Tykhe*, que simboliza o social e o destino. Esse entrelaçamento ilustra a relação de interdependência entre o indivíduo e o social, que impacta constantemente seu destino, independentemente de sua vontade. O nó no centro, também chamado de nó de Hércules — por ser difícil de desatar —, simboliza *Ananke*, a *necessidade*, que estabelece limites ao ser humano e o mantém vinculado à matéria. O encontro das serpentes na parte superior acontece por "intervenção" de Eros, o deus do amor. Esse encontro da parte superior, sem nenhum nó, simboliza um encontro em liberdade, impulsionado pelo amor, que é uma motivação intrínseca: quando uma pessoa age motivada por uma recompensa, que é algo externo, é essa recompensa que determina seu agir. Ela renunciou a sua liberdade, pois está presa a *Ananke*, ou suas necessidades.

Uma ação livre é aquela movida pela essência do ser humano, aquilo que contribui para o bem-estar social, do qual ele é parte. Isso não quer dizer que as necessidades materiais devam ser negligenciadas, muito pelo contrário, pois pessoas que atingiram esse estágio carregam uma forte consciência sobre o uso responsável do dinheiro. O que ocorre nesses casos é que os resultados não são encarados como um fim em si mesmo, mas como *consequência* de uma ação amorosa, que vai de encontro aos verdadeiros anseios da sociedade.

Voltando a imagem, para Goethe as duas asas abaixo das serpentes representam *Élpis*, ou a Esperança, capaz de transcender *Ananke* (a necessidade). Ela "corresponderia ao movimento de ascensão perpétua que, para Goethe, é o próprio Espírito" (HADOT, 2019, p.138). O caduceu central, o eixo vertical por onde as serpentes se entrelaçam, significa o "objetivo" que convida as individualidades a atuarem de forma conjunta. Ele cria as condições que elas se ergam e se encontrem. Um encontro mais profundo entre dois seres humanos somente pode acontecer a partir de um objetivo comum, capaz de unir as partes. Não podemos deixar de apontar também a esfera que surge na extremidade superior do caduceu. A simbologia dessa esfera aponta para que, ao se unirem por amor, ambas as serpentes formem uma unidade.

Para Goethe as grandes invenções, as altas inspirações e os grandes pensamentos "são presentes inesperados que o homem recebe do alto". Segundo ele, essas grandes obras, que ele chama de *daimônico*, nascem justamente desse encontro superior entre o indivíduo (*Daimon*) e o social (*Tykhe*) mediados pelo amor (Eros). Essa qualidade de ação superior exige um certo grau de conhecimento e uma capacidade de observar o mundo a partir de um novo olhar, livre de preconceitos e crenças. Essa qualidade de "atenção" sobre o mundo externo era vista por ele como um verdadeiro ato de amor. Talvez por isso Goethe acreditava que esse tipo de ação somente se manifesta em seres excepcionais (HADOT, 2019, p.124) e ressaltava a importância desse tipo de ação.

> O gênio planante — símbolo da poesia, afinal — dizia, ao olhar do alto para a Terra: "Todos os dias, todas as noites, / Louvo assim o destino do homem. / Se ele sempre se concebe no que é Justo, / Sempre possui beleza e grandeza. (apud HADOT, 2019, p.145)

A elevação das serpentes do caduceu simboliza o conhecimento edificante, transformado em sabedoria, que deve ser utilizado para fomentar a liberdade do ser humano, e *nunca* para dominá-las. Já as asas da esperança trazem alento ao ser humano e o incitam à ação. Ela o impulsiona para sair das amarras da necessidade que o limita, permitindo-lhe alcançar outros horizontes e se conectar com a infinitude.

Outra mensagem dessa imagem é que, enquanto o encontro é capaz de criar coisas incríveis, o isolamento nada cria (vale lembrar que antes de Hermes colocar o caduceu entre as serpentes, elas estavam lutando entre si). É a integração de forças, a partir de um objetivo comum, que faz surgir infinitas possibilidades. Esse é o mesmo princípio da dialética, onde a síntese surge do encontro de uma tese com uma antítese: dois conceitos diferentes que fazem surgir um terceiro elemento como resultado dessa interação. Jesus Cristo também ressaltou para a importância do encontro: "porque, onde estiverem dois ou três reunidos em meu nome, aí estou eu no meio deles"[3], ou poderia também ser dito: "porque, onde estiverem dois ou três reunidos em nome da verdade, aí estou eu no meio deles."

Outra reflexão proporcionada pelo caduceu de Macróbio, é sobre a qualidade dos encontros, já que as serpentes se encontram duas vezes. O encontro inferior tem uma motivação extrínseca, movido pelas necessidades (*Ananke*) e por um senso de utilidade. Quando apenas o que importa é recompensa externa, um ganho material, as pessoas agem de forma inconsciente. Esse ganho passa ser mais importante do que as consequências de seus atos: não importa o mal que se faça, desde que os resultados sejam alcançados. Os princípios e políticas que poderiam levar à realização de uma visão concreta de resultados positiva, serão facilmente negligenciados, comprometendo os resultados nos médio e longo prazos. O senso de urgência, com foco em atender às necessidades do presente, irão comprometer a contemplação e as reflexões para compreender as causas raízes dos problemas e agir com inteligência.

O segundo encontro entre as serpentes é inspirado por Eros. Nele prevalecerá uma busca por encontrar soluções que proporcionem o bem de todas as partes, *sempre* conectadas com o propósito e a visão de resultado

3 Mt 18-20.

do grupo. O diálogo e a criatividade são o caminho para as melhores soluções. Uma ação amorosa não é negligente com as necessidades do grupo, mas se preocupa atendê-las no curto, médio e longo prazos. Ela parte da compreensão de que é o lucro que sustenta o organismo e sua capacidade de servir a sociedade no tempo. Somente uma ação inteligente, movida pelo amor, será capaz de integrar o senso de utilidade e a liberdade.

Empreender diante de múltiplas possibilidades

Estamos vivenciando uma incrível fase no desenvolvimento da humanidade. O ser humano está experimentando uma liberdade para se desenvolver, criar e empreender que há quinhentos ou cem anos atrás seria muito difícil de imaginar. Existe muito mais liberdade de expressão e de religião, e os diversos conhecimentos estão disponíveis nas pontas dos dedos de grande parte da população mundial, sem contar que cada vez mais pessoas têm acesso à educação e ao capital para iniciar um empreendimento. Mas toda essa liberdade traz consigo o peso da insegurança que surge ao ter que fazer escolhas. Diante de tantas possibilidades é comum surgirem questões como por exemplo: qual caminho devo escolher? E se eu errar na minha opção? Fazendo o que quero e acredito, vou conseguir recursos necessários para viver com qualidade? Tenho capacidade de realizar aquilo que eu realmente quero empreender? O que fazer para não desviar ou me corromper no caminho, principalmente nos momentos de restrições diante da possibilidade de fracassar? Como lidar com os desafios desse caminho, muitas vezes solitário e incompreendido?

Nascemos com uma imensa capacidade para construir obras incríveis. Ao nos defrontarmos com obras como as pirâmides dos povos Maias no México, ou as do Egito, ou o Templo da Sagrada Família de Gaudí, ou mesmo a *Sinfonia n.° 9 de Beethoven*, podemos nos perguntar: de onde nasceu tamanha inspiração e força de vontade para realizá-las? Quantos desafios tiveram que ser superados, quantas pessoas tiveram que ser convencidas para serem envolvidas? Todos esses exemplos nos fazem refletir se existem limites para a genialidade humana, mas acima de tudo, essas obras nos fazem recordar de *tudo que o ser humano é capaz de realizar*!

Convite para a aventura

São muitas as histórias que retratam esse encontro de um indivíduo com seu destino, convidando-o para assumir o protagonismo da aventura de sua própria vida. Todas elas demonstram esse desafiador caminho daquele que ousa empreender em liberdade e busca promover o bem-estar da comunidade. Corresponder ao seu próprio destino é um caminho de aventuras e incertezas, e por isso uma jornada de enorme entrega e sacrifício. Surgirão diversas tentações que irão testar a persistência, a força de vontade, as condições morais e a certeza do pretendente para continuar em seu caminho. É como se todos esses desafios quisessem perguntar ao "herói": você está realmente disposto a seguir em frente e realizar o que acredita?

A verdade é que por medo de errar na escolha, muitos vacilam em definir o seu propósito de vida. Esse é, sem dúvidas, um risco real, mas também cabe se perguntar: se não for bem isso, posso mudar o rumo? Muito do propósito se torna mais claro com o tempo e a maturidade da alma, então leve em consideração a possibilidade de fazer correções ao longo do percurso. Permita-se experimentar, porque a paralisia do medo de errar é sempre pior do que a experiência de viver sua própria vida. Toda longa jornada principia com o primeiro passo, e mesmo que as pernas possam ainda estar trêmulas no início, elas irão se firmar no tempo.

Defrontar com o nosso destino não é algo simples. Temer e fraquejar diante desse encontro é algo tão natural que várias histórias revelam os desafios desse encontro. O Velho Testamento nos conta a história de Jonas, quando teve que se defrontar com sua missão no momento em que Deus o convoca para pregar Sua mensagem na cidade de Nínive, onde o caos estava imperando. Julgando-se incapaz de tal tarefa, e que aquele povo jamais lhe daria ouvidos, ele tenta fugir embarcando num barco em direção à cidade de Társis. Deus então intervém e envia uma tempestade no caminho da embarcação, fazendo com que ele seja jogado para fora do barco e engolido por um grande peixe, onde permaneceu por três dias e três noites. Depois de superar esses desafios, ele se reconcilia com seu destino e acaba sendo regorjeado pelo peixe para, enfim, lograr êxito em sua empreitada. Vale ressaltar que esse tipo de metáfora, de ser engolido por peixe, é semelhante a entrar numa gruta (como na história de Zeus), que significa um momento de renascimento do protagonista, mostrando que ele teve que se reconectar consigo próprio para persistir em seu propósito.

Já no Novo Testamento, Maria se vê *perplexa e temerosa* diante da saudação do Anjo Gabriel, que lhe disse "Alegra-te, muito favorecida, o Senhor está contigo". Chama a tenção que ela não teve esse sentimento por ter diante de si a presença de um anjo; é sua saudação que a preocupa, talvez por ter despertado nela o pressentimento de que, o que estava sendo anunciado era o propósito de sua existência. Ela estava vivenciando o encontro com seu próprio destino.

Esse momento de dúvida e fraqueza do herói é também a origem do Bhagavad Gita (ou Canção do Divino Mestre), que constitui um capítulo de um dos maiores clássicos da literatura mundial, o Mahabharata. Essa história retrata a luta dos irmãos Pandavas precisam travar para recuperarem seu reinado, que estava sendo ocupado por seus primos, os Kauravas. Foi em pleno campo de batalha, diante dos seus inimigos, que o poderoso arqueiro Arjuna, um dos Pandavas, demonstra seu desejo de desistir de sua luta: "na manhã do primeiro dia de batalha, o príncipe Arjuna se vê, repentinamente desalentado: não quer mais recuperar o reino se para isso tiver que matar seus familiares, amigos e amados mestres[4]." Ao reconhecer as dores e desafios de seu empreendimento, ele vacila querendo evitar o seu próprio destino. Foi quando Krishna[5], que estava guiando sua quadriga de batalha, lhe dirige a palavra e lhe diz:

"De onde vem esta fraqueza em [tal] dificuldade? [Esta atitude] digna de não-ãrya (pessoa desprovida de nobreza) não conduz ao céu e atrai a desonra, ó Arjuna. Não te faças acovardado [...] pois isso não te cai bem. Lança fora esse vil desânimo! Levanta-te, ó Parantapa (flagelo dos inimigos)! [...] Dominado pelo desalento e pela ilusão, teu eu interior, assediado por aquilo que é demasiado humano, carece de entendimento. [...] Os contatos com o mundo sensíveis [ou seja, as sensações] de fato dão origem ao calor e ao frio, ao prazer e à dor; vêm e vão [e, portanto, são] impermanentes. Suporta-os [pacientemente]" (FEUERSTEIN, 1025, p.95-7).

---

4 Muitos podem se assustar com essa imagem, onde um herói irá matar amigos, familiares e mestres, mas é importante ressaltar que se trata de uma linguagem mitológica, e que essa luta é principalmente travada no interior do personagem, assim como ocorre com cada um de nós diante das batalhas da vida. (N. do A.)

5 Krishna era considerado o avatar (encarnação) do deus Vishnu e era primo de ambas as famílias.

Gratidão como aliada do empreendedor

"É próprio do homem de bem amar e acolher com alegria todos os acontecimentos que vêm ao seu encontro e que a ele estão ligados pelo destino."
(Marco Aurélio)

Há muitos anos tive o prazer de conhecer o professor canadense Louis Jacques Filion. Depois de entrevistar inúmeros empreendedores ao redor do mundo, Filion percebeu que a maioria dos empreendedores havia fracassado uma ou mais vezes, antes deles serem bem-sucedidos. Para ele ficou latente que esses empreendedores, além de persistentes, haviam desenvolvido uma grande capacidade de aprender com seus próprios erros e encontrar forças para se reerguer das próprias cinzas. Ao invés de se queixarem, ou de se fazerem de vítima, eles buscavam se fortalecer com suas próprias experiências, sejam elas positivas ou negativas. Os aprendizados extraídos de seus infortúnios serviam como trampolim para alçar voos mais audaciosos. Daí temos que lidar com uma pergunta: de onde essas pessoas tiram forças para se erguerem?

Existe uma postura diante da vida que fortalece nossa disposição para aprender com as experiências e seguir em frente, que é mantida pelo sentimento de gratidão. Por mais estranho que possa parecer, o sentimento de gratidão é, sem dúvida nenhuma, um grande aliado do caminho de quem quer realizar um propósito. Diante dos percalços da vida, podemos tomar uma atitude vitimista e ficar nos perguntando "Por que eu? Por que logo comigo?" Ou mesmo podemos nos queixar eternamente por não nos julgarmos merecedores de tamanha tristeza e desapontamento. Esse tipo de resposta ao nosso destino, além de não contribuir em nada para o nosso desenvolvimento, alimenta ressentimentos e nos aprisiona ao passado. Por outro lado, quando desenvolvemos um senso de gratidão pela vida, podemos olhar para o futuro e fortalecer nossa esperança (Élpis) e fazer perguntas como "Para que o destino está me trazendo essa vivência? O que posso aprender com determinadas situações e desafios e 'para que' eles estão me preparando? O que o destino espera de mim? Qual é a aventura de minha vida?".

Todo herói ao aceitar o chamado de seu destino também diz sim às provas que precisará enfrentar. É o esforço e a persistência para superar cada obstáculo que o fortalece e o prepara para realizar sua missão. É através das vivências que ele realmente aprende e se torna sábio. Aquele que age nesse sentido irá enxergar nos desafios, não algo ruim — que quer se opor à realização de sua obra — mas uma grande oportunidade de desenvolvimento. A cada crise vivenciada, por mais difícil que possa parecer, o sentimento de gratidão pode ser cultivado. Quem age nesse sentido está mais preparado para oferecer aquilo que possui de melhor, e *o mundo anseia por essa contribuição.*

Goethe dizia que "quando uma criatura humana desperta para um grande sonho, e sobre ele lança toda a força de sua alma, todo o universo conspira a seu favor." Muitos são os relatos de cientistas e artistas que afirmam o quanto foram inspirados para realizarem suas obras como consequência de um grande esforço e determinação. Posso afirmar ter experimentado coisas similares. Por exemplo, toda vez me disponho a vivenciar uma pergunta, é incrível como, muitas vezes de um lugar inesperado, a resposta surge, como se ela quisesse ser revelada.

E gostaria de encerrar esse livro com os meus mais profundos votos: quando o destino te convidar, aceite o convite para ser o empreendedor de sua própria história. Seja você o senhor de seu destino. E como nos disse o poeta: "lembra de viver!" (GOETHE, 2006, p.513).

No site do Phi você pode ver todas as imagens do livro em cores. Acesse **www.phiassessment.com.br**

Criamos uma comunidade de empreendedores, executivos, consultores e coaches que queiram desenvolver a partir dessa visão "organísmica" e mais humana das organizações. Se tiver interesse em conhecer ou participar, entre em contato conosco: **contato@phiassessment.com.br**

Referências bibliográficas

ADRIÃO, Vitor Manuel. *Portugal Templário: Vida e obra da ordem do templo.* São Paulo: Ed Madras, 2011.

AMABILE, Teresa; KRAMER, Steven. *O Princípio do Progresso: Como usar pequenas vitórias para estimular satisfação, empenho e criatividade no trabalho.* Rio de Janeiro: Ed Rocco, 2013.

BACH, Sigurd W. *Goethe, Pensamentos, frases, aforismos.* Curitiba: Ed Juruá, 1ª edição, 2001.

BENTO, William. *Psicologia antroposófica e outros escritos.* São Paulo: Ed João de Barro, 2017.

BERTALANFFY, Ludwig von. *Teoria Geral dos Sistemas: Fundamentos, desenvolvimento e aplicações.* Petrópolis: Ed Vozes, 2008.

BERTALANFFY, Ludwig von. *Concepción biológica del cosmos.* Ediciones de la Universidad de Chile: Santiago de Chile, 1963.

BIGI, Mariano. *O Tau: Um sinal, uma espiritualidade.* Petrópolis: Ed Vozes: 2004.

BOS, Lex. *Atuação crítica no âmbito social.* Congresso de Pentecostes da Sociedade Antroposófica da Holanda em maio de 1980.

BOX, Lex. *Os Templários - Impulsos para uma Estrutura social Moderna.* Congresso de Pentecostes na Sociedade Antroposófica na Holanda em maio de 1980.

BOTT, Victor. *Medicina ampliada - Princípios da antroposofia nos cuidados integrativos da saúde.* São Paulo: Ad Verbum Editorial, 2018.

BOTT, Victor. *Medicina Antroposófica, Uma Ampliação na Arte de Curar*, vol. II. São Paulo: Ed Associação Beneficente Tobias, 1982.

BOTT, Victor. *Medicina Ampliada - Princípios da antroposofia nos cuidados integrativos em saúde.* São Paulo: AAER e Ad Verbum Editorial, 2018.

BRANDÃO, Junito de Souza. *Dicionário mítico etimológico - Mitologia Grega.* vol. I. Petrópolis: Ed Vozes, 1991.

BRENTANO, Bettina. *Poemas e pensamentos:* Reflexões para o nosso tempo. São Paulo: Ed Antroposófica, 2005.

BRULL, Dieter. *Comunidade e comunhão.* Editado pela Associação de Pedagogia Social de Base Antroposófica do Brasil, São Paulo, 2005.

CAMPBELL, Joseph. *O herói de mil faces.* São Paulo: Ed Pensamento/Cultrix, 1997.

CARLZON, Jan. *A Hora da Verdade: A história real do executivo que delegou poder as pessoas na linha de frente e criou um novo conceito de empresa focada nos clientes.* Rio de Janeiro: Ed Sextante, 2005.

DEMING, William E. *A nova economia - Para a indústria, o governo e a educação.* Rio de janeiro: Editora Qualymark, 1997.

DEMING, William Edwards. *Qualidade, a revolução da Administração.* Rio de Janeiro: Editora Marques Saraiva, 1990.

EINSTEIN, Albert. *Como vejo o mundo.* Rio de Janeiro: Nova Fronteira, 2011.

EKKEHART. *Poemas e pensamentos:* Reflexões para o nosso tempo. São Paulo: Ed Antroposófica, 2005.

FABRE, d'Olivet. *El Génesis descifrado.* Madri (ES): Editorial Creación, 2003.

FEUERSTEIN, Georg e Brenda. *O Bhagavad-Gita, Uma nova tradução.* São Paulo: Ed Pensamento, 2015.

FRANKL, Viktor E. *A vontade de sentido - Fundamentos e aplicações da logoterapia.* Ed Paulus: São Paulo, 2011.

FRANKL, Viktor E. *Em busca de sentido.* São Leopoldo: Ed Sinodal e Petrópolis: Ed Vozes, 2015.

FRANKOPAN, Peter. *O Coração do mundo - Uma nova história universal a partir da Rota da seda: o encontro do Oriente com o Ocidente.* São Paulo: Ed Planeta do Brasil, 2001.

GALTUNG, Johan. *O Caminho é a meta: Gandhi Hoje.* São Paulo: Ed Palas Athena, 2003.

GLASSER, William. *Administração de liderança: Qualidade e eficácia com uma moderna técnica de gerenciamento - A Teoria do Controle.* São Paulo: Ed Best Seller, 1994.

GOETHE, Johann Wolfgan von. *Os anos de aprendizagem de Wilhelm Meister.* São Paulo: Ed 34, 2006.

HOOG, Wilson Alberto Zappa. *Filosofia aplicada à contabilidade.* Curitiba: Juruá Editora Contábil, 2014.

KERÉNYI, Karl. *Arquétipos da religião grega.* Petrópolis: Ed Vozes, 2015.

LIKER, Jeffrey K.; MEIER, David. *O modelo Toyota - Manual de aplicação.* Porto Alegre: Ed Bookman, 2007.

LINCH, David. *Em Águas Profundas: Criatividade e meditação.* Rio de Janeiro: Gryphus, 2006.

LIVIO, Mario. *Razão áurea, A História do Fi.* Rio de Janeiro: Ed Record, 2011.

LOPES DE SÁ, Antônio. *Luca Pacioli, um mestre do Renascimento.* Brasília: Ed Fundação Brasileira de Contabilidade, 2004.

LOPES DE SÁ, Antônio. *Teoria da Contabilidade.* São Paulo: Ed Atlas, 2002.

LOWRY, Lois. *O doador de memórias.* São Paulo: Ed Arqueiro, 2014.

MAY, Matthew E. *Toyota, a fórmula da inovação.* Rio de Janeiro: Ed Campus: 2007.

MINTZBERG, Henry, LAMPEL, Joseph, QUIM, James Brian e GHOSHAL, Sumantra. *O Processo da estratégia - Conceitos, contextos e casos selecionados.* São Paulo: Ed Bookman, 2006.

MINTZBERG, Henry. *Ciando organizações eficazes: Estruturas em cinco configurações.* São Paulo: Ed Atlas, 2003.

NOGUCHI, Junji. The Legacy of W. Edwards Deming. Quality Progress. 1995.

PESSOA, Fernando (Bernardo Soares). *Livro do desassossego.* vol. II. Lisboa: Ática, 1982.

PESSOA, Fernando. *Mensagem*. São Paulo: Ed Novo Século, 2018.

PINK, Daniel H. *Motivação 3.0 - Drive, A surpreendente verdade sobre o que realmente nos motiva*. Rio de Janeiro: Ed Sextante: 2019.

PORTER, Michael E., *Vantagem competitiva, criando e sustentando um desempenho superior.* Rio de Janeiro: Ed Campus, 1989.

PRESSFIELD, Steven. *Como superar seus limites internos - aprenda a vencer seus bloqueios e suas batalhas interiores de criatividade*. São Paulo: Ed Cultrix/Nova Acrópole, 2021.

SALIS, Viktor D. *Paideia: para formar um homem obra de arte, ético e criador no sec. XXI.* Brasil: Editado pelo autor, 2002.

SENGE, Peter M. *A quinta disciplina: Arte e prática da organização que aprende*. São Paulo: Ed Best Seller, 2004.

SISODIA, Raj, WOLFE, David B., SHETH, Jag. *Empresas humanizadas, pessoas, propósito, performance.* Rio de Janeiro: Ed Alta Books, 2019.

STEINER, Rudolf. *El aspecto interno de la cuestion social*. Espanha: Editorial Rudolf Steiner, 1992.

STEINER, Rudolf. Palestra: Três correntes na evolução da humanidade - Número Schmidt: S-3574 - Palestra 4.

STEINER, Rudolf. Palestra: Três correntes na evolução da humanidade - Número Schmidt: S-3574 - Palestra 5.

STEINER, Rudolf. *A evolução do ponto de vista do verdadeiro.* Ed Antroposófica: São Paulo, 2022.

STEINER, Rudolf. *A fisiologia oculta - Aspectos suprassensíveis do organismo humano: elementos para uma medicina ampliada*. São Paulo: Ed Antroposófica, 2003.

STEINER, Rudolf. *La leyenda del templo y la leyenda dorada*. Buenos Aires: Ed Antroposofica, 2006.

TAGORE, Rabindranath. *Sadadhana, o Caminho da realização*. São Paulo: Ed Paulus, 1994.

YAMAMOTO, Isao; VERGARA, Sylvia Constant. Preceitos e normas internas (kakun) de casas comerciais japonesas: um estudo sobre a longevidade e a ética da corporação japonesa. FGV. Cadernos

Ebape. Disponível em: <https://www.scielo.br/j/cebape/a/YtGgqxsmtyDnSMN6fNsCg6Q/?format=pdf&lang=pt ->. Acesso em: 19/04/2023.

ZATÓN, Jesus. *Geometria Sagrada: Bases naturais científicas e pitagóricas.* São Paulo: Editora Civita Solis, 2017.

ZOOK, Chris; ALLEN, James. *Lucro a partir do core business - como retomar o crescimento em tempos incertos.* Rio de Janeiro: Ed Alta Books, 2019.

Índice

Símbolos

A

B

C

D

E

F

G

H

I

J

K

L

m

n

o

p

Q

R

S

T

U

V

W

Z

Este livro foi impresso nas oficinas gráficas da Editora Vozes Ltda.,
Rua Frei Luís, 100 – Petrópolis, RJ.